LEGISLADORES E INTÉRPRETES

Livros do autor publicados por esta editora:

- Amor líquido
- Aprendendo a pensar com a sociologia
- A arte da vida
- Capitalismo parasitário
- Comunidade
- Confiança e medo na cidade
- Em busca da política
- Europa
- Globalização: as consequências humanas
- Identidade
- Legisladores e intérpretes
- O mal-estar da pós-modernidade
- Medo líquido
- Modernidade e ambivalência
- Modernidade e Holocausto
- Modernidade líquida
- A sociedade individualizada
- Tempos líquidos
- Vida a crédito
- Vida líquida
- Vida para consumo
- Vidas desperdiçadas

Zygmunt Bauman

LEGISLADORES E INTÉRPRETES

Sobre modernidade, pós-modernidade e intelectuais

Tradução:
Renato Aguiar

ZAHAR

Título original:
Legislators and Interpreters
(On Modernity, Post-modernity and Intellectuals)

Tradução autorizada da primeira edição inglesa,
publicada em 1987 por Polity Press, de Cambridge, Inglaterra

rua México 31 sobreloja | 20031-144 Rio de Janeiro, RJ
tel (21) 2108-0808 | fax (21) 2108-0800
editora@zahar.com.br | www.zahar.com.br

Grafia atualizada respeitando o novo Acordo Ortográfico da Língua Portuguesa

Preparação: Angela Ramalho Vianna | Revisão: Joana Milli, Sandra Mager
Indexação: Nelly Praça | Capa: Sérgio Campante sobre fotos de Amos Chan/
Corbis/Corbis (DC)/Latinstock; Helga Weber e J.A. Giordano/
CORBIS SABA/Corbis (DC)/Latinstock

CIP-Brasil. Catalogação na fonte
Sindicato Nacional dos Editores de Livros, RJ

Bauman, Zygmunt, 1925-

B341l Legisladores e intérpretes: sobre modernidade, pós-modernidade e intelectuais / Zygmunt Bauman; tradução Renato Aguiar. – Rio de Janeiro: Zahar, 2010.

Tradução de: Legislators and interpreters: on modernity, post-modernity, and intellectuals
Inclui índice
ISBN 978-85-378-0272-4

1. Intelectuais. 2. Cultura. 3. Poder (Ciências Sociais). 4. Filosofia. 5. Ideologia. I. Título.

CDD: 306
10-3037 CDU: 316.7

· Sumário ·

· Prefácio à edição brasileira ·

Pós-modernidade e modernidade líquida

Este livro – que graças à Zahar, minha editora brasileira, agora é divulgado para leitores de língua portuguesa – foi elaborado alguns anos antes de me dedicar a escrever *Modernidade líquida*. Ele representa um estágio anterior de meus esforços para compreender a realidade social de nosso tempo. *Modernidade líquida* foi seguido por uma série de outros estudos, já traduzidos e publicados no Brasil, voltados para a análise de vários aspectos da vida líquido-moderna.

Desse modo, os leitores brasileiros têm acesso aos resultados de minha pesquisa na ordem inversa. Podem, portanto, ficar intrigados ao procurar em vão, neste *Legisladores e intérpretes*, pela noção de "modernidade líquida", com a qual já podem ter se tornado familiarizados – e que chegaram a tratar como o "conceito axial" da pauta de estudo do autor. O desconcerto talvez se torne ainda mais profundo, quando descobrirem (o que certamente farão) que, neste livro, uma outra noção, a de "pós-modernidade", é usada por mim para descrever a realidade social que tento analisar – uma noção que dificilmente apareceu em meus livros posteriores. Creio, por conseguinte, que devo aos leitores algumas desculpas, como forma de explicação.

Um dos testes psicológicos característico para avaliar o grau de conservadorismo e ajustabilidade da percepção humana consiste numa série de 20 desenhos apresentada em sucessão estrita. A primeira figura é clara e exibe indiscutivelmente a imagem de um gato "típico". Os desenhos em sucessão gradual, e de modo furtivo (somos tentados a dizer "imperceptível"), se afastam passo a passo da configuração familiar de um felino, transformando-se, de maneira bem consistente, na imagem de outra criatura. O último dos 20 desenhos é, novamente de forma clara, inequívoca, uma representação fidedigna, só que desta vez de um "típico" cão.

Pelo número de quadros que precisam ser exibidos aos observadores para que percebam que o que veem não é mais um gato, e sim um cão, os psicólogos conseguem determinar o grau de "conservadorismo" (ou rigidez), em contraposição ao grau de "ajustabilidade" (ou flexibilidade), de sua percepção: o teste tenta captar o fenômeno do "atraso de percepção", aflição geral a todos os seres humanos, e sua variação de intensidade entre diferentes indivíduos.

Nossos olhos, como transparece nesse exemplo, são treinados por nossas experiências anteriores a reconhecer e "assimilar" novos e inovadores pontos de vista, e acomodá-los entre os familiares. Por isso mesmo, os olhos são induzidos a minimizar ou mesmo a não notar os tipos de fenômenos inovadores que "não se encaixam" na lição da experiência anterior e que, com isso, se recusam a ser incluídos à força nas categorias habituais.

A constatação de que o volume dessas "anomalias" tornou-se tão grande que não podemos continuar negligenciando a importância de sua alteridade – e o reconhecimento de que aquilo que nossos olhos veem não é o que eles veriam se tais fenômenos pertencessem de fato a categorias familiares, habituais – tende a apresentar um grande atraso em relação às mudanças num ambiente observado com atenção. Leva tempo até nossa visão alcançar o que vemos.

Esse teste permite-nos, portanto, encontrar algo mais do que apenas a intensidade de nossa inércia e de nossa flexibilidade cognitivas. Ele põe a nu a "zona cinzenta" que se estende entre a descoberta de que há "algo errado" com as imagens correntes – de que elas já não são exatamente como "deveriam ser" – e o momento do "Eureca!", quando conseguimos, em um lampejo de compreensão, reorganizar as sensações incompatíveis, recolocá-las numa ordem nova e razoável, abandonar suas interpretações anteriores e decidir quais fenômenos-objeto elas representam de fato.

Essa diferença de tempo entre o aparecimento de novos fenômenos e o reconhecimento de sua diferenciação foi notada e descrita também por Thomas Kuhn, em seu justamente aclamado estudo sobre as "revoluções científicas" – um estudo que desencadeou ele próprio uma verdadeira revolução em nossa compreensão de como funciona nossa cognição e como progride nosso conhecimento. A ideia de Kuhn, de que, em vez de adicionar com suavidade novos bocados de informação aos antigos, o conhecimento científico opera por meio de sucessivas revoluções, virou de cabeça para baixo nosso conhecimento pregresso sobre como se desenvolve nossa capacidade de conhecer, incluindo sua variedade mais definitiva, científica, e de como se produz sua autocorreção.

Os estudiosos, como assinala Kuhn, buscam fenômenos que a descrição preestabelecida da realidade (chamada por ele de "paradigma") em que foram treinados os orienta a notar e registrar como "relevantes". Concentrando sua atenção sobre objetos e eventos "legitimados" dessa maneira pelo paradigma, eles deixam de reparar, ou dispensam e colocam de lado todos os fenômenos que "não se encaixam", tratando-os como irrelevantes ou anomalias "bizarras".

Os estudiosos tendem a atribuir tais fenômenos a alguns erros detectados em seus procedimentos de investigação, ou a alguns fatores desconhecidos externos à área em pesquisa – todos no terreno da confiança justificada pelo paradigma a que obedecem, um paradigma que não pode dar conta de presenças estranhas. Contudo, no decurso do tempo, o número e a gravidade dos dados omitidos e deixados de fora tornam-se grandes demais para ser ignorados. E eis que ocorre aos pesquisadores que, em vez de serem visitantes alienígenas, aleatórios e contingentes à área sob análise, como inicialmente se supunha, tais aparições são intrínsecas a essa área e até bastante sistemáticas; são de fato características permanentes e inseparáveis dela. Tem início, assim, de forma séria, a busca de um "sistema" por trás da aparente aleatoriedade.

É ativado então, na terminologia de Kuhn, o esforço para compor um "novo paradigma" que seja capaz de acolher, pôr em ordem e em todos os sentidos tornar inteligíveis os fenômenos que o paradigma "antigo" foi incapaz de antecipar, reconhecer e explicar. Em geral, leva um tempo considerável até que essa substituição do quadro cognitivo, urgentemente tomada como necessidade e buscada com desespero – e, a partir de um guia para a correta investigação, transformada em seu maior obstáculo –, seja concebida e posta em operação.

Acredito que meu próprio itinerário do paradigma "pós-moderno" para o da "modernidade líquida" seguiu a trajetória prevista por Kuhn. Em meus estudos acerca dos atributos característicos da vida moderna, notei que um bom número de aspectos da sociedade contemporânea desafiava acintosamente as expectativas sugeridas pela opinião em geral aceita sobre como é e o que constitui a vida em tempos modernos. O volume de "anormalidades", de "exceções à regra", tornava questionável a "norma" e a "regra" assumida de forma aberta ou tácita pelo discurso dominante que se referia a uma "modernidade". Se a vida moderna era de fato como a teoria aceita da modernidade me ensinara, então o que eu descobri sobre a realidade atual não era mais a "modernidade", e sim outra coisa. Mas o quê?

A primeira aproximação de uma resposta a essa pergunta foi a ideia, bastante popular naquele momento, de "pós-modernidade". O inconveniente, contudo, era que aquela noção tinha um caráter puramente "negativo": ela nos dizia profusamente o que a realidade atual já não era, mas oferecia pouca informação sobre o que estava em seu lugar. Tentando entender o caráter da vida contemporânea, ela usava conceitos antigos e há muito mobilizados nas descrições da modernidade, apenas adicionando a cada uma delas um sinal negativo: "isso não está mais presente", "isso é diferente de como era", "algo mais desaparece depressa".

Em suma, o principal significado da ideia de pós-modernidade é que ela é algo diferente da modernidade. Ele indica, portanto, que a modernidade já não é a nossa forma de vida, que a Era Moderna está encerrada, que ingressamos hoje em outra forma de viver. Mas essa ideia ofereceu pouca orientação sobre a identidade desta "outra forma", de suas regras próprias, de sua lógica própria e de suas características definidoras. Em razão dessas três deficiências (o caráter "negativo", a indicação de um fim da modernidade e a escassez de informações que apresenta a respeito dos atributos próprios dessa nova forma de vida), a ideia de "pós-modernidade" pareceu-me desde o início uma solução provisória para o dilema. Sem dúvida não há solução satisfatória e muito menos definitiva para nossa questão.

O que achei menos aceitável nessa ideia foi a presunção de que "a era da modernidade" terminou e que estamos, por assim dizer, já no "lado oposto", ou pelo menos perto de entrar nele. Parecia inaceitável e errado, porque, até onde eu sabia, éramos modernos por completo; na verdade, mais modernos que nunca; ou seja: voltamos a lâmina afiada da "faca modernizadora" contra a própria modernidade, contra seus próprios produtos do passado. Éramos, de fato, tal como nossos predecessores imediatos, *modernizadores* compulsivos e obsessivos.

A modernização compulsivo-obsessiva foi desde o princípio a mais profunda essência da modernidade, e nada sinalizava que estivéssemos na iminência de nos libertar dessa compulsão, dessa obsessão. Com uma importante ressalva, porém: se nossos antepassados quiseram derreter todos os sólidos existentes, não foi pelo desagrado em relação à solidez, mas pela insuficiente (em sua opinião) solidez daqueles sólidos tradicionais/incorporados/estabelecidos. Eles consideravam "derreter os sólidos" uma medida meramente transitória, a ser aplicada apenas até que esses sólidos fossem produzidos de modo a não exigir nem permitir qualquer fusão posterior.

A modernidade era uma concepção de movimento e mudança que acabaria por fazer das movimentações e transformações algo redundante, obrigando-as a operar fora de suas próprias atividades – uma concepção de movimento e mudança, mas com uma linha de chegada. O horizonte que a modernidade mirava era a visão de uma sociedade estável, solidamente enraizada, da qual qualquer desvio mais acentuado apenas pode ser uma mudança para pior.

Foram precisamente esse propósito e essa ambição que fizeram a real diferença entre tradições anteriores da modernidade e nossa forma própria e emergente de vida, que (de maneira relutante e cautelosa) chamei de "pós-modernidade", por falta de nome melhor. O que a modernidade em sua versão antiga enxergava como o iminente ponto final de sua tarefa, como o início do tempo de descanso e de ininterrupto e purificado regozijo das realizações passadas, agora tratamos como uma *fata morgana*, uma miragem: em nossa perspectiva, não havia no final do caminho qualquer linha de chegada, qualquer sociedade perfeita, totalmente boa, "sem melhoramentos a contemplar". A mudança perpétua seria o único aspecto permanente (estável, "sólido", se se quiser assim dizer) de nossa forma de viver. A pós-modernidade, como ela se apresentava naquele momento, era a modernidade despojada de suas ilusões.

A partir dessa conclusão, só havia um pequeno passo a se dar para definir como "líquido-moderna" aquela forma emergente de vida, aquela forma que era moderna de uma maneira radicalmente diferente daquilo que havíamos testemunhado (e de que havíamos participado) antes. Uma forma de vida digna de nota sobretudo por sua reconciliação com a ideia de que, assim como todas as substâncias líquidas, também as instituições, os fundamentos, os padrões e as rotinas que produzimos são e continuarão a ser como estas, "até segunda ordem"; que elas não podem manter e não manterão suas formas por muito tempo. Em outras palavras, que entramos em um modo de viver enraizado no pressuposto de que a contingência, a incerteza e a imprevisibilidade estão aqui para ficar. Se o "fundir a fim de solidificar" era o paradigma adequado para a compreensão da modernidade em seu estágio anterior, a "perpétua conversão em líquido", ou o "estado permanente de liquidez", é o paradigma estabelecido para alcançar e compreender os tempos mais recentes – esses tempos em que nossas vidas estão sendo escritas.

· Introdução ·

Intelectuais: de legisladores modernos a intérpretes pós-modernos

Quando foi cunhada, nos primeiros anos do século XX, a palavra "intelectual" era uma tentativa de recapturar e reafirmar a centralidade social e as preocupações globais que estiveram associadas à produção e disseminação do conhecimento durante o Iluminismo. Ela era aplicada a uma série heterogênea de romancistas, poetas, artistas, jornalistas, cientistas e outras figuras públicas que sentiam ser responsabilidade moral sua, e seu direito coletivo, interferir de modo direto no processo político por meio da influência que exerceriam sobre as mentalidades da nação e moldar as ações de seus líderes políticos.

Na época em que a palavra foi criada, os descendentes dos *philosophes** ou da *République des Lettres* já tinham se dividido em enclaves especializados, com seus interesses parciais e preocupações localizadas. A palavra, por conseguinte, foi um toque de reunir, tangido por sobre as bem-guardadas fronteiras das profissões e dos gêneros artísticos; um chamado para ressuscitar a tradição (ou materializar a memória coletiva) de "homens de conhecimento", e para encarnar e praticar a unidade da verdade, dos valores morais e dos juízos estéticos.

* Aqui, como em outras passagens deste livro, em francês no original. (N.T.)

Como *a République des Lettres*, integrada pela atividade compartilhada de discussão e associação de seus temas, a coletividade de intelectuais se uniria pela resposta à vocação, pela aceitação dos direitos e responsabilidades que a vocação implicava. Só de modo ostensivo, se tanto, a categoria "intelectuais" era concebida como classificação descritiva. Ela não estabelecia uma fronteira objetiva da área que denotava, nem supunha a preexistência desta fronteira (embora de fato indicasse a mistura em meio à qual os voluntários podiam ser procurados e recrutados). Esperava-se, antes, que a categoria criasse o seu próprio referente, incitando preocupações, mobilizando lealdades e induzindo autodefinições; e, deste modo, desdobrando autoridades parciais de especialistas e artistas numa autoridade política, moral e estética coletiva de homens de saber. A categoria era, por assim dizer, um convite aberto para tomar parte em certo tipo de prática de significação social global. E continua assim até hoje.

Faz pouco sentido, portanto, perguntar "quem são os intelectuais?", e esperar em resposta um conjunto de medições objetivas ou mesmo um exercício de nomenclatura. Não tem cabimento compor uma lista de profissões cujos membros sejam intelectuais, ou traçar uma fronteira no interior de uma hierarquia profissional acima da qual os intelectuais estariam situados. Em qualquer lugar e em qualquer tempo, "os intelectuais" são constituídos por um efeito combinado de mobilização e autorrecrutamento. O significado intencional de "ser intelectual" deve elevar-se acima da preocupação parcial com a profissão ou o *gênero* artístico da pessoa, para incumbir-se das questões globais sobre a verdade, o juízo e o gosto da época. A linha que separa "intelectuais" de "não intelectuais" é traçada e retraçada pelas decisões de tomar parte num modo particular de atividade.

Na época em que entrou para o vocabulário europeu ocidental, o conceito de "intelectuais" derivava seu significado da memória coletiva do Iluminismo. Foi nesse período que se estabeleceu a síndrome poder/conhecimento, o atributo mais visível da modernidade. Essa síndrome foi um produto conjunto de dois desenvolvimentos então novos, que tiveram lugar no começo dos tempos modernos: a aparição de um novo tipo de poder estatal, com os recursos e a vontade necessários para modelar e administrar o sistema social segundo um estilo preconcebido de ordem; e a instituição de um discurso de relativa autonomia e autoadministração capaz de gerar esse modelo, completado pelas práticas exigidas.

Este livro estuda a hipótese de que a combinação desses dois desenvolvimentos criou o tipo de experiência enunciada na visão de mundo particular e nas estratégias intelectuais a ela associadas que receberiam o nome de "modernidade". Também examina a hipótese de que o divórcio subsequente entre Estado e discurso intelectual, bem como as transformações interiores às duas esferas, levou a uma experiência enunciada hoje numa visão de mundo e nas estratégias a ela associadas, muitas vezes referidas com o título de "pós-modernidade".

Deve ficar claro, do que foi dito até aqui, que os conceitos de modernidade e pós-modernidade não são utilizados neste livro como o equivalente das oposições, em aparência semelhantes, com as quais são muitas vezes confundidos - sociedade "industrial" e "pós-industrial", ou sociedade "capitalista" e "pós-capitalista". Tampouco são empregados como sinônimos de "Modernismo" e "pós-Modernismo", termos que descrevem estilos culturais e artísticos autoconstituídos e, em grande medida, autoconscientes. No sentido em que são empregados neste livro, os conceitos de modernidade e pós-modernidade representam dois contextos nitidamente distintos, nos quais se desempenha o "papel de intelectual"; e duas estratégias que se desenvolvem em resposta a eles.

A oposição entre modernidade e pós-modernidade foi empregada aqui a serviço da teorização dos três últimos séculos da história europeia ocidental (ou da história dominada pela Europa Ocidental), vistos da perspectiva da práxis intelectual. Esta prática é que pode ser moderna ou pós-moderna; a dominância de um ou outro dos dois modos (sem exclusividade) distingue modernidade e pós-modernidade como períodos da história intelectual. Mesmo que a ideia de modernidade e pós-modernidade como períodos históricos *sucessivos* seja considerada duvidosa (quando se aponta, com acerto, que as duas práticas coexistem, embora em proporção variável, no interior de cada uma das eras, e que só é possível falar de domínio de um ou outro padrão como tendência), a distinção entre elas ainda é útil, nem que seja como "tipos ideais"; na verdade, essa distinção avança um pouco no sentido de revelar a essência das controvérsias intelectuais correntes e a extensão das estratégias intelectuais disponíveis.

Ao se referir a práticas intelectuais, a oposição entre os termos moderno e pós-moderno representa diferenças na compreensão da natureza do mundo, e do mundo social em particular, e na compreensão da natureza associada ao trabalho intelectual e a seu propósito.

A visão tipicamente moderna do mundo é a de uma totalidade em essência ordenada; a presença de um padrão desigual de distribuição de probabilidades possibilita um tipo de explicação dos fatos que – se correta – é, ao mesmo tempo, uma ferramenta de predição e (se os recursos exigidos estiverem disponíveis) de controle. Esse controle ("domínio da natureza", "planejamento" ou "desenho" de sociedade) é quase de imediato associado à ação de ordenamento, compreendida como a manipulação de probabilidades (tornando alguns eventos mais prováveis, outros menos prováveis). Sua efetividade depende da adequação do conhecimento da ordem "natural". Tal conhecimento adequado é, em princípio, alcançável.

Efetividade do controle e correção do conhecimento estão relacionados (o segundo explica o primeiro, o primeiro corrobora o segundo), seja na experiência de laboratório, seja na prática social. Entre si, eles produzem critérios para se classificarem as práticas existentes como superiores ou inferiores.

Essa classificação é – mais uma vez em princípio – objetiva, isto é, publicamente testável e demonstrável a cada vez que se apliquem os critérios mencionados. Práticas que não possam ser justificadas do ponto de vista objetivo (por exemplo, as que legitimam a si mesmas em relação a hábitos ou opiniões numa localidade ou tempo particulares) são inferiores, à medida que distorcem o conhecimento e limitam a efetividade do controle. Subir na hierarquia de práticas medidas pela síndrome controle/conhecimento também significa mover-se em direção à universalidade e afastar-se de práticas "paroquiais", "particularistas" e "localizadas".

A visão pós-moderna do mundo é, em princípio, a de um número ilimitado de modelos de ordem, cada qual gerado por um conjunto relativamente autônomo de práticas. A ordem não precede as práticas e, por conseguinte, não pode servir como medida externa de sua validade. Cada qual dos muitos modelos de ordem só faz sentido em termos das práticas que os validam. Em cada caso, a validação introduz critérios que são desenvolvidos no interior de uma tradição particular; eles são sustentados pelos hábitos e crenças de uma "comunidade de significados" e não admitem outros testes de legitimidade.

Os critérios descritos acima como "modernos" não são exceção a essa regra geral; em última análise, eles são validados por uma das muitas possíveis "tradições locais", e seu destino histórico depende do destino da tradição nas quais residem. Não há critérios para avaliar práticas locais que estejam situados fora das tradições, fora das "localidades". Sistemas de conhecimento só podem ser avaliados a partir "do interior" de suas respectivas tradições. Se, de um ponto de vista moderno, o relativismo era um problema com que lidar e afinal superar na teoria e na prática, do ponto de vista pós-moderno, a relatividade do conhecimento (isto é, sua "inserção" na própria tradição sustentada em comum) é um traço duradouro do mundo.

A estratégia moderna de trabalho intelectual é aquela mais bem-caracterizada pela metáfora do papel do "legislador". Consiste em fazer afirmações autorizadas e autoritárias que arbitrem controvérsias de opiniões e escolham aquelas que, uma vez selecionadas, se tornem corretas e associativas. A autoridade para arbitrar é, nesse caso, legitimada por conhecimento (objetivo) superior, ao qual intelectuais têm mais acesso que a parte não intelectual da sociedade. Esse acesso se dá graças a regras de procedimento, garantindo que se alcance a verdade, que se chegue a um juízo moral válido e se selecione um gosto artístico apropriado.

O emprego dessas regras de proceder torna as profissões intelectuais (cientistas, filósofos morais, estetas) proprietárias coletivas de um saber de relevância direta e crucial para a manutenção e aperfeiçoamento da ordem social. A condição para tanto é o trabalho dos "intelectuais propriamente ditos" – metaprofissionais, por assim dizer –, responsáveis pela formulação de regras de proceder e pelo controle de sua aplicação correta.

Como o conhecimento que produzem, os intelectuais não são restringidos por tradições localizadas, comunais. Eles são, assim como seu conhecimento, extraterritoriais, o que lhes dá o direito e o dever de validar (ou invalidar) crenças que possam ser sustentadas em vários segmentos da sociedade. Na verdade, como observou Popper, o que as regras de procedimento têm de melhor a fazer é refutar opiniões parcamente fundadas ou infundadas.

A estratégia pós-moderna de trabalho intelectual é aquela mais bem-caracterizada pela metáfora do papel do "intérprete". Consiste em traduzir afirmações feitas no interior de uma tradição baseada em termos comunais, a fim de que sejam compreendidas no interior de um sistema de conhecimento fundamentado em outra tradição. Em vez de orientar-se para selecionar a melhor ordem social, essa estratégia objetiva facilitar a comunicação entre participantes autônomos (soberanos). Preocupa-se em impedir distorções de significado no processo de comunicação. Para este fim, promove a necessidade de penetrar em profundidade o sistema estrangeiro de conhecimento do qual a tradução deve ser feita (por exemplo, a "descrição densa" de Geertz) e a necessidade de manter o delicado equilíbrio entre as duas tradições que interagem, indispensável tanto para a mensagem não ser distorcida (com relação ao significado investido pelo remetente) quanto para ela ser compreendida (pelo destinatário).

É de vital importância observar que a estratégia pós-moderna não implica a eliminação da moderna; ao contrário, ela não pode ser concebida sem a continuação desta última. Ao mesmo tempo que a estratégia pós-moderna envolve o abandono das ambições universalistas da própria tradição dos intelectuais, ela não desdenha as ambições universalistas dos intelectuais quanto à sua própria tradição; eles mantêm aqui sua autoridade metaprofissional, legislando sobre as regras de procedimento que possibilitam arbitrar controvérsias de opinião e fazer afirmações de vocação vinculante.

A dificuldade nova, contudo, é como estabelecer as fronteiras de tal comunidade de modo que sirvam como território de práticas legislativas. Trata-se de um fator menos irritante para as numerosas ramificações especializadas de práticas intelectuais supridas por intelectuais "parciais". Os intelectuais "gerais" contemporâneos veem, contudo, suas reivindicações territoriais contestadas. E com a estratégia pós-moderna à sua volta, tais reivindicações territoriais tornam-se problemáticas e difíceis de legitimar em si mesmas.

O propósito deste livro é explorar as condições históricas sob as quais a visão de mundo e a estratégia intelectual modernas se formaram; e as condições sob as quais foram questionadas e em parte suplantadas, ou pelo menos complementadas, por uma visão de mundo e uma estratégia alternativas, pós-modernas. A hipótese aqui debatida é que o surgimento e a influência das duas variedades distintas de prática intelectual podem ser mais bem-entendidos quando considerados em comparação com as mudanças nas relações entre o Ocidente industrializado e o resto do mundo; na organização interna das sociedades ocidentais; na situação do conhecimento e dos produtores de conhecimento dentro dessa organização; e no modo de vida dos próprios intelectuais.

Esta obra, em outras palavras, é uma tentativa de aplicar a hermenêutica sociológica para entender as sucessivas tendências na metanarrativa dos intelectuais do Ocidente. Nessa metanarrativa, seus produtores, os intelectuais, permanecem invisíveis – "translúcidos". A ambição desse exercício de hermenêutica sociológica é tornar essa translucidez opaca e, por conseguinte, visível e aberta a exames.

Uma última observação é sobre a ordem. De modo algum estou afirmando que o modo pós-moderno constitui um avanço em relação ao moderno, que os dois possam ser arranjados numa sequência progressiva em qualquer dos possíveis significados da ideia confusa de "progresso". Além disso, não acredito que a modernidade, como um tipo de modo intelectual, tenha sido substituída de forma conclusiva pelo advento da pós-modernidade, ou que esta última tenha refutado a validade da primeira (se é que é possível refutar alguma coisa adotando uma postura coerentemente pós-moderna). Estou interessado apenas em entender as condições sociais sob as quais o surgimento dos dois modos foi possível; e os fatores responsáveis por seus destinos e suas sortes em transformação.

Este estudo foi concluído graças à licença sabática concedida pela Universidade de Leeds. Enquanto o escrevia, fui muito ajudado pelo interesse, pela crítica e pelas ideias de Judith Adler, Rick Johnston, Volker Meja, Barbara Neiss, Robert Paine, Paul Piccone, Peter Sinclair, Victor Zaslavsky e outros amigos e colegas da Memorial University, St. John's, Newfoundland.

O estímulo e encorajamento de Tony Giddens ajudaram este projeto desde o princípio.

A todos eles eu devo a minha gratidão.

· 1 ·

Paul Radin, ou uma etiologia dos intelectuais

As definições de intelectual são muitas e diversas. Contudo, todas têm um traço em comum, que também as torna diferentes de todas as demais: são autodefinições. De fato, seus autores são os membros da espécie rara que elas tentam definir. Por isso, toda definição que propõem é uma tentativa de traçar uma fronteira de sua própria identidade. Cada fronteira divide o território em metades; aqui e lá, dentro e fora, nós e eles. Cada autodefinição é, afinal, um pronunciamento de oposição marcado pela presença de uma distinção de um lado da fronteira e sua ausência do outro.

A maioria das definições, entretanto, se abstém de admitir a verdadeira natureza de sua realização: ao definir dois espaços sociais, elas supõem que têm o direito de traçar a fronteira. Elas centram sua atenção apenas em um lado da delimitação e pretendem confinar-se ao enunciado dos atributos presentes apenas desse lado; silenciam sobre os efeitos necessariamente apartadores da operação. O que a maioria das definições se recusa a admitir é que a separação dos dois espaços (e a legislação de uma relação específica entre eles) é o propósito e a *raison d'être* do exercício definidor, e não seu efeito colateral.

Assim, os autores das definições mais conhecidas tentam listar as propriedades dos intelectuais antes que se faça qualquer referência à relação social existente ou postulada que distingue o grupo definido do resto da sociedade. Nesse processo é negligenciada a relação (mais que qualquer qualidade ou propriedade especial dos intelectuais como grupo) que os constitui como entidade separada. Sendo intelectuais, depois eles buscam reforjar sua segregação numa autoidentidade. A forma especificamente intelectual da operação – autodefinição – mascara seu conteúdo universal, que é a reprodução e o reforço de uma configuração social dada, e – dentro dela – de um status atribuído ao (ou reivindicado pelo) grupo.

As raras exceções a essa regra vêm dos casos em que os intelectuais concentram sua atenção em outra sociedade, totalmente diferente da sua; quanto mais diferente for, melhor. Configurações visíveis em sua prática, mas poucas vezes trazidas à tona ao lidar com sua própria sociedade, fornecem a estrutura na qual o conhecimento de outra sociedade é ordenado e interpretado. A autoilusão, indispensável por razões pragmáticas sempre que a defesa ou o incremento do próprio status do grupo está envolvido, torna-se supérflua (aliás, contraproducente) quando é necessário se ligar a uma experiência estrangeira. Como diriam Lévi-Strauss e também Gadamer, só quando confronta outra cultura, ou outro texto (confrontando-os, esclareçamos, num modo puramente cognitivo, teórico), o intelectual pode "entender a si mesmo". De fato, a confrontação com o outro é antes de tudo o reconhecimento de si mesmo; uma objetificação, em termos de uma teoria, daquilo que de outro modo permaneceria pré-teórico, subconsciente, não enunciado.

Esse caráter autorrevelador do exercício hermenêutico transcultural talvez não tenha encontrado melhor exemplo do que na obra do eminente antropólogo norte-americano Paul Radin. Isso não surpreende, pois a preocupação da vida toda de Radin foi a "visão de mundo primitiva", as ideias nutridas por sociedades primitivas – suas opiniões religiosas, os sistemas morais, a filosofia. Pode-se, de modo legítimo, esperar que esse tema ponha em operação precisamente aqueles componentes da perspectiva do pesquisador que possuem relação direta com a compreensão do seu próprio papel no mundo das ideias. Ele mal chega a lidar com a "religião primitiva" sem esquadrinhar o campo em busca de "teólogos primitivos"; seu esforço para entender a filosofia primitiva exigiria que ele localizasse (ou pelo menos construísse) filósofos primitivos. O modo como o antropólogo se ocupa dessa tarefa é esclarecedor para qualquer pessoa que deseje compreender o processo pelo qual os intelectuais são autoconstituídos na sociedade do pesquisador.

O que Radin descobriu primeiro nesse tipo de sociedade foi "a existência de dois tipos gerais de temperamento entre os povos primitivos: o do sacerdote-pensador e o do leigo; um fundamentalmente identificado com a ação, o outro apenas de maneira secundária; um interessado na análise dos fenômenos religiosos, o outro em seu efeito".[1] No começo, há uma oposição entre a grande maioria das pessoas comuns – preocupadas com seus assuntos cotidianos de sobrevivência, a "ação", no sentido da reprodução rotineira de suas condições de existência – e um pequeno grupo dos que só podem refletir sobre a "ação": "Pessoas realmente religiosas ... sempre foram em pequeno número." A oposição é ao mesmo tempo uma relação: o grupo menor só surge em razão de alguns traços (ou, antes, da ausência de alguns traços) da maioria "desmarcada"; ele foi, por assim dizer, "criado" por uma certa insuficiência ou incompletude no equipamento do grupo maior; assim, o grupo menor é, em certo sentido, um complemento necessário da maioria "desmarcada"; em outro, contudo, ele existe num modo derivado, talvez parasítico, em relação ao grupo maior.

A interação entre os dois aspectos dessa relação complexa aparece de modo claro na descrição de Radin. "O homem primitivo tem medo de uma coisa, das incertezas da luta pela vida."[2] A incerteza sempre foi uma fonte suprema de medo. O comportamento aleatório de fatores cruciais de sucesso ou fracasso da luta pela vida, a imprevisibilidade obstinada do resultado, a falta de controle sobre tantas incógnitas na equação da vida, isso sempre gerou desconforto espiritual agudo e fez os sofredores ansiarem pela segurança que somente o controle prático – ou a consciência intelectual – das probabilidades pode dar. Este anseio tem sido o fio da meada primordial com que mágicos, sacerdotes e experts científicos, profetas ou profissionais da política estão às voltas.

> O formulador religioso, primeiro de forma inconsciente, caso se prefira, capitalizou a sensação de insegurança do homem comum. ... O formulador religioso desenvolveu a teoria de que tudo de valor, mesmo todas as coisas imutáveis e previsíveis sobre o homem e o mundo à sua volta, estavam cercadas e imersas em perigo, que esse perigo só podia ser superado de uma maneira específica e segundo uma prescrição concebida e aperfeiçoada por ele.[3]

Capitalizar "a sensação de insegurança" expressou-se na postulação de uma posição vantajosa particular, acessível somente a pessoas especiais e em condições especiais, que podem discernir uma lógica, por sob a aleatoriedade superficial, de tal forma que o aleatório podia se tornar previsível. Assim, o controle do destino proposto pelos formuladores religiosos foi desde o início mediado pelo conhecimento; um elemento crucial da operação, como insiste Radin, foi "a transferência de poder coercitivo do sujeito para o objeto". (Como diria Francis Bacon, numa sociedade separada daquela descrita por Radin por milênios de *Naturgeschichte* [história natural], "pode-se dominar a natureza rendendo-se às suas leis".) Uma vez que os determinantes do destino tenham sido objetificados, e uma vez que se tenha negado à vontade do sujeito o poder de forçar, influenciar ou instigar objetos externos, levando-os à submissão, o único poder de relevância para o anseio primevo de certeza é o conhecimento. Por procuração, é o poder dos detentores de conhecimento. A maneira específica pela qual a sensação de insegurança foi capitalizada por parte dos formuladores religiosos e seus equivalentes posteriores elevou o atributo de "ser no saber" à condição de sua premissa e efeito inevitável, a um só tempo.

Porém, há ainda mais luz na análise de Radin. O tipo de conhecimento que os formuladores religiosos reivindicavam não era de modo algum predeterminado ou confinado pelos medos que assombravam a "gente comum". O traço notável do processo de alcançar conhecimento é que ele criava tantos mistérios novos quanto esclarecia os velhos; e gerava tantos medos novos quanto mitigava os antigos. A maneira como a incerteza foi originalmente capitalizada desencadeou um processo interminável, autopropelido e autorreforçador, do qual foi excluída a própria possibilidade de um dia levar o esforço a uma conclusão e de substituir a situação de incerteza (dentro de dados parâmetros do processo da vida) por outra, de equilíbrio espiritual e controle prático. Uma vez que esse processo fosse posto em movimento, tornava-se manifesto que mesmo coisas em aparência "imutáveis e previsíveis" estavam na realidade "cercadas e imersas em perigo."

O poder/conhecimento denota um mecanismo autoperpetuador, o qual, num estágio relativamente prematuro, cessa de depender do ímpeto original, pois cria condições para sua própria operação contínua e cada vez mais vigorosa. Novas incertezas geradoras de medo são introduzidas no mundo da vida do "leigo". Muitas delas são tão distantes de sua prática cotidiana que nem a gravidade nem a cura declarada podem ser verificadas, em contraste com os efeitos evidentes do ponto de vista subjetivo. Tal circunstância, claro, aumenta ainda mais o poder do conhecimento e de seus guardiões. Além disso, ela torna esse poder quase invulnerável à contestação.

A distinção até certo ponto inócua, estabelecida entre "formuladores religiosos" e "gente comum", entre "estar interessado em ideias" e "estar interessado em seus efeitos", leva a consequências formidáveis. Ela engendra uma assimetria aguda no desdobramento do poder social. Não só ela promove uma nítida polarização de status, influência e acesso ao excedente social produzido como também (e talvez mais importante) baseia uma relação de dependência na oposição de temperamentos. Os fazedores tornam-se dependentes dos pensadores, a gente comum não pode conduzir seus assuntos cotidianos sem pedir e receber assistência dos formuladores de religião. Como membros da sociedade, as pessoas comuns passam a ser incompletas, imperfeitas, carentes. Não existe uma maneira clara de reparar de forma permanente suas imperfeições mórbidas. Oneradas para todo sempre por seus defeitos, elas necessitam a presença constante e a intervenção de xamãs, mágicos, sacerdotes, teólogos.

A intensidade dessa necessidade (e, por conseguinte, da força da dependência) cresce com o número de incertezas incorporadas à existência das pessoas comuns, e do grau em que xamãs, mágicos etc. desfrutam do monopólio de manipulá-las. Se, portanto, como sugere Radin, os formuladores religiosos são motivados pela intenção de "fortalecer sua autoridade", ou mesmo, de modo mais cínico, pelo desejo de "alcançar e aumentar" sua "segurança econômica",[4] a estratégia mais racional aberta para eles será manipular as crenças das pessoas comuns para aumentar a experiência da incerteza e da incapacidade pessoal de repelir efeitos em potencial deletérios. (Essa estratégia seria uma aplicação da regra cibernética geral segundo a qual, em todo sistema complexo, domina o subsistema "mais próximo da instabilidade".)[5] Essa condição é mais bem-satisfeita quanto mais esotérico for o conhecimento indispensável para manusear a incerteza (ou, ainda melhor, se ele for mantido em segredo), quanto mais o manuseio da incerteza exigir implementos que as pessoas comuns não possuam, ou quanto mais a participação do xamã, sacerdote etc. for reconhecida como ingrediente insubstituível do procedimento. Pode-se observar com facilidade a aplicação de todos esses princípios táticos à história das relações entre experts e leigos.

Uma das mais intrigantes percepções de Radin a respeito da pragmática do papel do intelectual pode ser encontrada em sua tentativa de determinar a origem do modelo do filósofo primitivo num padrão introduzido pelos xamãs.

> A qualificação básica de xamã e curandeiro nos grupos organizados de forma mais simples, como os esquimós e os aruntas, é que ele pertence ao tipo neurótico-epileptoide. Também é claro que, ao nos aproximarmos de tribos com uma forma de organização econômica mais complexa, essas qualificações, embora ainda presentes, tornam-se secundárias em relação às novas. Já demos uma explicação para isso: à medida que cresceram as gratificações do ofício, muitas pessoas que eram normais foram atraídas para o sacerdócio. O padrão de comportamento, contudo, tinha se tornado fixo nessa época, e o xamã não neurótico tinha de aceitar a ideia de que devia sua origem e seu desenvolvimento inicial a seus predecessores e colegas neuróticos. Essa formulação ... consistia em três partes: primeiro, a descrição de seu caráter neurótico e do seu sofrimento e transe reais; segundo, a descrição de seu isolamento imposto, físico e espiritual, com relação ao restante do grupo; terceiro, a descrição detalhada do que pode ser mais bem chamado de uma identificação obsessiva com seu objetivo. Do primeiro resultou a teoria da natureza do ordálio pelo qual ele deve passar; do segundo, a insistência em tabus e purificações; do terceiro, a teoria de que ou bem ele estava em possessão do objetivo ou então era possuído por ele; em outras palavras, tudo está ligado pelo conceito de possessão espiritual.[6]

A exatidão da história reconstruída da sucessão não nos interessa aqui; pode-se apenas observá-la como um "mito de origem" não comprovável. De relevância mais direta para o nosso tema é o paralelismo notável revelado por Radin entre alguns elementos bastante contemporâneos de legitimação do papel do intelectual e as qualidades dos xamãs, tão bem-descritas pela literatura etnológica. Se comparadas aos últimos, as características mais vitais do primeiro logo se revelam; em geral ocultas sob os diversos invólucros de muitas cores e desenhos, em que são apresentadas em diferentes épocas e por diferentes variedades de intelectuais, elas podem agora ser examinadas em sua forma essencial.

Ordálio, purificação e possessão; esses três constituintes seminais e, como é possível argumentar, permanentes da legitimação da autoridade sacerdotal têm um traço em comum. Todos proclamam e explicam a separação do sacerdócio da laicidade. Eles põem qualquer saber ou habilidade que os sacerdotes possam ter além do alcance de todos aqueles que não sejam sacerdotes. Elevam os modos sacerdotais, e, no mesmo movimento, degradam os caminhos da laicidade. E apresentam a relação de dominação daí resultante como de serviço e autossacrifício.

Os três constituintes foram se encontrando ao longo da história (e ainda o são) sob muitas aparências. Podemos reconhecer a "teoria do ordálio", dependendo da moda dominante na época, em referências ao ascetismo físico e à autoimolação, à humildade monástica, às prolongadas misérias da vida de estudante, uma existência desprovida de lazer e carente das alegrias que a sociedade de consumo pode oferecer. O aspecto "tabu e purificação" foi elaborado com zelo particular: seu infindável inventário se estende da abstinência sexual dos autores antigos, passando pela boemia dos artistas românticos, até a "neutralidade" e o não comprometimento do cientista moderno, ou a autoviolência da "redução transcendental" dos buscadores de certeza husserlianos.

Em todas as épocas (embora em nenhuma tanto quanto no mundo moderno), esse aspecto engendrou algum grau de isolamento institucionalizado para os homens de conhecimento, no qual intrusões externas eram vistas como impuras e contaminadoras em potencial, e tomaram-se medidas práticas elaboradas para manter os intrusos a distância. O aspecto de "possessão" talvez tenha sido o mais resistente à institucionalização. Contudo, nunca foi abandonado como mito profissional. No começo de suas carreiras profissionais, homens de conhecimento, sagrados ou seculares, fazem juramento de dedicação total e exclusiva à busca do saber e à distribuição das habilidades daí resultantes; como profissionais, eles defendem seu status insistindo que esta é exatamente a posição em que estão, e que não poderiam estar em outra.

A glória e nobreza do sacrifício se transferem para o conhecimento ao qual ele leva. Instrumentos e produtos enobrecem um ao outro, e, uma vez dada a partida, reforçam a autoridade um do outro e oferecem justificativas recíprocas. O resultado é que ambos adquirem um grau de independência da demanda social, a qual eles evocam como prova de sua validade. As "formulações" desfrutam de uma reputação ilibada porque são da autoria de "formuladores" que viveram um determinado tipo de vida que, por falta de habilidade e vontade, as pessoas comuns não podem levar. Por outro lado, eles preservam a estima outrora adquirida por meio da produção de um suprimento regular de formulações altamente reputáveis. Os formuladores e as formulações agora só precisam um do outro para substanciar a reivindicação de alto status.

Nós comentamos até aqui (de maneira um tanto livre, a bem da verdade) *Primitive Religion*, de Paul Radin – estudo publicado em 1937. Mesmo tendo em mente que algumas das interpretações mais radicais dessa análise vão além de letra (senão do espírito) deste livro, há pouca dúvida de que *Primitive Religion* seja produto do intenso esforço de Radin para penetrar a mitologia autoengendrada, mas com firmeza institucionalizada, dos "pensadores" sagrados ou seculares, "primitivos" ou modernos (os primeiros confrontados por ele como o objeto, os segundos como o sujeito de seu estudo). Ele queria desvendar a relação social que subscreve exclusivamente a racionalidade da ação dos pensadores, a qual, contudo, é quase banida pela mensagem literal do mito. Pode-se ter uma ideia da dimensão desse esforço ao compararmos *Primitive Religion* a *Primitive Man as Philosopher*, outro estudo publicado por Radin dez anos antes. Ele já possuía a maior parte do material usado no livro posterior quando o primeiro veio a público; ainda assim, as conclusões dos dois livros quase não apresentam semelhanças.

A extensa citação a seguir transmite o teor interpretativo de *Primitive Man*:

> O homem de ação, caracterizado de maneira genérica, está orientado para o objeto, interessado sobretudo em resultados práticos, e é indiferente aos clamores e agitações de seu eu interior. Ele os reconhece, mas os descarta sumariamente, sem a eles conceder qualquer validade, seja para influenciar suas ações, seja para explicá-las. O pensador, por outro lado, embora também se mostre desejoso de resultados práticos, ... é impelido por sua natureza integral a despender um tempo considerável analisando seus estados subjetivos, e dá grande importância à influência deles sobre suas ações e às explicações que desenvolveu.
>
> O primeiro se satisfaz com o fato de que o mundo exista e que as coisas aconteçam. Explicações são uma consequência secundária. Ele está pronto a aceitar a primeira delas. No fundo, trata-se de uma completa indiferença. Todavia, ele mostra preferência por um tipo de explicação em oposição a outro. Privilegia uma explicação na qual a relação puramente mecânica entre uma série de eventos seja enfatizada de modo específico. Seu ritmo mental ... é caracterizado por uma exigência de repetição infinita do mesmo evento. ... A monotonia, para ele, não encerra terror. ...
>
> Ora, o ritmo do pensador é totalmente diferente.[7]

Nessa interpretação, pensadores e não pensadores ("homens de ação") são separados por uma diferença em suas propensões e aptidões mentais. Essa diferença não gera nem representa uma relação entre os dois grupos. Se uma relação pode ser deduzida de uma diferença assim descrita, só pode ser aquela postulada no comentário do conhecido psiquiatra norte-americano Kurt Goldstein:

> Só se podem distinguir, em todas as sociedades primitivas, dois tipos de pessoas, os que vivem estritamente de acordo com as regras da sociedade, que [Radin] chama de "não pensadores", e os que pensam, os "pensadores". O número de pensadores pode ser pequeno, mas eles desempenham um grande papel na tribo; são as pessoas que formulam os conceitos e os organizam em sistemas, os quais são adotados – em geral sem crítica – pelos não pensadores.[8]

A distinção que dez anos depois Radin conceberia como produto e fator do processo histórico, de luta social e relação complexa de dependência, aqui ainda está embrionário em sua concha mitológica "naturalizada". As pessoas não podem evitar ser o que são. Alguns nasceram para pensar, outros... para trabalhar. Estes últimos estão bem satisfeitos com sua sorte; na verdade, a própria repetição de suas tarefas diárias se adapta a eles de maneira saudável e lhes oferece uma vida livre de ansiedades. Os pensadores, contudo, não podem evitar ponderar, duvidar, inventar. A vida deles, por necessidade, é uma vida muito diferente – uma vida pela qual os não pensadores preferem não competir. Os pensadores são heróis culturais que devem ser admirados e respeitados, mas não imitados. Seria de se supor que a mesma natureza que fez as pessoas tão diferentes atou as qualidades especiais dos pensadores à sua posição particular entre os outros.

Radin sugere que aquilo que os antropólogos consideram cultura primitiva é, na realidade, expressão do "ritmo mental" dos não pensadores. Ele sugere que o primitivismo é autodefinitório, hermeneuticamente contido em si mesmo e autossuficiente: que o conceito só é plenamente explicável com referência aos atributos das entidades que ele denota. Nós confrontamos aqui mais uma mistificação relacionada de modo causal com a definição "mitológica" de intelectual. Esta não só oblitera o caráter histórico, os conflitos inerentes à separação e a preeminência dos intelectuais, como já foi indicado, como inverte a direção na qual opera a oposição daí resultante. Ela apresenta o primitivismo como o lado desmarcado da oposição, e, portanto, o outro lado (em tese, cunhado como negação de alguns traços do primeiro, ou seja, do não primitivo) como o lado marcado.

Essa é uma inversão do ponto de vista sociológico (são os não primitivos, isto é, os intelectuais, que definem seu oposto como negação, e não vice-versa) e também do semântico (o significado de primitivismo é ausência de alguns atributos que caracterizam o outro lado; o significado do que quer que se oponha ao primitivo é positivo – construído por traços a serem declarados ausentes no outro lado). É a constituição dos intelectuais como formação social distinta, com pelo menos um grau de autoconsciência e alguma estratégia conjunta desenhada para o jogo de status, que molda o restante da sociedade – mantido fora das fileiras cerradas, como entidade por mérito próprio, de posse de suas características próprias (mesmo que essas características sejam compostas por "ausências"). O primitivo é o lado marcado da oposição, ele mesmo constituído como um subproduto da autoconstituição dos intelectuais.

Trata-se, portanto, de uma noção relativa (ou, antes, relacional) cunhada por aqueles que estão e se veem fora do espaço que ela denota. A linha de base contra a qual o conceito se constrói é a autoimagem dos que estão do lado de fora; ela é construída para apontar "o resto do mundo".

Observemos que o que foi dito acima sobre o caráter derivativo e relacional do conceito de primitivo aplica-se a toda uma família de noções nascidas no contexto de assimetria de poder, como fatores de reprodução de uma estrutura de dominação. Diferentes conceitos são empregados dependendo de que dominação particular – ou dimensão na distribuição do poder social – está em jogo. Tal como usado por Radin, o primitivo trai os laços de parentesco no interior da família: um conceito que só era empregado, em geral, em referência à divisão entre a sociedade ocidental (desenvolvida, avançada, complexa, civilizada etc.) e o resto do mundo, avaliado a partir do ponto de vista ocidental, decompôs-se aqui em parte "não intelectual" do mundo, e, assim, é usado no contexto de outra estrutura de dominação.

Por suas características compartilhadas, os conceitos pertencentes à família em debate são, pelo menos em certa amplitude, reciprocamente intercambiáveis. O que torna o intercâmbio possível, sem com isso desafiar o sentido de clareza semântica, é o isomorfismo de todas as distribuições assimétricas de poder. De modo mais interessante, contudo, pelo menos uma parte da explicação pode ser encontrada no fato de que, qualquer que seja a estrutura de dominação refletida num dado conceito, ou servida por ele, todos esses conceitos não são cunhados, refinados ou logicamente polidos pelo lado dominante da estrutura como um todo, mas por sua parcela intelectual. Não é de admirar que a autoimagem intelectual (ou, de maneira mais fundamental, a predisposição cognitiva desenvolvida pelo modo intelectual específico de práxis) colorize a enunciação com todos os aspectos da assimetria de poder.

Tal coloração é reconhecível em particular nas referências quase ubíquas a certas deficiências mentais nas definições de grupos e categorias muito diferentes entre si e que formam o conjunto dos dominados. Se estes são construídos como primitivos, tradicionais ou incivilizados; se a categoria construída é aquela de culturas não europeias, raças não brancas, classes inferiores, mulheres, dementes, doentes ou criminosos; a inferioridade da capacidade mental, em geral, e a compreensão inferior de princípios morais ou ausência de autorreflexão e autoanálise, em particular, quase sempre se tornaram destacadas na definição.

O efeito total dessa universalidade é a entronização do conhecimento, do traço pertencente de maneira imperiosa ao modo intelectual de práxis, no coração mesmo da legitimação de qualquer forma de superioridade social. Por essa razão, qualquer reivindicação de dominação ou superioridade deve, talvez de forma oblíqua, pagar tributo aos próprios fatores sobre os quais os intelectuais baseiam suas reivindicações de poder.

Nós agora reunimos todos os elementos necessários para construir o significado no qual o conceito de intelectual será empregado no presente estudo; e para descrever a estratégia que será aplicada à análise do passado e do presente da categoria de intelectuais.

Antes de tudo, o conceito de intelectual não se refere, neste estudo, a quaisquer características reais ou postuladas que possam ser atribuídas ou imputadas a uma categoria específica de pessoas em sociedade – como suas qualidades inatas, atributos alcançados ou posses adquiridas. Supõe-se que a categoria de intelectuais nunca foi e nunca poderá ser "autossuficiente em termos de definição"; e que nenhuma definição corrente, que proponha concentrar a atenção nos traços da categoria ela mesma, a fim de explicar sua posição e seu papel dentro de uma sociedade mais ampla, pode penetrar o nível de legitimação da configuração social que esses traços de fato legitimam. Como bebem muito da poderosa retórica que a própria categoria desenvolve, tais definições correntes, por assim dizer, "tomam o argumento tópico pela fonte".

Em segundo lugar, nós nos abstemos aqui de qualquer tentativa de erigir uma definição coletiva de intelectual por método de "indigitação" – enumerando habilidades, ocupações, atitudes, tipos biográficos etc., os quais, num tempo dado ou numa sociedade dada, podem reivindicar pertencer, ou são pensados como pertencentes, a uma categoria. De forma ainda mais radical, nós nos abstemos de participar do debate (crucial, do ponto de vista político, mas secundário, da perspectiva sociológica) sobre a decisão a respeito de quais indivíduos ou grupos "ainda fazem" e quais "por pouco não fazem" parte da categoria intelectual. Em nossa opinião, esse debate é um elemento da retórica de poder desenvolvida por alguns setores da categoria para servir aos empenhos de se "fechar", ou o resultado da confusão advinda da retórica de poder com a análise sociológica.

Mais uma vez, nesse caso, de modo equivocado, o argumento é tomado por fonte. O que está por trás do debate de que nos recusamos a participar é uma esperança de prefigurar teoricamente o que só pode ser uma manifestação astuta das lutas políticas em curso; ou uma tentativa de interferir no resultado desta luta, enquanto, ao mesmo tempo, se aceita a arma que seus participantes tendem a usar – a de representar soluções políticas como decisões sobre a verdade da questão.

Em lugar disso, vamos limitar nossa busca à tarefa de localizar a categoria de intelectual no interior da estrutura da sociedade mais ampla como um "trecho", um "território" dentro dessa estrutura; uma área habitada por uma população inconstante e aberta a invasões, conquistas e reivindicações legais, como todos os territórios.

Trataremos a categoria de intelectual como um elemento estrutural no interior da figuração social, um elemento definido não por suas qualidades intrínsecas, mas pelo lugar que ocupa no interior do sistema de dependências que tal figuração representa e pelo papel que desempenha na reprodução e no desenvolvimento da figuração. Supomos que o significado sociológico da categoria só pode ser obtido por meio do estudo da figuração como uma totalidade. Mas presumimos também que o fato de a categoria de intelectuais aparecer como elemento estrutural de uma figuração é, por sua vez, crucial para a compreensão da representação em pauta – da natureza das dependências que a mantêm coesa e do mecanismo de sua reprodução, em seus aspectos conservador e inovador. Análises da categoria intelectual e das figurações nas quais ela aparece estão inseparavelmente unidas num círculo hermenêutico.

Figurações que de fato tenham a categoria intelectual como elemento estrutural sem dúvida possuem uma quantidade de características.

Primeiro, a dependência principal entre aqueles que formam a tessitura da figuração se baseia na incapacidade socialmente produzida de indivíduos (isolados ou nos grupos que formam) conduzirem por si mesmos seus assuntos sem o concurso de outros. Algumas etapas de suas atividades vitais, materiais ou espirituais, em seus aspectos práticos ou ideacionais, devem estar além de seu controle, e por isso eles necessitam de conselho, assistência ou interferência ativa de outrem.

Em segundo lugar, essa insuficiência tende a uma dependência genuína, ao situar os "ajudadores" perto das fontes de incerteza e, assim, numa posição de dominação. O que emerge é um poder de tipo "pastoral", o qual – na descrição dada por Michel Foucault – significa dominação exercida "em benefício do" dominado, em seu interesse, em nome da condução adequada e completa de seus assuntos vitais.

Em terceiro lugar, os dominados carecem (e por isso mesmo tornam o poder pastoral) do conhecimento ou dos recursos para sua aplicação em atos. De modo similar, os dominadores possuem o conhecimento que falta, ou mediam e controlam a sua distribuição, ou têm à sua disposição os recursos necessários para aplicar o conhecimento que possuem e compartilhar os produtos de sua aplicação. Os dominadores são, portanto, sábios, professores ou experts.

Em quarto lugar, a intensidade e o alvo de sua dominação depende do quanto é agudo o sentido de incerteza ou privação causado pela ausência de conhecimento numa área atendida por um dado grupo de sábios, professores ou experts. Ainda mais importante, eles dependem da capacidade destes últimos para criar ou intensificar tal sentido de incerteza ou privação; produzir, em outras palavras, a indispensabilidade social do tipo de conhecimento que controlam.

Mais dois comentários são necessários, contudo. Primeiro, o que descrevemos acima poucas vezes é o único tipo de dependência e dominação que amarra uma figuração e preside sua reprodução. A falta de controle sobre assuntos vitais dá lugar a outros tipos de dominação, além do poder do conhecimento (os exemplos mais óbvios e notórios são o poder sobre os meios de produção ou sobre o acesso aos meios de consumo). Por conseguinte, uma análise da categoria intelectual pede não só o estudo da relação entre os intelectuais, por um lado, e os "clientes dos serviços de conhecimento", por outro, mas também o estudo da complexa rede de relações competitivas entre várias dimensões reciprocamente autônomas de dominação e as categorias sociais que elas engendram.

Em segundo lugar, antes esboçamos o "método figuracional" de análise da categoria dos intelectuais em termos gerais o bastante para não limitar sua aplicação aos problemas relacionados à chamada "sociedade global". Esse método também parece útil para o estudo de fatias menores da categoria, que podem estar localizadas no interior da figuração de uma única classe, grupo organizado ou área funcional da vida social.

• 2 •

Os *philosophes*: o arquétipo e a utopia

O substantivo coletivo "intelectuais" é de origem relativamente recente. Às vezes é atribuído a Clemenceau, às vezes aos signatários de um protesto público contra o caso Dreyfus;* de todo modo, ele não tem sua origem situada além da virada do século XX. No começo, o termo foi uma tentativa de recapturar a unidade de homens e mulheres de ocupações e posições sociais muito diferentes, homens e mulheres que, não fosse por isso, provavelmente não se encontrariam, e menos ainda cooperariam, no empenho das suas incumbências profissionais: cientistas, políticos, escritores, artistas, filósofos, advogados, arquitetos, engenheiros de alto escalão.

O elemento unificador, como o novo termo sugeria de forma vaga, era o papel central desempenhado pelo intelectual em todas as ocupações. A intimidade compartilhada com o intelecto não apenas separou esses homens e mulheres do restante da população, como também determinou certa semelhança em

* Em 1894, o oficial do exército francês Alfred Dreyfus foi acusado, em tribunal militar, por alta traição, num processo que envolveu documentos falsos para comprovar sua culpa. Na época, o caso polarizou a França entre partidários de Dreyfus e xenófobos (Dreyfus era judeu). Na época, Emile Zola e Anatole France escreveram famosos libelos em defesa do oficial e contra a discriminação de estrangeiros no país. (N.T.)

seus direitos e deveres. Mais importante, deu aos encarregados dos papéis intelectuais o direito (e o dever) de dirigir-se à nação em nome da razão, situando-se acima das divisões partidárias e dos interesses materiais sectários. E também vinculou ao seu pronunciamento a veracidade e a autoridade moral exclusivas que só uma posição de porta-voz pode conferir.

De interesse sociológico considerável, e digno de um estudo específico, é o fato de tal comunidade de status e propósito ter sido postulada numa época em que a antiga unidade da razão já se encontrava em estado avançado de desintegração. A separação inflexível dos discursos científico, moral e estético era um dos aspectos centrais da modernidade. Na época em que o conceito de intelectual foi cunhado, a autonomia desses discursos tinha atingido um ponto de virtual intraduzibilidade. Nas palavras de Habermas, a "pluralização de universos divergentes de discurso pertence especificamente à experiência moderna. ... Nós não podemos apenas querer que essa experiência desapareça; só podemos negá-la".[1] Ela é negada de forma ostensiva e reiterada em nome de certas suposições, processos ou efeitos comuns que devem estar implícitos em todo pensamento racional. A cunhagem (e a adoção entusiástica) do nome comum para discursos que, não fosse por isso, seriam diversos e discrepantes, foi uma tentativa espetacular, ainda que não a única, de negar (ou mesmo de querer que desapareça) um processo em operação há mais de um século e de caráter irreversível.

A cisão tríplice do discurso racional não exaure toda a história da desagregação. Os novos discursos, eles mesmos, percorreram um longo caminho desde a unidade inicial, verdadeira ou imaginada. A época em que toda "pessoa inteligente" podia esperar dominar, com a devida diligência, a totalidade do conhecimento contemporâneo, e desenvolver uma opinião informada sobretudo quanto escolas e livros tinham a oferecer (ou pelo menos tudo sobre o que fosse digno ter uma opinião informada), terminou no início do século XIX. Desde então, a soma dos conhecimentos existentes do ponto de vista objetivo divorciou-se de qualquer conhecimento assimilado de forma subjetiva, real ou possível. A alegada unidade do pensamento racional deixou de ser uma questão de coordenação recíproca entre os agentes de produção de conhecimento; ela só podia ser postulada, sem qualquer meio de controle prático vinculado. A presença ou ausência dessa unidade não pode ser testada de modo indutivo. Só pode ser imputada, e apenas com autoridade limitada.

Entre muitas dessas imputações, a cunhagem (e muitos usos posteriores) do substantivo coletivo "intelectuais" ocupa um lugar especial. Toda denominação divide, mas a divisão implicada pela separação dos intelectuais como grupo é tal que atravessa toda a categoria de elite inteligente, pensante, educada, esclarecida. De forma tácita, ela reconhece um século ou mais de divisão inflexível do trabalho. Sobre o campo fragmentado dos especialistas e experts, ergue-se, não obstante, o fantasma de "pensadores como tal", pessoas que vivem para e pelas ideias, livres de qualquer preocupação vinculada a função ou interesse; pessoas que preservam a capacidade e o direito de dirigir-se ao resto da sociedade (inclusive outras partes da elite educada) em nome da razão e de princípios morais universais.

Cada uma dessas pessoas tem uma profissão e uma ocupação, cada qual pertence a um grupo especializado em termos funcionais. Mas, além disso, cada pessoa alça a si mesma a outro nível, mais geral, onde a voz da razão e da moralidade é ouvida sem interferência ou distorção. É possível que essa autoelevação seja mais fácil e mais provável no caso de alguns profissionais que no de outros. Contudo, em geral, não é plenamente determinada por funções mundanas. Ela permanece, afinal, uma questão de decisão e compromisso. Aceitar para si o rótulo de "intelectual", com as obrigações que outros membros do grupo aceitam carregar, é em si um fator de compromisso. Uma tentativa de separar os que "são intelectuais" daqueles que não são, de estabelecer uma fronteira "objetiva" para o grupo mediante a listagem de nomes de profissões, ocupações ou títulos acadêmicos relevantes, não faz sentido e, desde o início, está fadada ao fracasso.

O conceito de intelectuais foi cunhado como um toque de reunir, uma tentativa de ressuscitar pretensões não realizadas do passado. Como toque de reunir, ele não era diferente de todos os que antes não foram ouvidos, de nações que começavam a clamar por atenção no vocabulário público do começo do século XX; mensagens foram enviadas para um espaço social escancarado, com as antenas de transmissão apontadas para uma direção selecionada. Mas a recepção ainda dependia das muitas decisões individuais de ligar ou desligar os receptores.

O conceito foi intentado, por assim dizer, como um ato de propaganda. Referia-se, de maneira clara, a qualidades que os alvos pretendidos já possuíam; na verdade, conotava motivos e ações desejadas para o futuro. Como tentativa de reclamar as esperanças frustradas do passado, o novo conceito apelava para uma memória secular de tempos grandiosos de exaltação e promessa, quando médicos, cientistas, engenheiros, nobres rurais, padres ou escritores pertenciam à feliz família dos *philosophes*, liam as obras uns dos outros, falavam-se e compartilhavam as responsabilidades de um juiz coletivo, guia e consciência do gênero humano.

No segundo dos seus sentidos, o conceito recém-cunhado também visava ao futuro: a verdadeira mensagem era a possibilidade de recapturar o espírito de tempos passados e fugazes, ou melhor, o espírito agora projetado, em retrospectiva, sobre tais tempos num mundo mudado para além do reconhecimento. Tratava-se da possibilidade de juntar os pedaços da comunicação rompida entre os inteligentes e educados; de recriar, ou criar sob nova forma, um discurso compartilhado unificando a pletora de discursos especializados; e de levantar sobre essa fundação um propósito compartilhado e uma responsabilidade comum. Só quando for compartilhada, tal responsabilidade se tornará um direito a uma posição de influência social comparável àquela que os *philosophes* usufruíam.

O que quer que o historiador possa dizer sobre o caminho convoluto levando dos filósofos do século XVIII aos experts educados do século XX, qualquer que seja o seu veredicto sobre a continuidade ou descontinuidade do processo, o fato mais relevante para nosso tema é a presença tangível dos *philosophes* no processo de autoconstituição dos intelectuais modernos. Sua memória, seu mito, sua imagem idealizada (vista como um reflexo de sonhos presentes no espelho do passado) são em si mesmos um fator dessa autoconstituição. O modo e o papel relembrados, ou reconstruídos em retrospecto, dos *philosophes* servem como uma "utopia ativa", o padrão mediante o qual ambições e desempenhos são medidos, criticados e corrigidos.

Pode-se conjeturar que, se o termo original, *philosophes*, não foi diretamente empregado na auto-organização dos intelectuais modernos, isso ocorreu somente porque a própria filosofia tinha, nesse meio tempo, se tornado uma ocupação muito circunscrita, especializada; um chamado de unificação lançado do seu território seria decodificado, de modo inevitável, como um exercício de imperialismo, e, portanto, teria sofrido resistência ou escárnio (como foi o caso, reiteradas vezes). A ideia de "os intelectuais" pelo menos tinha uma chance de reviver o sentido de um *jeu sans frontières* que parecia vir, de forma muito natural, dos filósofos da era do Iluminismo. É para eles que precisamos nos voltar, portanto, para explorar e talvez revelar a modalidade que está por trás da ideia de intelectuais em nosso próprio tempo.

Os *philosophes* não eram uma "escola de pensamento". Para quase toda proposição ou observação positiva que um dos *philosophes* escrevia, havia outra para contradizê-la – a ser encontrada nos escritos de outro *philosophe* ou na obra do mesmo autor. Seria um embaraço discriminar em detalhe um "paradigma" (no sentido kuhniano) que unisse os *philosophes* e os capacitasse tanto a se comunicar sem dificuldade quanto a contribuir para um desígnio comum. Quanto à sua comunidade de experiência e formação, não havia nenhuma. Os *philosophes*, como os *raznochintsy** russos um século mais tarde, contavam nas suas fileiras

* Intelectuais não pertencentes à nobreza na Rússia do século XIX. (N.T.)

pessoas de quase todos os estados e posições sociais (com exceção, talvez, dos mais humildes). Tampouco eram eles reunidos por semelhança de temperamento ou gosto; nesse particular, como em todos os outros, mais havia a dividi-los que a uni-los.

Porém, há poucos lugares e épocas na história humana, se houver, nos quais a camada educada e pensante da sociedade foi vista – tanto pelos outros quanto por si mesma – como grupo unificado e compacto, capaz de comparar-se aos *philosophes* na França do terceiro quarto do século XVIII. O que os unia? O que era reconhecido, à época, algo de que tinham consciência, e que foi poderosamente reforçado pela memória viva de uma era posterior? Eu sugiro que o único elemento unificador, mas poderoso e decisivo, não deve ser procurado no que – ou mesmo em como – os *philosophes* professaram, mas no propósito e na importância do próprio ato de professar.

Propósito e importância foram imputados ao ato pelos próprios *philosophes*; mas eles também foram, de modo mais seminal, nomeados para isso por um encontro breve, embora espetacular e inesquecível, com a história política. A presença persistente dos *philosophes* (e não das suas filosofias) na memória histórica viva – como uma utopia ativa, uma promessa ainda à espera de ser cumprida, um padrão de autodefinição, um horizonte para os projetos de boa sociedade – é produto de circunstâncias únicas; só em parte foi determinada pelo que os *philosophes* fizeram; pelo menos na mesma medida, senão numa ainda maior, ela foi decidida pelas condições que, num lampejo, puseram conhecimento e poder em contato.

Entre essas condições, é preciso nomear algumas poucas. Nenhuma foi específica à França; nenhuma ficou confinada, em sua duração, àquele momentoso quarto de século. Juntas, porém, só surgiram em um lugar e somente por um período curto de tempo. Sua coincidência foi única – sem precedentes e até aqui não repetida.

Em primeiro lugar, a monarquia absolutista estava prestes a atingir a maturidade – a revelar tanto sua fraqueza quanto sua força, os pré-requisitos ainda não cumpridos de sua sobrevivência, ao mesmo tempo que seu potencial revolucionário ainda não esgotado.

Em segundo lugar, havia a avançada falência da velha classe dominante, a nobreza, que deixou duas enormes lacunas entre os fatores considerados indispensáveis à reprodução da ordem social: para preenchê-las, era necessário um novo conceito de controle social, assim como uma nova fórmula de legitimação da autoridade política.

Em terceiro lugar, a nobreza perdeu o significado político muito antes que aparecesse uma nova força social vigorosa o bastante para reivindicar o terreno político vago. O manto da classe política foi, por assim dizer, oferecido em leilão, aberto a lances competitivos. Os lances podiam ser radicais; eles não tinham de acomodar os interesses estabelecidos de ninguém.

Em quarto lugar, os *philosophes* franceses se distinguiam

> pela ausência de um status tradicional ou função particular apropriada especialmente para eles na sociedade. Na Alemanha, os representantes do Iluminismo muitas vezes eram professores universitários ou funcionários estatais. Nas terras protestantes, em geral, eram membros do clero. Mas, na França, nenhuma dessas profissões tradicionais desviava os *philosophes* de sua imagem de si mesmos como intelectuais independentes da sociedade como um todo.[2]

Em quinto lugar, embora desligados de quaisquer instituições e desobrigados de qualquer lealdade decisiva, os *philosophes* eram mais que uma coleção de indivíduos. Eles constituíam um grupo cerrado, vinculado por uma densa rede de comunicação: a *République des Lettres*, as *sociétés de pensée*, clubes, correspondência volumosa, críticas e resenhas recíprocas, visitas, sua própria corte papal na casa de Voltaire em Ferney, seu próprio sistema judicial e punitivo, com opinião assentada no banco dos jurados. Eles formavam um grupo autônomo e que criava opinião, matéria escrita, discurso e língua, em geral como um vínculo social para se libertar de todo vínculo social.

Em sexto, o estabelecimento da *République des Lettres* não podia ter ocorrido em momento mais oportuno. Aquele era um século de administração, organização e gerência; um século em que hábitos tornaram-se objeto de legislação, e um modo de vida foi problematizado como cultura; um século que redesenhou de modo radical as velhas fronteiras entre o público e o privado, e ampliou a dimensão deste último a proporções de que jamais se tinha ouvido falar; um século que necessitava de know-how, qualificações, especialidade para fazer o que antes era realizado natural e trivialmente; um século no qual o poder necessitou e buscou conhecimento.

Não pretendo que essa lista de condições seja completa. Pode-se com certeza acrescentar algumas outras; nenhum historiador do período inicial da França moderna (entre os quais não me situo) terá dificuldade em localizar outros aspectos, talvez muito drásticos, em que aquele país diferia, na época, de outras épocas e de outros países. Contudo, a lista parece suficiente para nosso propósito, pois, mesmo em sua forma presente, transmite o sentido de uma situação histórica repleta da tensão gerada pela convergência, condensação e confronto entre problemas que outros países e épocas experimentaram em sucessão, ou não experimentaram; ela contém fatores de "atração" e "repulsão" suficientes para dar conta do processo histórico formidável do qual o complexo poder/conhecimento é um resíduo duradouro.

O fenômeno que a literatura histórica descreve como ascensão do absolutismo foi – falando do ponto de vista sociológico – um processo de redesdobramento do poder político na esteira da decadência do princípio feudal de associação entre direitos decorrentes de propriedade fundiária e deveres administrativos. O poder se distanciou da propriedade rural; ao mesmo tempo que mantinha propriedades e riquezas, a aristocracia perdia seu papel como "classe política"; em todo caso, um lugar na hierarquia do poder político deixou de vir ao nobre "por direito", como parte da herança de terras.

Divorciado dos proprietários de terra, o poder se reagrupou no alto da hierarquia. O monarca absoluto foi o primeiro espécime do "Estado moderno" weberiano a distinguir-se, por reivindicar o monopólio dos meios de violência; a sujeição de todos os habitantes da terra aos poderes coercitivos exclusivos da monarquia, empregados por intermédio de regras estabelecidas pela própria monarquia, foi o principal mecanismo de transformação desses habitantes de súditos feudais em cidadãos do Estado moderno – e, assim, de partícipes dos direitos e deveres corporativos em indivíduos.

Um vínculo direto de dependência agora ligava cidadãos individuais e o rei: cidadãos tinham deveres com o Estado, e o Estado tinha deveres com os cidadãos – todos juntos e cada qual separadamente. O que quer que o órgão administrativo intermediasse entre os dois extremos do sistema absolutista, ele só podia fazê-lo por aprovação ou ordem real; todo poder emanava do alto.

A "despolitização" da propriedade rural colocou diante da porta da corte real uma tarefa que nenhum governo tinha enfrentado antes – pelo menos não em escala semelhante. Alexis de Tocqueville talvez tenha sido o primeiro a enfatizar essa consequência mais que seminal, embora não antecipada, do absolutismo. Na França,

> tendo sido despojado de seu poder, o senhor deixou de sentir-se incumbido de suas obrigações tradicionais. E nenhuma autoridade local, nenhum comitê ou conselho paroquial de assistência aos pobres, as assumira. ... [O] governo central aceitara, de modo um tanto imprudente, a responsabilidade exclusiva desse dever. Todos os anos o Conselho alocava a cada província uma soma em dinheiro tomada aos fundos públicos para assistência aos pobres. ... A cada ano o Conselho emitia ordens para o estabelecimento, em várias localidades (especificadas por ele), de asilos para pobres,

nos quais os camponeses empobrecidos arranjavam trabalho a baixos salários.

Mas a assistência aos pobres era apenas uma pequena questão entre as milhares que o Estado centralizado devia assumir, pois restava abandonada em todo o país. Meios de violência não eram o único fator de poder sobre o qual a monarquia absolutista reivindicava um monopólio.

> Ministros de Estado foram rigorosos em se manter vigilantes em relação a tudo o que estava acontecendo no país e emitir ordens de Paris sobre qualquer assunto concebível. Com o passar do tempo, e a eficiência crescente da técnica administrativa, esse hábito de vigilância tornou-se quase uma obsessão por parte do governo central.

O resultado inevitável dessa preocupação nova e sem precedentes do Estado foi um "acúmulo [igualmente sem precedentes], no alto da hierarquia", do sistema político emergente. Repartições centrais cresceram depressa em tamanho e influência. Conforme já observara d'Argenson em 1733:

> O montante de trabalho de repartição imposto aos nossos chefes de departamentos é muito desanimador. Tudo passa pelas mãos deles, só eles decidem o que deve ser feito, e, quando seu conhecimento não é tão amplo quanto sua autoridade, eles devem deixar tarefas para os membros subordinados de suas equipes, e isso tem como resultado estes últimos se tornarem os verdadeiros governantes do país.[3]

A enormidade das tarefas que os confrontava foi causa tanto de poderes de tirar o fôlego quanto da fragilidade assustadora do governo absolutista. Os poderes devem de ter parecido desconcertantes aos olhos do observador contemporâneo: um governo com direto de legislar sobre um enorme território, sobrepujando diferenças locais e estabelecendo padrões universalmente compulsórios; poderes que alcançavam áreas da vida nunca antes submetidas a legislação e gerência externas – e, por esta razão, em aparência, atuando num espaço livre, desocupado, numa espécie de terra de ninguém política, onde a vontade do legislador não encontrava limitações.

Nessas terras virgens da política, pelo menos, o rei desempenhava o papel de Deus; sua tarefa era nada menos que criar a sociedade humana "a partir do nada". Helvetius não teve dúvidas sobre a questão. Quem há de estruturar as leis? "Déspotas esclarecidos!"[4] Enquanto Turgot aconselhava Luís XVI: "Nada vos impede necessariamente de alterar as leis que eles formularam ou as instituições às quais eles deram sua aprovação, uma vez que aceiteis que tal mudança é justa, benéfica e praticável."[5] O poder absolutista via a sociedade como uma terra devoluta a ser colonizada, legislada, urdida num padrão selecionado.

Se essa imagem de uma força verdadeiramente fabulosa era um dos lados da moeda absolutista, sua fragilidade era o outro. Ambos eram inseparáveis. Construir numa área vazia exigia um projeto ousado, mas esboçado com muita atenção; não havia nenhum terreno disponível, pois a tarefa nunca se impusera antes. Era provável que o projeto fosse tão grandioso quanto a tarefa era extraordinária – e assim demandava uma técnica de gerência mais potente que aquela há muito usada para o propósito único de coordenação dos chamados impérios hidráulicos ou hídricos. A técnica, quando inventada, destinou-se a recolher, estocar e processar informações numa escala jamais necessitada, nem tampouco disponível, sob a estrutura de poder hierárquica graduada do feudalismo. Porém, nenhum aspecto – desenhar o projeto, desenvolver a técnica ou sua implementação, manusear a informação necessária – podia fiar-se em habilidades tradicionais ou instituições costumeiras.

Na verdade, velhos hábitos e qualificações sociais pareciam ser obstáculos no caminho da nova ordem. Eles eram a fortiori percebidos como superstições ou preconceitos, defendendo formas faccionais e egoístas de vida contra o interesse público (isto é, contra a nova ordem). Outras habilidades tornavam-se portanto necessárias, assim como uma nova elite qualificada; uma elite desvinculada dos mecanismos de privilégio do passado, logo, capaz de elevar-se acima dos interesses retrógrados de propriedades e localidades.

A categoria que menos produziria tais habilidades e se transformaria em nova elite era a nobreza fundiária, a qual, nas palavras de Tocqueville, "era vista na época do feudalismo como o governo hoje é visto por todos. ... [E]la mantinha a ordem, administrava a justiça, cuidava da execução das leis, vinha em auxílio dos oprimidos e protegia os interesses de todos."[6] Um aspecto inalienável da administração pelos nobres foi que a escala da jurisdição administrativa era reduzida à da propriedade fundiária. A administração aristocrática só podia garantir a reprodução da sociedade enquanto esta permanecesse fragmentada em localidades federadas.

Os horizontes de governo e zelo administrativo da aristocracia fundiária eram estreitamente entrelaçados a seus direitos de propriedade e circunscritos pelas fronteiras destes últimos. Eles não tinham fundação própria nem flexibilidade suficiente para serem facilmente redesdobrados a serviço de um governo e de um sistema legal centralizados que ultrapassassem as fronteiras das propriedades nobres.

Num estudo recente, Ellery Schalk descobriu que, no começo do período moderno da história francesa, a nobreza "era pensada como uma profissão ou função – algo que se fazia –, e não como algo herdado".[7] Na verdade, Schalk reunira amplos indícios mostrando que a nobreza era percebida (e se concebia) como as duas coisas ao mesmo tempo, em íntima conjunção. Essa união tão íntima e indivisível entre "herdar" e "fazer" era o traço mais notável de sua imagem e fórmula de legitimação. Foi a necessidade de escolher entre as duas, e a possibilidade de conceber "herdar" sem "fazer" (e, mais cedo ou mais tarde, vice-versa), que marcou o final da era da ascendência aristocrática e abriu caminho para uma nova elite. A nobreza entrou no período inicial da Era Moderna como uma "classe guerreira". As duas noções permaneceram sinônimas enquanto os dois conjuntos de homens por elas designados se sobrepuseram, graças à profissão militar praticada e monopolizada por membros de famílias nobres.

Nos primeiros escritos modernos, a sinonímia é expressada, argumentada e defendida – já um sinal do divórcio iminente. Ao longo de todo o século XVI, o discurso de legitimação aristocrática se organizou em torno dos discursos de *race* e *vertu*; o primeiro representa o que mais tarde será conhecido como "linhagem", enquanto o segundo permanece próximo de sua raiz etimológica latina (de *vis*, "força", para *vir*, "homem", "o masculino"; *vertu* tinha uma implicação de "proeza", "luta contra adversidades", "aquisição de domínio" –, significado em que nós ainda investimos na nossa ideia algo civilizada de *virtuoso*. No início da Era Moderna, a bravura abarcada pela *vertu* só tinha aplicação militar; possuidores de *vertu* eram cavaleiros; *vertu* era um atributo necessário aos soldados).

Supõe-se que a nobreza seja a conjunção de *race* e *vertu*. Contudo, a própria enunciação da união, e a insistência com que a união é reafirmada em publicações cada vez mais numerosas, faz pensar na possibilidade de que possa haver casos nos quais o casamento não foi consumado. Há dois critérios de nobreza, não um; se assim for, falando de forma lógica, eles podem ou não se encontrar numa mesma pessoa. Mas se um deles estiver ausente, então a "nobreza" da pessoa em questão é falha e questionável.

Cada vez com maior frequência, a *noblesse* é discutida como uma *profession* ou *vocation* (função). Para Montaigne, por exemplo, a função militar era "a forma própria, única e essencial" da nobreza francesa. A forma própria é evidentemente uma forma que, pelo menos em princípio, não está assegurada de modo automático. E o inevitável acontece: primeiro de maneira tímida, depois com mais vigor, advertiu-se contra o divórcio, diagnosticou-se o divórcio, lamentou-se o divórcio.

Já em 1539-40, Guillaume de la Perriére publicou *Le mirroir politique*, em que definia a agenda do debate sobre legitimação pelo resto do século e ainda depois; no livro, ele se queixa de que "um dos maiores erros que nós observamos no presente é que alguns nobres da nossa época se confinam à sua hereditariedade [*race*], na esperança de serem nobres sem virtude". Este era o diagnóstico, e eis em seguida a receita para a cura: "Se, desde a juventude, [seus filhos] forem bem-instruídos, mostrar-se-ão nobres, de boa moral e bons hábitos; por outro lado, se forem mal-instruídos e educados, sempre serão *vilains*, maus e desonestos." A preocupação de la Perriére não surge necessariamente de escrúpulo moral.

Havia outras causas, mais tangíveis, de alarme e sentimento de urgência, como atestou François de l'Alouëte em *Traité des nobles et des vertus dont ils sont formés*, poucas décadas depois (em 1577): como consequência de a nobreza não viver segundo a virtude, "já não são mais os membros das famílias mais nobres e antigas que são chamados a ocupar as posições de honra mais elevadas, e já não são mais os *gentilhommes* que ocupam os cargos e ofícios da *maison du Roi*, nem do Judiciário, mas com muito mais frequência os camponeses mais infames e *vils*, e outros *roturiers* semelhantes." Em 1582, Louis Musset explica em detalhes: não se é nobre independentemente do que se faz, apenas por seus ancestrais.[8]

Um sem-número de ideias novas e revolucionárias foi formulado ao longo do debate sobre legitimação no século XVI. Para começar, a velha ideia de *vertu*, os atributos centrais evocados em todas as antigas legitimações de superioridade social e direito de dominação, devagar, quase de forma imperceptível, abandonou suas velhas conotações militares. Ela adquiriu um significado mais amplo, referindo-se agora àquelas habilidades exigidas pela vida pública, em particular àquelas necessárias a um servidor administrativo do rei.

O contexto político, em mudança rápida com o advento da monarquia absolutista, não tinha uso algum para proezas cavalheirescas, mas muita utilidade para os funcionários de governo e da justiça zelosos e bem-informados. Se o velho significado de *vertu* havia sido talhado à medida da hierarquia feudal de poder, o significado transformado respondia a uma demanda nova. Contudo, outras formulações parecem muito mais importantes. Primeiro, a ideia de que a *vertu* não era um dom de nascimento, mas uma qualidade a ser adquirida ou merecida (uma clara mudança da argumentação imputativa para outra, orientada para realizações). E, em segundo lugar, uma concepção ainda mais seminal: a *vertu* só podia ser alcançada pela instrução. Trata-se de uma questão de educação orientada, e não apenas de expor propensões inatas.

Segue-se uma curiosa confusão semântica. Por um lado, o termo *noblesse* ainda é usado no sentido descritivo – como nome conciso para uma coleção de famílias com linhagem e títulos, constituída como entidade pela força combinada da tradição e da lei. Entre outras coisas, a nobreza era inerente à estrutura dos Estados Gerais, que, de modo significativo, não foram convocados durante todo o período de mudanças dramáticas aqui em debate. Alguns autores louvam-na, outros a censuram e ridicularizam – segundo sua proveniência política ou suas simpatias de classe. Por outro lado, contudo, o termo *noblesse* é usado como conceito normativo ou de avaliação, como o nome de um ideal, forma cobiçada de humanidade, referindo-se a atributos livremente flutuantes, despojados de uma "relação especial" com quaisquer dos segmentos definidos, de forma legal, da nação.

No segundo sentido, a *noblesse* é algo para o que a *noblesse* no primeiro sentido terá de trabalhar se quiser possuí-la, assim como qualquer outra pessoa. No limiar do século XVII, Pierre Chanon escreveu, em *De la sagesse*, que a *noblesse*, *personelle*, ou *acquise*, era distinta da *noblesse naturelle*; lealdades não excluíam compreensão clara, mas determinavam uma oposição de termos pouco propensa a dirimir a confusão. A nobreza como excelência, como um direito ou habilitação para um papel público destacado ou uma função pública distinta, tinha destruído a âncora que a prendia à nobreza de linhagem. Estava então, por assim dizer, em oferta pública. E os lances só poderiam ser feitos pela educação.

No período de final do século XVI a meados do XVII, fundaram-se e floresceram academias para nobres em toda a França. Havia numerosas publicações defendendo o ponto de vista da educação institucionalizada, esboçando currículos e sílabos para a escola ideal. As academias, na expressão clara de Antoine de Pluvinel, deviam ser *écoles de la vertu*. A própria *vertu* era discutida em seu sentido modernizado: o propósito declarado das academias era formar descendência nobre para cargos públicos, e acrescentar a graça e o refinamento necessários para sobreviver e progredir na vida da corte – o novo espaço de vida pública para o qual a costumeira conduta inculta e crua era em especial inadequada.

Os currículos propostos continham seções consideráveis dedicadas às artes marciais; mas estas eram tratadas em seu sentido simbólico, e não prático, como sinais de status e símbolos de uma apreciada tradição. As habilidades de cavalgar, caçar e duelar tinham precedência sobre o saber militar mais relevante para os campos de batalha. Seu papel transformado, de maneira sutil, se explicita por seu novo acompanhamento de qualificações poucas vezes associadas à *noblesse* um século antes. Segundo um currículo proposto, o aluno nobre devia aprender "os costumes e hábitos de outros povos, como comportar-se na política e na guerra, o conhecimento da Antiguidade, de honra, conduta e maneiras corteses [*gentillesse*], e mil outras coisas importantes que irão inflamar sua curiosidade em busca da beleza e da perfeição".[9]

Para resumir: com a ascensão do absolutismo, a hereditariedade ou nobreza de títulos (diluída, acrescentemos, além do reconhecimento atribuível à compra maciça de cargos associados a títulos) perdeu seu papel coletivo como classe política. A nobreza como ideal de excelência e legitimação da influência política pouco perdeu de seu apelo. Mas a noção fora dissociada de hereditariedade e linhagem. Em vez disso, adquiriu uma nova e íntima conexão com a educação. Para adquirir excelência, os homens precisavam ser instruídos. Eles necessitavam de professores, daqueles que sabiam. É a experiência de passar pelas mãos de professores que se torna a etapa decisiva do caminho para a *vertu*. E não há qualquer razão clara pela qual professores só possam realizar o transplante de *vertu* em homens de linhagem.

É para os professores que nós agora devemos nos voltar.

Com um discernimento sociológico raro em historiadores da sua época, Augustin Cochin escreveu: "O corpo, *la société de pensée*, explica o espírito, as convicções compartilhadas. A Igreja precede aqui, e cria, o seu Evangelho; está unida para a verdade, não pela verdade. A Regeneração, o Iluminismo, era um fenômeno social, não um fenômeno moral ou intelectual."[10] Cochin, morto na juventude, nas trincheiras da Primeira Guerra Mundial, foi historiador da Revolução Francesa. O evento que quis compreender foi o breve episódio do Terror jacobino. A pesquisa levou-o de volta aos *philosophes*. Em seus panfletos apaixonados póstumos, tomamos conhecimento de suas descobertas provisórias; a política jacobina só pode ser compreendida como uma continuação, como uma realização da forma de vida dos *philosophes*; e ver a história dos *philosophes* à luz de sua etapa prática jacobina propõe uma chave para o próprio mistério dos *philosophes*. Eles nos permitem ver o Iluminismo como um modo de vida, não uma coleção de ideias.

Os opúsculos de Cochin, praticamente não lidos, esperaram quase 70 anos até serem redescobertos por François Furet.[11] Na obra de Furet, eles figuram com algumas observações também esquecidas de Alexis de Tocqueville. Juntos, supriram uma concepção sociológica nova, distanciada, autoconsciente, do período inicial da heroica era dos intelectuais modernos. Uma concepção que, assim parece, só poderia ser alcançada a partir do ponto de vista da era pós-moderna e seus "intelectuais parciais".

Tocqueville introduz o tema dos intelectuais no ponto onde nós deixamos a história da nobreza:

> Uma aristocracia poderosa não apenas modela o curso dos assuntos públicos, ela também guia a opinião, dá o tom aos escritores, empresta autoridade a novas ideias. No século XVIII, a nobreza francesa per-

> dera de todo esta forma de ascendência, seu prestígio decrescera com seu poder, e como o lugar que tinha ocupado na direção da opinião pública estava vago, os escritores puderam usurpá-lo com a maior facilidade e mantê-lo sem o temor de serem desalojados.[12]

Não há desacordos quanto à cronologia dos acontecimentos, mas o processo parece agora ter sido bem mais complexo do que sugeriu Tocqueville. Retratar o processo como uma mera "troca de guarda" diante de um palácio inalterado deixa escapar o verdadeiro significado revolucionário daqueles "homens de letras, homens sem riqueza, superioridade social, responsabilidades ou status oficial", que "se tornaram na prática os principais políticos da era, pois, apesar da existência de outros que controlassem as rédeas do governo, só eles falavam com autoridade".[13]

Esses homens de letras, precursores (e até hoje arquétipos e parâmetros utópicos) dos intelectuais modernos, não "tomaram" a liderança da opinião pública. Eles *se tornaram* um público, *criaram* opinião pública e, por essa criação, adquiriram uma autoridade que os capacitou a negociar ou competir com o poder de outros que "controlavam as rédeas do governo". É verdade, eles se apropriaram da arma renovada e redesenhada da virtude, que caiu das mãos fatigadas da nobreza hereditária; é verdade, a falência da nobreza preparou um terreno fértil para essa renovação e esse redesenho. Mas aqui termina a analogia. É difícil mesmo sustentar a ideia de sucessão histórica. Em tempo algum a velha nobreza foi líder de opinião pública no sentido em que os homens de letras depois se tornaram. Não foram só (ou, melhor, não em primeiro lugar) os líderes políticos que mudaram, mudou a própria política. À diferença da política do passado, ela agora tinha espaço para a autoridade dos homens de letras.

Nas palavras de François Furet, a substância dessa nova política era um mundo totalmente novo de "sociabilidade política", baseado em *opinion* – "esta coisa confusa, formada em cafés, salões, camarotes de teatro e 'sociedades'".[14] As áreas desse mundo completo e autoencerrado estavam muito distantes dos assentos do poder administrativo e do controle político reais. Aqueles que os ocupavam podiam, portanto, proporcionar uma visão externa dos problemas que, para os administradores e legisladores, pareciam questões de ação prática. Eles podiam pensar os assuntos políticos em termos de princípios, e não de praticabilidades ou de arte do possível. Nunca tiveram oportunidade de submeter suas ideias ao "teste da exiquibilidade"; o único teste que contava era a concordância dos outros que também participavam do debate. Um critério novo, revolucionário de fato, havia sido gerado: o consenso.

Nesse aspecto o novo ambiente social para a produção e disseminação de ideias diferia de tudo o que pudesse ser lembrado com relação à Europa pré-moderna. Ele não se opunha nem resistia ao modo de vida da aristocracia: o poder dela era representado pelas armas e pelo controle administrativo, não pelas ideias. Ele também se opunha à Igreja, o seu inverso polar. O mecanismo de produção de ideias baseado na *République des Lettres* apresentava uma alternativa nova e radical à hierarquia eclesiástica. A estrutura vertical da Igreja fornecia aos pensadores e escritores uma fundação inabalável e transcendental da verdade: o saber divino, certeza encarnada na estabilidade e na continuidade da Igreja.

A Reforma abalou essa estabilidade; ainda pior, introduziu a polivalência na hermenêutica antes unificada da verdade de Deus. Por conseguinte, a certeza devota deu lugar à crise pírrica[15] que assombrou o novo tipo secular de intelectual ao longo dos séculos XVI e XVII. Foi a essa crise que a estrutura horizontal da *République des Lettres* deu uma resposta: novas bases para a certeza, uma nova corte de apelação. Consenso.

A horizontalidade da estrutura ofereceu aos imigrantes da *République des Lettres* uma liberdade em relação às estruturas verticais bem-definidas de poder que repercutiu em suas consciências como "liberdade de pensamento". Na verdade, por mais severas que fossem as restrições impostas ao pensamento individual pelo consenso da coletividade, elas pareciam difusas e suaves em comparação com a "economia de comando do pensamento" que a Igreja representava. A experiência da liberdade foi ainda reforçada pela separação entre poder e Estado. À diferença de seus colegas a leste do Reno, os *philosophes* franceses não ocupavam cargos públicos; ou, melhor, membros individuais da *République* ganhavam a vida numa variedade tão ampla de ofícios e instituições que suas respectivas dependências se neutralizavam reciprocamente; nenhum poder externo tinha influência bastante para exceder o resto. A liberdade de pensamento tinha, claro, outro lado, um pouco menos favorável e portanto menos celebrado: a ausência de poder. As pressões dos poderes sagrado e secular eram tão menos censuráveis quanto mais longe ficassem do alcance dos *philosophes.*

Esse ambiente social único encontrou sua articulação numa série de regras contrafactuais de busca secular da verdade, as quais dotaram os *philosophes* de um papel duradouro na formação e na história dos intelectuais modernos. As regras ainda estão conosco, quer explicadas e expostas, quer tacitamente observadas ou projetadas como limites externos do progresso desejado, como na famosa utopia da "comunicação não distorcida" de Jürgen Habermas.

Numa *société de pensée*, observou Cochin, "os participantes parecem livres, libertos de todo vínculo, de qualquer obrigação ou função social".[16] "O membros", acrescenta Furet, "a fim de desempenhar seu papel, devem purificar-se de toda concretude e particularidade, de sua existência social real. ... Para cada um dos seus membros, a *société de pensée* é caracterizada por relacionar-se apenas com ideias."[17] Estas são, claro, suposições contrafactuais, pois os cidadãos da *République des Lettres* diferiam uns dos outros em todos os aspectos concebíveis. Como na sociedade mais ampla, eram ricos e pobres, poderosos e desprovidos de poder, bem relacionados ou proscritos entre si. Mas o único poder que tinha permissão explícita de ser evocado dentro da *République* era o poder da ideia, do argumento, da lógica, medida com o metro do consenso.

Para citar Cochin mais uma vez, a *République* "é um mundo onde se conversa, onde nada mais se pode fazer a não ser conversar, e onde toda inteligência busca o entendimento de todos, a opinião, assim como, no mundo real, busca um produto e um efeito".[18] Como a opinião humana é o único fundamento social da nova certeza, a discussão é a via régia para a verdade. Esta é feita pelo homem; a razão humana é a mais alta autoridade; o homem é autossuficiente como força ordenadora da realidade humana; a realidade é ela mesma maleável, pronta a ser feita, desfeita e refeita segundo a vontade – boa ou má – do ser humano. Um ambiente integrado com exclusividade pelo debate e opinião de indivíduos socialmente indefinidos é refletido numa visão do mundo modelado e remodelado pela vontade subjetiva: um mundo sem restrições, apenas com adversários.

A *République des Lettres* foi, portanto, um modo de vida baseado socialmente numa rede cerrada e bastante disseminada de comunicação recíproca, e, do ponto de vista intelectual, num conjunto de convenções contrafactuais que tornavam essa rede operacional. Ambas as condições de sua existência surgiram na situação política muito particular, e talvez não repetível, daquela sociedade, talhando uma área de ação autônoma livre da intervenção de poderes políticos. Essa situação durou tempo o suficiente para possibilitar que o novo modo de vida se institucionalizasse e, assim, alcançasse certa imunidade em relação às reviravoltas mais recentes da história política; mas não tempo bastante para permitir que esse modo de vida se calcificasse numa inovação marginal de algum interesse histórico mas nenhum significado político.

O isolamento em relação ao poder (experimentado como autonomia) não durou muito pelas razões já brevemente apresentadas. A monarquia absolutista enfrentava tarefas administrativas de uma magnitude sem precedentes, que não podiam ser tratadas pelos meios tradicionais. Mudanças de direção na estrutura social tinham desvalorizado os mecanismos costumeiros de controle social e integração, e posto na agenda problemas novos, não só em tamanho, mas em qualidade.

O poder em aparência ilimitado concentrava-se nas mãos do monarca absoluto, que tentava embarcar em experiências reformadoras do corpo social, que parecia tratável e maleável, em contraste com a enormidade das ferramentas do poder. Mas isso pedia um grande plano para uma sociedade melhor; eram necessários experts, especialistas, conselheiros – os que "tinham mais conhecimento".

Quando consultados sobre tais questões, os cidadãos da *République de Lettres* só podiam responder projetando na imensa tela da "boa sociedade" o que melhor conheciam e aquilo com que mais se satisfaziam: seu próprio modo de vida. Muitos anos mais tarde, em 1931, Ludwig Wittgenstein escreveu em seu caderno de anotações:

> Quando falo que meu livro destina-se apenas a um pequeno círculo (se é que pode ser chamado de círculo), não quero dizer que acredito que este círculo seja a elite do gênero humano; mas ele realmente abrange aqueles para os quais me volto (não porque sejam melhores ou piores que os outros), porque formam meu *Kulturkreis* [círculo cultural], porque são gente da minha pátria, em oposição aos que me são *estrangeiros.*[19]

Trata-se, claro, de um discernimento profundo da condição psicológica da hierarquia intelectual de valores, apreciação que só se tornou possível perto do final da era que os *philosophes* puseram em andamento; a familiaridade aconchegante de um estilo bem-compreendido e facilmente praticado aparece aqui em sua verdadeira forma, como a particularidade de um círculo social, e não uma forma de vida válida do ponto de vista universal. As condições psicológicas da projeção que mencionamos acima podem, contudo, ser muito semelhantes àquelas discriminadas por Wittgenstein, embora a peculiaridade de grupo se disfarçasse como atributos da espécie humana, e a máscara contrafactual de membros do grupo ainda se apresentasse como a natureza purificada do "homem como tal".

As perguntas feitas não foram obra dos *philosophes*. As respostas, sim. Nada podia tê-las moldado, exceto a experiência coletiva da *République des Lettres*.

· 3 ·

Sociogênese da síndrome poder/conhecimento

Os *philosophes* viam o mundo de maneira diferente de seus predecessores. Eles o julgavam composto de indivíduos deixados a seus próprios recursos, necessitando a luz do conhecimento para lidar com as tarefas vitais, à espera de que a sabedoria do Estado os suprisse das condições e da orientação próprias. Esta era, na verdade, uma nova maneira de olhar o mundo. Mas o mundo que os *philosophes* viam era novo; diferente daquele dos seus predecessores.

"Medo o tempo todo, medo em toda parte", assim Lucien Febvre descreveu o mundo humano no limiar da Era Moderna.[1] Era um universo assustador, talvez apavorante demais para a delicada psique humana, já que os perigos eram gigantescos demais para as frágeis defesas do homem. Havia, claro, o medo humano perpétuo da morte – ainda exacerbado pela memória fresca de guerras recorrentes e da peste. Havia o medo da natureza caprichosa e indomada; do infortúnio pessoal, de perder a saúde ou o status – e uma longa lista de temores comuns, infinitos.

Talvez o maior medo de todos, contudo, fosse o horror de uma nova e crescente incerteza. Esse temor estava ancorado às margens do familiar e do habitual, mas essas margens começavam a pressionar com força as fronteiras do mundo da vida cotidiana. Os limites eram povoados de pedintes, vagabundos, boêmios. Pelas lentes do medo popular, eles apareciam como leprosos, portadores de doenças, ladrões. Era uma ameaça voltada contra as próprias fundações da existência humana, uma ameaça ainda mais terrível, em função da ausência das habilidades sociais costumeiras capazes de absorvê-los, neutralizá-los ou afastá-los.

A única arma que a gente da era pré-moderna aprendeu a usar para defender sua segurança, por mais que frágil que ela fosse, e para combater o perigo, foi sua própria "sociabilidade densa" (Philippe Ariés), o "complexo jogo das relações humanas" (Robert Muchembled).

> Camponeses e habitantes das cidades tinham de confiar em si mesmos para proteger sua segurança – tanto física quanto psicológica. Buscava-se segurança por meio de um conjunto de solidariedades sociais. Do mesmo modo como punham roupas no corpo para proteger-se da geada, eles se cercavam de camadas sucessivas de relações humanas que chamavam de família, parentela e comunidade rural ou citadina. ...
>
> A comunidade citadina deu forma final a relações de solidariedade efetivas e reais, em todas as suas dimensões de família, amizade, vizinhança, corporações diversas. Como os muros, símbolos da cidade, elas traçaram o horizonte que separava o "exterior" perigoso do "interior", onde vários laços de sociabilidade os uniam. ...
>
> Isso significa que, para se expressar com plenitude, a sociabilidade da época necessitava de um espaço relativamente restrito, contatos próximos e frequentes, locais para encontros nem numerosos demais nem muito escassos.[2]

O que mais nos chama a atenção no retrato do mundo comunal é que os meios disponíveis de segurança (e, na verdade, as condições fundamentais da coabitação humana), por mais que pudessem ter sido efetivos no ambiente tradicional, reagiram mal à ampliação do espaço social. Por sua própria natureza, eles só podiam operar num grupo relativamente pequeno, num território relativamente confinado. Eles também eram ajustados para um ambiente estável, em termos proporcionais, onde os pontos de referência, os outros parceiros na compacta rede de relações de solidariedade, permaneciam fixos durante tempo suficiente para que as pessoas aprendessem seus direitos e deveres recíprocos, desenvolvessem obrigações, para que fossem postos à prova da efetividade e da confiabilidade.

A segurança baseada na "sociabilidade densa" não podia ser transplantada para um ambiente social ampliado ou fluido – pois a habilidade essencial empregada na sua produção era a capacidade de tornar "o outro" familiar, transformá-lo numa pessoa definida em plenitude, com uma posição fixa no interior do mundo familiar. Essa habilidade podia ser aplicada a todos os "outros", enquanto eles permanecessem "à vista". Habitantes dos povoados e cidades também conheciam a maioria dos outros que iriam encontrar, porque tinham oportunidades amplas de observá-los – observá-los continuamente, em todas as suas funções e nas ocasiões mais diversas. Suas comunidades eram perpetuadas e reproduzidas por observação recíproca.

Essa "transparência" com a qual os escritores da utopia moderna iriam sonhar como signo da sociedade ideal era uma realidade cotidiana; um produto natural da abertura permanente e total da vida de cada membro da comunidade ao olhar de todos os demais. Se assim fosse, contudo, os limites desse olhar definiriam o tamanho do mundo no qual a vida social segura podia ser produzida e conservada.

O mundo pequeno, estável e portanto bastante controlado do homem pré-moderno sofreu pesadas pressões no século XVI, até ser irrecuperavelmente despedaçado no século seguinte. Para a Inglaterra, o começo da pressão deve se situar no período de meio século a começar de 1590; foi então que o "impacto da escassez e da peste, com a pobreza e a ociosidade acentuadas pelo crescimento da população", começou a ser sentido.[3] Houve um aumento repentino do tamanho total da população.

À parte a explosão demográfica, porém, a reorganização da propriedade da terra e a ineficiência da tecnologia agrícola impediram as comunidades rurais tradicionais de absorver novos braços e encher novos estômagos. Um número crescente de homens e mulheres tornou-se redundante do ponto de vista econômico e, por conseguinte, socialmente sem-teto. É interessante observar que, ao mesmo tempo que as comunidades e corporações do Velho Mundo sofriam sua doença terminal, a teoria da sociedade de auxílio mútuo europeia, louvando a fraternidade, a amizade e a ajuda recíproca como princípios de organização humana, atingiu seu auge impressionante nas obras de Jean Bodin e Johannes Althusius.[4]

A mudança teve duas consequências relacionadas, ambas visíveis e experimentadas pelos contemporâneos como colapso da ordem social. A primeira foi o surgimento súbito, e a expansão numérica contínua, de "homens livres" – perigosos em todos os casos apontados pelas bases tradicionais de ordem social, pois ficavam (ou, melhor, viviam) além do alcance dos métodos existentes de controle e regulação social. "Homens livres" não faziam parte de qualquer lugar, não tinham superiores que assumissem responsabilidade social por seu comportamento, e nenhuma comunidade concreta – aldeia, cidade ou paróquia – a exigir sua obediência em troca de subsistência.

O segundo resultado foi o afluxo repentino de "vagabundos" (os mesmos "homens livres", mas vistos e definidos em sua outra capacidade de população sem-teto, nômade) para o pequeno e inflexível mundo das comunidades locais. "Vagabundos" eram pessoas indiferentes e numerosas demais para serem amansadas e domesticadas pelo habitual método de familiarização ou incorporação. Eles surgiam e sumiam da vista sem aviso, permaneciam obstinadamente estrangeiros e desapareciam antes que a comunidade pudesse absorvê-los, submetendo-os ao seu olhar onividente. "O sistema medieval pelo qual cada homem na unidade civil de dez famílias é responsável pela ação dos demais membros era inútil quando se tratava de lidar com forasteiros itinerantes."[5]

Separar a população livre-vagabunda numa categoria própria e dotá-la de poderes sinistros e perigosos foram um reflexo da inadequação dos meios existentes de controle social. Falando do ponto de vista sociológico, os homens livres vagabundos expunham a obsolescência dos mecanismos tradicionais de reprodução social; por conseguinte, concentraram sobre si o ódio e a ansiedade nascidos de uma nova incerteza. O medo era autocorroborante; era também irredutível, à medida que os processos de cercamento dos campos jogavam cada vez mais pessoas nas estradas, e que os hábitos móveis dos homens livres multiplicavam seu número verdadeiro na consciência pública; cada homem livre visitava e assustava muitas localidades num curto período de tempo.

A reação aos sintomas de falência do controle social costumeiro foi pronta e radical.

Para começar, o conceito tradicional dos pobres como abençoados por Deus e objetos favoritos da caridade cristã recebeu uma revisão abrangente.

> Desenvolveu-se o estereótipo do pedinte fisicamente forte, que divergia agudamente da idealização franciscana da Alta Idade Média. A estereotipagem foi obra de uma ampla gama de autoridades instruídas, e finalmente foi consagrada em lei. ... Destituído, sem raízes e livre, ele parecia parte de uma conspiração para destruir a sociedade.[6]
>
> Em meados do século XVIII, os outrora filhos de Jesus tinham assumido uma face menos beatífica e eram em geral descritos como violentos, bêbados e ameaçadores.[7]

Na Inglaterra, John Gore descreve os errantes como desenraizados e perigosos porque viviam sem Deus, magistrado e senhor; na França, Guillaume le Trosne escreveu sobre eles como uma raça indisciplinada e perigosa, engajada numa "*rébellion sourde et continuelle*". A nova definição socialmente aceita do pobre centrava-se no opróbrio moral vinculado à incapacidade de ganhar a vida. Não era tanto o impacto enobrecedor do trabalho que contava, mas o fato de que trabalhar sempre implicava ter um mestre ou senhor, pertencer a uma comunidade e permanecer à vista, e, por conseguinte, sob controle.

Estar sem trabalho, por outro lado, significava fugir ao controle social – ficar "socialmente invisível". O aspecto elusivo da identidade social dos homens livres era o mais assustador. A partir dele, só havia um pequeno passo para a suspeita de conspiração, de conluio malévolo contra a sociedade estabelecida e sua ordem. Os pobres eram denunciados por teimarem em permanecer sem trabalho, nas palavras de Robert Crowley, por serem "larvas na comunidade", que "lambiam o suor da testa do verdadeiro trabalhador"; ou, na opinião de Thomas Adams, que preferiam ficar doentes a trabalhar.[8] O perigo essencial, contudo, não reside tanto na abominação moral imanente da pobreza quanto no perigo que emanava do estado de desenraizamento.

Talvez o impacto mais seminal dessa redundância maciça que explodiu as comunidades como unidades essenciais da ordem social tenha sido o desencadeamento de uma série de iniciativas legais que, a longo prazo, transformaram de forma radical o papel do Estado na reprodução da sociedade. As comunidades não conseguiam lidar com os problemas novos. Não tinham recursos econômicos suficientes. Acima de tudo, o sistema de controle comunitário "eu lhe vigio, você me vigia", que antes funcionava tão azeitado (e portanto despercebido), obliterou-se, uma vez que a mutualidade baseada em pertencimento conjunto se viu minada. A crise daí resultante pedia um redesdobramento do poder social.

Michel Foucault chamou a atenção dos historiadores sociais para a emergência da "vigilância" ou "poder disciplinar", para o desenvolvimento da "técnica do olhar de controle social" que ocorreu no início da Era Moderna, tornando-a um período de adestramento corporal e controle meticuloso de todo e qualquer aspecto do comportamento humano.[9]

Vimos, entretanto, que tal poder não era novo; não nasceu com o advento dos tempos modernos. Ele permaneceu um método supremo de controle social ao longo de todo o período pré-moderno. O que na verdade aconteceu na etapa inicial da Era Moderna foi a falência dos agentes tradicionais de poder de vigilância. O controle disciplinar não podia, portanto, ser exercido da forma trivial, como no passado. Ele agora se tornara visível, um problema a ser cuidado, algo a ser projetado, organizado, gerenciado e acompanhado de modo consciente. Era necessário um agente novo, mais poderoso, para desempenhar a tarefa. Esse novo agente era o Estado.

Na Inglaterra, como na França, os séculos XVI e XVII foram tempos de atividade legislativa febril. Foram definidas novas noções legais, mapearam-se novas áreas de interesse e responsabilidade legais do Estado, inventaram-se novas medidas punitivas e corretivas. Por trás de toda essa agitação de atividades estava o espectro sinistro de um novo perigo social: os homens livres e desenraizados, as "classes perigosas", como mais tarde seriam chamadas, o sintoma vívido e ubíquo da crise do poder e da ordem social.

De início, os decretos legislativos do Estado tentaram definir o novo fenômeno em termos de ausências: do que carecem as pessoas perigosas, o que está faltando em seus atributos ou em seu meio entre os fatores "normais" tal como definidos pela existência costumeira? Essa foi uma reação plenamente esperada, considerando o que é sabido sobre o poder da memória histórica e a tendência comum a "domesticar" e neutralizar o novo expressando-o em termos habituais e submetendo-o aos remédios testados.

No processo, contudo, os fatores "normais" da ordem social foram postos em relevo, problematizados e teorizados; como dizia Heidegger, a gente só sabe o que é o martelo quando ele quebra. Assim, o decreto de 1531 definia o vagabundo como "qualquer homem ou mulher sadio e vigoroso no corpo e capaz de trabalhar, que não tenha terra, senhor, nem use qualquer mercancia, ofício ou mistério lícitos por meio de que pudesse ganhar seu sustento". Essa definição discriminava um senhor ou uma propriedade como condições de conduta normal, não punível. Na mesma passada, identificava o modo pelo qual o abjeto estado de vagabundagem podia ser retificado: a restauração dessas condições.

O que o decreto de 1531 e todos os decretos subsequentes silenciaram, antes por ignorância que por hostilidade, era que senhores, terra e oficinas pareciam remédios convincentes porque foram, ao longo de todo o passado recordado, as correias que prenderam as pessoas ao bem controlado cenário no qual elas podiam estar sob observação e pressão corretiva constantes da comunidade. Os autores das primeiras legislações contra a vagabundagem não conheciam outro meio de alcançar o mesmo efeito – e este era o verdadeiro objeto da sua preocupação.

Os velhos meios tinham de ser desmascarados como inadequados e ineficientes, antes que a questão do "controle pela vigilância" pudesse emergir por si mesma como problema; como propósito para o qual ferramentas novas e melhores deviam ser descobertas ou inventadas. Aos poucos ficou claro que fazer os vagabundos voltarem à força a seus lugares de pertença não traria os resultados desejados. Eles eram, no que diz respeito à rede de aldeias, povoados e cidades, pessoas redundantes. As autoridades locais não tinham nem os meios nem as qualificações para lidar com o número crescente de desempregados. Repelidos de suas aldeias e povoados natais, os pobres fugiram em manadas para as cidades, atraídos por uma pequena chance de anonimato e de escapar da privação. Em toda a Europa, as cidades se tornaram

> lugares de refúgio para os extremamente pobres, por vezes os desesperados e desamparados; cidades como monumentos à pobreza rural. ... A urbanização da pobreza, uma pobreza nascida no campo, mas que se manifestava na cidade, criou problemas de ordem pública, ameaçou a saúde pública e sobrecarregou os padrões tradicionais de abastecimento.[10]

Acima de tudo, sobrecarregou de maneira insuportável os padrões tradicionais mediante os quais a sociedade se reproduzia.

Não era possível fazer o relógio andar para trás; o ciclo monótono da reprodução comunal da ordem não podia ser restaurado apenas forçando os desenraizados de volta às suas raízes. Os legisladores logo compreenderam que o coração da questão era a aterradora capacidade que os vagabundos tinham de se esgueirar entre as redes locais de "controle pela vigilância". Sempre móveis e estrangeiros em toda parte, eles permaneciam socialmente invisíveis, por assim dizer. Os legisladores deslocaram sua atenção, portanto, para os meios de restaurar a "visibilidade" dos homens livres, e assim torná-los suscetíveis à vigilância.

O método mais simples foi sugerido pela prática conhecida por todo criador de gado: marcar a fogo. Sob Tiago I, a prática foi estendida de ovelhas desgarradas a seres humanos desgarrados. O decreto de 1604 instruía que a marca fosse "queimada e gravada com tamanha perfeição sobre a pele e a carne, que a letra 'R' pudesse ser vista e restasse como marca perpétua em tal *rogue* (vadio ou vadia) durante toda a sua vida."[11] Esperou-se que a marca distinguisse as pessoas perigosas para uma atenção estrita, e assim anulasse pelo menos em parte as consequências de sua mobilidade.

Porém, a mais seminal de todas as reações à falência do controle baseado na comunidade foi a invenção do confinamento forçado. A vigilância, essa ferramenta testada (embora até então despercebida) de controle comunal, podia ser empregada de forma deliberada e sob condições artificialmente criadas e mantidas. Vadios não tinham vizinhos que pudessem vigiá-los e reformar suas condutas. Nenhum dos "supervisores coletivos" naturais os tinha tempo bastante sob a vista para exercer mais que uma influência passageira sobre seu comportamento; os vadios sabiam como evitar todos os "espaços supervisionados" e permanecer tempo demais apenas em determinado lugar.

Eles podiam ser neutralizados, todavia, se os obrigassem a ficar num espaço confinado, onde pudessem ser vistos, vigiados o tempo todo e controlados em tudo que fizessem; onde supervisores estivessem ligados a eles de modo permanente, em quantidade suficiente para garantir vigilância contínua; onde, por conseguinte, seu comportamento – na verdade, todo o seu processo vital – pudesse ser organizado de forma estrita, sujeito a um ritmo imposto do exterior, e não mais uma fonte de incerteza e uma ameaça para a ordem social. Uma vez assim confinadas, as "classes perigosas" podiam voltar a ser "transparentes". E isso queria dizer inofensivas.

Prisões, casas de correção, asilos para pobres, hospitais, manicômios são subprodutos do mesmo poderoso ímpeto de tornar o obscuro transparente, de projetar condições para redesdobrar o método de "controle pela vigilância", uma vez que as condições do seu desdobramento tradicional se mostraram cada vez mais ineficazes. O fato de cada uma dessas inovações do período inicial da Era Moderna ser mais que uma invenção casual decorrente de um problema específico é sugerido pela surpreendente simultaneidade de sua aparição em esferas que em tudo se distanciavam umas das outras e eram desconectadas do ponto de vista funcional.

O que estava em jogo não era apenas a solução de "problemas sociais" concretos, mas um rearranjo básico dos lugares de poder social e um reajuste do mecanismo de controle social às condições sociais radicalmente alteradas. Essa universalidade oculta atrás da aparente especificidade de prisões ou hospitais haveria de ser depois explicitada no célebre "pan-óptico" de Jeremy Bentham:

> A própria palavra "pan-óptico" parece crucial aqui, designando o princípio do sistema. Assim, Bentham não imaginou apenas um projeto arquitetônico calculado para resolver um problema específico, tal como o de uma prisão, uma escola ou um hospital. Ele o proclamou como uma verdadeira descoberta, dizendo que se tratava de um "ovo de Colombo". Na verdade, o que Bentham propôs a médicos, penalogistas, industriais e educadores foi aquilo que eles vinham procurando. Ele inventou uma tecnologia de poder destinada a resolver o problema da vigilância. Um ponto importante

> deve ser observado: Bentham pensou e disse que seu sistema óptico era *a* maior inovação necessária ao exercício fácil e eficaz de poder. Ele tem sido empregado desde o fim do século XVIII.[12]

Nós já vimos que nada havia de novo em definir o problema do controle e reprodução da ordem como questão de vigilância. Todavia, a maneira como se empregou o método antigo na Era Moderna foi revolucionária num sem-número de aspectos cruciais. Juntos, eles deram origem a uma figuração social de todo nova.

Talvez a mudança mais importante tenha sido o fim da reciprocidade da vigilância. Outra maneira de dizê-lo é que as novas instituições eram baseadas numa assimetria de controle. A atividade de vigilância passa a dividir o grupo afetado em duas subseções nítida e permanentemente separadas: os vigiantes e os vigiados. Como tal, a assimetria de poder não era uma invenção nova; foi um fator constante em todos os tipos conhecidos de sociedade. Em sociedades pré-modernas, contudo, ela dizia respeito à posse de objetos, e não a seus possuidores; a coisas, e não pessoas (com poucas exceções notórias, como exércitos permanentes ou mosteiros).

A assimetria de poder operava sobretudo na área da redistribuição do excedente social, quando os produtores eram pressionados ou forçados, contra a sua vontade, a se desfazer de uma parte de seu produto em benefício de seus superiores. Em geral, os detentores de poder se davam por satisfeitos ao alcançar esse resultado. Entravam em cena, por assim dizer, como um fator ativo na vida do produtor, no momento mesmo em que o excedente ficava pronto para a redistribuição. Como o excedente fora produzido, isso não os preocupava; a regularidade da produção era alcançada por meios outros que não o poder que eles detinham – meios sobre os quais eles não tinham uma ideia clara e que não controlavam.

O poder do príncipe ou do senhor feudal era muito distante da vida cotidiana de seus súditos. Aplicado de maneira irregular (muitas vezes apenas em ciclos anuais) e concentrado apenas na realocação de coisas, ele podia limitar-se à violência como única relação entre os detentores de poder e seus súditos. Era necessário convencer os produtores que resistir à expropriação não tinha sentido e era um ato fadado ao fracasso; essa convicção assumia em geral a forma de uma crença em garantias sobre-humanas daquela obrigação. O efeito podia ser alcançado pelo exercício periódico do poder de coerção, mais ou menos apoiado em exibições regulares, amiúde ritualizadas, da posse deste poder.

A força e o esplendor da comitiva principesca era um espetáculo público no qual os desprovidos de poder eram os espectadores planejados, enquanto esperava-se que os detentores de poder fossem os observados. A vida cotidiana dos súditos do poder principesco estava sem dúvida sujeita a vigilância contínua. De modo geral, contudo, tratava-se de uma vigilância difusa, de uma atividade em que todos os membros da comunidade tomavam parte em sucessão ou ao mesmo tempo. A vigilância era baseada no que os antropólogos chamam de "reciprocidade generalizada", em que o direito de exercer controle era legitimado pelo direito do controlado de retribuir na mesma ou em outra ocasião.

As instituições que o imponente projeto do "pan-óptico" de Bentham simbolicamente representava foram as primeiras a aplicar em escala maciça, como tecnologia "normal" de poder em sociedade, uma assimetria de vigilância. O projeto colocava a maioria, os objetos do poder, em permanente posição de "vigiados", sem direito ou sequer uma esperança realista de retribuir ou trocar de lugar com seus vigilantes.

Essa mudança produziu uma divisão de poder dentro das instituições e implicou duas inovações que tiveram consequências radicais. Primeiro, a continuidade total da vigilância unidirecional criava condições de controle de uma qualidade nova. Não só o comportamento dos objetos podia ser ajustado segundo um plano escolhido sob certas ocasiões críticas selecionadas;

todo o seu modo de vida agora podia ser organizado, posto num molde desejado, regularizado. Um ritmo repetitivo podia ser imposto ao movimento de seus corpos. Sua conduta podia se tornar independente de seus motivos, a fim de que sua vontade pudesse ser desconsiderada: uma vez que se consolidassem os hábitos sustentados de fora, os motivos individuais deixavam de ser fatores da situação que deviam ser levados em conta. A continuidade da vigilância unidirecional tornou a coerção ostensivamente desnecessária e, em todo caso, menos intrusiva; manifesta na etapa inicial de adestração, ela estava fadada a ser cada vez menos acionada, até poder assumir uma presença latente ou quase apenas simbólica.

Em segundo lugar, a unidirecionalidade da vigilância contínua tornou uniforme a definição do vigiado; tal como definidos pelas relações de poder, eram todos espécimes da mesma categoria. A totalidade de seu status social era determinada pelo fato de eles estarem sujeitos à mesma operação de vigilância, a qual visava a atingir a mesma rotina comportamental, universal, no caso de todo indivíduo sob vigilância.

A tendência da vigilância unidirecional é obliterar diferenças individuais entre seus objetos, substituir variedades qualitativas por uma uniformidade quantificável. Essa tendência pode se refletir mais tarde na "objetificação" científica de objetos humanos em categorias suscetíveis de processamento estatístico, em que as referências a individualidade, significados pessoais, motivos etc. não são um fator necessário. O que separa as categorias umas das outras também é produto de uma operação de poder; nesse caso, de práticas divisoras que classificam certas quantidades de objetos em posições que exigem rotinas um pouco diferentes e as submete a rotinas diferentes (como criminosos perigosos ou não perigosos, doentes mentais, alunos brilhantes e retardados etc.).

Outra consequência de longo alcance do caráter assimétrico da vigilância é a exigência de um especialista na posição de supervisão. O ato de vigilância agora separa o vigilante do resto do grupo; é um trabalho em tempo integral, que exige concentração dos poderes mentais e físicos, por isso fadado a se tornar uma "ocupação" – um meio de existência. Por sua própria continuidade e pela permanência de sua direção, ela pode e de fato estabelece fins muito mais ambiciosos com que a vigilância difusa do poder principesco jamais poderia ter sonhado.

A tarefa engendrada pela vigilância assimétrica é nada menos que a total reformulação dos padrões comportamentais humanos; a imposição de um ritmo corporal uniforme sobre as inclinações variadas de muitos indivíduos; a transformação de uma coleção de sujeitos motivados numa categoria de objetos uniformes. Esta não é uma tarefa qualquer, necessita de muito mais que a mera aplicação de força bruta. Precisa de um ator armado de know-how e capacidades especializados, um engenheiro do comportamento humano. A vigilância assimétrica tende a gerar o papel do "educador", e não a de um de mero expert em coerção (embora os dois papéis não estejam obrigatoriamente em oposição).

O papel de expert ou especialista só pode surgir quando uma assimetria permanente de poder busca moldar ou modificar a conduta humana. Esse papel sem dúvida foi outra consequência do importante redesdobramento de poder social associado ao nascimento da Era Moderna. Sua ascensão espetacular resultou de uma nova compreensão de que a conduta humana ajustada para a manutenção da ordem social desejada não pode ser deixada ao juízo individual ou àquelas "forças naturais" que tão bem pareciam tomar conta dela no passado.

A institucionalização da vigilância assimétrica ofereceu uma estrutura arquetípica na qual esta compreensão da "insuficiência", "incompletude" ou "imaturidade intrínseca" dos seres humanos podia ser de novo forjada em ação prática, e, desse modo, testada e reforçada. Essa prática, contudo, que de um lado reproduzia e "objetificava" as imperfeições do indivíduo humano, estabelecia na outra ponta do espectro de poder o papel do educador – o especialista em fazer os seres humanos ascenderem à perfeição exigida pela ordem social, da forma adequada, renomeada agora de "bem comum".

A educação tinha se tornado um constituinte irremovível do poder. Os detentores de poder devem saber o que é bem comum (do gênero humano, da sociedade como um todo, ou da seção incumbida de seu governo) e que padrão de conduta humana melhor se ajusta a ele. Têm de saber como induzir a conduta e como garantir sua permanência. Para adquirir ambas as capacidades, eles devem se apropriar de certo saber que outras pessoas não possuem. O poder necessita do saber; o saber empresta legitimidade e eficácia (não necessariamente desconectadas) ao poder. Possuir saber é poder.

O novo tipo de poder que surgiu dessa nova figuração tinha duas qualidades notáveis: era um poder pastoral e um poder proselitista.

Mais uma vez, temos de admitir que nenhuma das duas qualidades era nova. Pelo menos não novas de todo. Ambas foram inventadas, desenvolvidas e testadas nos séculos da história pré-moderna, e a Igreja cristã, na época de seu governo espiritual, poderia ser retratada como seu modelo insuperável. Na descrição de Foucault, o poder pastoral não era exercido em interesse próprio, mas pelo bem de seus "súditos". A Igreja não tinha fins egoístas – só o progresso de seus súditos. Ela lidava com eles de forma individual, não coletiva – no sentido de que visava à reforma de todo indivíduo, e por meio disso construiu o indivíduo como unidade autônoma da coletividade. E supunha que a chave para os aperfeiçoamentos do indivíduo jazia oculta no interior da pessoa individual; portanto, dispôs a rede de recompensas e punições para moldar o indivíduo como portador de direitos e responsabilidades, lugar da consciência, tomador de decisões e agente autônomo.

O poder proselitista se distinguia pela propensão a converter seus súditos de um modo de vida a outro; ele via a si mesmo como o conhecedor e praticante de uma forma superior, e seus súditos como seres incapazes de se elevarem por si mesmos a esse plano superior. (Deve-se destacar que, como variedades de poder descritas sob os nomes de "poder terapêutico" [Kittrie] ou "tutelagem complexa" [Donzelot], o poder proselitista não objetiva necessariamente remoldar os súditos segundo sua própria imagem, e, assim, dissolver a diferença entre os dois modos de vida. O que ela de fato busca, sem remorsos ou concessões, é o reconhecimento por seus súditos da superioridade da forma de vida que ela representa, e da qual ela deriva a sua autoridade. Tal aceitação é o ato supremo das salvações; tendo concordado que os modos pregados pelos detentores de poder são superiores de fato, os súditos atribuem superioridade ao saber que seus governantes possuem. Tal consentimento pode consolidar e eternizar a lacuna entre detentores de poder e seus súditos, em vez de construir uma ponte, ao contrário do propósito declarado do zelo proselitista.) Mais uma vez, preceitos essenciais do poder proselitista foram praticados e testados pela Igreja cristã muito antes da aurora da Era Moderna.

O que havia de novo na figuração do poder moderno era a secularização das técnicas pastorais e proselitistas; não eram novas essas técnicas em si mesmas, mas sua emancipação do corpo hierárquico da Igreja e seu redesdobramento a serviço do Estado. Isso significava, contudo, que os objetivos perseguidos pelas duas técnicas tornaram-se muito mais ambiciosos e abrangentes do que antes.

O poder pastoral e proselitista da Igreja buscara a produção e reprodução da superioridade de uma fé (com seus porta-vozes institucionalizados) sobre outra, ou sobre indivíduos fracos demais para abraçá-la de modo firme ou sincero. O poder pastoral e proselitista do Estado não cessaria na conquista espiritual; na realidade, a fé não era a questão em jogo.

O Estado entrou numa guerra contra todas as formas de vida que pudessem ser vistas como bolsões potenciais de resistência contra seu próprio domínio. Exigia-se nada menos que a aceitação da expertise do Estado na arte de viver; tinha-se de admitir que o Estado e os especialistas que ele nomeava e legitimava sabiam o que era bom para os súditos, e como eles deviam viver suas vidas e se guardarem de agir em prejuízo de si mesmos. Aos súditos foi negada não só sua capacidade de conseguir chegar a Deus; recusou-se a eles sua capacidade de viver a vida humana sem vigilância, assistência e intervenção corretiva daqueles que tinham conhecimento de causa.

· 4 ·

Guarda-caças que se tornaram jardineiros

As "culturas selvagens", diz Ernest Gellner, "se reproduzem de geração a geração, sem intento consciente, supervisão, vigilância ou nutrição especial." Culturas "cultivadas" ou "jardins", ao contrário, só podem ser sustentados por pessoal letrado e especializado.[1] Para reproduzir, eles necessitam de projeto e supervisão; sem isso, as culturas-jardins seriam sobrepujadas pela selva. Há um sentido de artificialidade precária em todo jardim; ele precisa da atenção constante do jardineiro, pois um momento de negligência ou mera distração o faria retornar ao estado do qual surgira (e o qual o jardineiro teve de destruir, expulsar ou controlar). Por mais bem-estabelecido que seja, nunca se pode confiar em que o projeto de jardim reproduza a si mesmo, e jamais se pode esperar que ele se reproduza com seus recursos próprios. As ervas daninhas – plantas não convidadas, não planejadas e autocontroladas – existem para sublinhar a fragilidade da ordem imposta; elas alertam o jardineiro sobre a exigência interminável de supervisão e vigilância.

O surgimento da modernidade foi um processo de transformação de culturas selvagens em culturas-jardins. Ou, antes, um processo no curso do qual a construção de culturas-jardins reavaliou o passado, e essas áreas que se estendiam além das recémerguidas cercas, bem como os obstáculos encontrados pelo jardineiro dentro do seu próprio canteiro se tornaram a "selva". O século XVII foi a época em que o processo adquiriu ímpeto; no começo do século XIX, ele havia sido completado na extremidade ocidental da península europeia. Graças a seu sucesso ali, também se tornou o padrão a ser cobiçado pelo resto do mundo – ou começou a ser-lhe imposto.

A passagem de uma cultura selvagem para outra de tipo jardim não é apenas uma operação realizada num pedaço de terra; também é, e talvez de maneira mais seminal, o surgimento de um novo papel, orientado para fins antes desconhecidos, exigindo capacidades antes inexistentes: o papel do jardineiro. Este assume o lugar do guarda-caça. Guarda-caças não alimentam a vegetação e os animais que habitam o território confiado a seus cuidados; tampouco têm qualquer intenção de transformar a condição do território para fazê-lo ficar mais parecido a um "estado ideal" inventado. Em vez disso, tentam garantir que as plantas e os animais se reproduzam sem serem perturbados – os guarda-caças têm confiança na capacidade das plantas e animais a eles confiados.

Por outro lado, eles carecem do tipo de autoconfiança necessário para interferir nos hábitos eternos de seus tutelados; não lhes ocorre, portanto, que um estado de coisas diferente daquele sustentado por esses hábitos possa ser encarado como alternativa realista. O que os guarda-caças querem é algo muito mais simples: assegurar uma parte na riqueza que esses hábitos eternos produzem, garantir que essa parte seja coletada e impedir que guarda-caças impostores (invasores, como são estigmatizados os guarda-caças ilegais) peguem o seu quinhão.

O poder que preside a modernidade (o poder pastoral do Estado) é moldado segundo o papel do jardineiro. A classe dominante pré-moderna era, em um sentido, um guarda-caça coletivo. A passagem para a modernidade foi um processo no decurso do qual o primeiro emergiu e o segundo declinou, sendo no final substituído. Esse processo não resultou da invenção da jardinagem; ele foi desencadeado pela incapacidade crescente da cultura selvagem de sustentar seu próprio equilíbrio e o ciclo produtivo anual; pelo desequilíbrio perturbador entre o volume de exigências dos guarda-caças e a capacidade produtiva de seus tutelados, uma vez que estes eram guiados por seus próprios "hábitos eternos"; por fim, pela incapacidade dos guarda-caças de garantir o rendimento que queriam enquanto se restringiam a passatempos de guarda-caças.

Guarda-caças não acreditam muito na capacidade humana (ou em sua própria capacidade) de administrar sua própria vida. Por assim dizer, são pessoas naturalmente religiosas. Não tendo praticado qualquer tipo de "padronização", "modelagem" ou "ajuste" da cultura selvagem que supervisionam, carecem da experiência a partir da qual se pode formar a ideia de origem humana do mundo humano, de autossuficiência do homem, de maleabilidade da condição humana etc. Sua própria falta de interferência no funcionamento espontâneo da cultura selvagem, o que constituiu a virtual "intocabilidade" desta última, se reflete na sua filosofia (se é que necessitam de uma) do caráter sobre-humano da ordem mundana.

A própria cultura selvagem não pode ser percebida como *cultura*, vale dizer, uma ordem imposta pelos homens – seja por intenção, seja por omissão. Se alguma vez for objeto de reflexão, ela aparece como algo muito mais forte que aquilo que um acordo humano – manifesto ou tácito – pode criar ou sustentar. Ela é vista como natureza, criação de Deus, um desígnio suportado por sanções sobre-humanas e perpetuado por tutela sobre-humana.

Da perspectiva intelectual, a redefinição da ordem social como produto da convenção humana, como algo não "absoluto" e que não está além do controle humano, foi de longe o marco mais importante na estrada da modernidade. Mas, para que tal redefinição tivesse lugar, devia ocorrer uma revolução na maneira como a ordem social era reproduzida. A atitude de guarda-caça da classe dominante devia revelar sua ineficácia e produzir preocupações que ela não estava preparada para controlar.

O repúdio sucinto de Hobbes ao "estado natural" da humanidade como condição sob a qual a vida humana é "sórdida, brutal e curta" é a mais citada e bem conhecida de todas as ideias deixadas à posteridade pelos pensadores do século XVII. Ela recebeu muita atenção e foi aceita amplamente como ponto de partida da filosofia social, da ciência política e da sociologia modernas. Talcott Parsons pensou ser possível ver toda a história da ciência social como a longa e ainda inconclusiva luta com o problema que a metáfora hobbesiana levantou: ela propunha o "quebra-cabeça" em torno do qual o paradigma da ciência social moderna podia ser organizado. Não há qualquer negação da importância da proposição de Hobbes nos últimos três séculos da história intelectual europeia.

O que os profusos comentários da ideia de Hobbes silenciaram em geral é outro quebra-cabeça: de onde Hobbes tirou essa imagem de "estado natural"? Invocou-a do simples vigor de sua imaginação? Foi uma criação intelectual inteiramente *ad nihilo*? Ou, como a maioria das ideias, foi antes uma resposta, talvez exagerada e nada usualmente poderosa, mas ainda assim uma resposta a alguma experiência nova que aguilhoou a imaginação de Hobbes na direção que sua mente tomou?

A menos que o contrário seja provado, uma suposição plausível é que se tratava da última hipótese. Se assim for, a questão é: o que havia, no mundo dos contemporâneos de Hobbes, que pudesse inspirar a assustadora imagem do "estado natural"?

Parece que Hobbes foi vítima de uma ilusão de ótica parcial: o que ele, de modo equivocado, tomou por relíquias vivas do estado da natureza eram na verdade artefatos da decomposição avançada de um sistema cerrado de controle social feito pelo homem. Os inquietantes corpos alienígenas que infestavam seu mundo da vida eram indicadores do futuro, uma vanguarda da sociedade que estava por vir, os poucos exemplos dispersos do que seria o "estado normal" – uma sociedade composta de indivíduos vivendo livremente, orientados para o ganho e não restringidos pela então falida supervisão comunitária.

Numa cultura selvagem de fato, tais indivíduos eram mantidos em segurança no interior de poucos nichos supervisionados, cuja função era lidar com as falhas inevitáveis do controle social e suas consequências; seu número era constante, seu status, sem ambiguidades, sua conduta, confiavelmente estereotipada e, por consequência, percebida como previsível e gerenciável. Ora, por razões discutidas no capítulo anterior, todos esses fatores neutralizadores estavam desaparecendo depressa. Nas fissuras do sistema da cultura selvagem de autorreprodução, Hobbes pode ter pensado que vislumbrou o estado da natureza em sua pureza remota.

Contudo, o mais significativo dos efeitos esclarecedores do recuo comunitário foi a revelação da fragilidade essencial dos princípios sobre os quais o intercurso humano cotidiano se baseava. Com certeza, a própria existência de tais princípios (para não mencionar sua indispensabilidade) era em si mesmo uma descoberta formidável. Seria difícil conjecturar ou construir tais princípios em relação a uma sociedade que se reproduzia "sem intento consciente" e – permita-nos acrescentar – sem efeitos colaterais imprevisíveis, numa escala grande demais para ser administrada pelo sistema de policiamento.

Ora, quando há rupturas frequentes demais para os princípios funcionarem da maneira adequada, eles se tornam visíveis. Ou, antes, uma vez que uma sociedade "sem intento" começou a produzir em escala maciça fenômenos que ela não antecipou e não podia controlar, foi possível questionar os princípios reais ou ideais rompidos, e qualquer remédio proposto para os efeitos lamentáveis dessa ruptura devia ter a natureza de um intento *consciente*. Um "contrato social", um legislador ou um déspota que desenhasse o projeto eram as únicas perspectivas no seio das quais o problema da ordem social podia ser encarado, uma vem que se tornou um problema, e não uma manifestação da natureza das coisas.

A nova percepção da relação entre ordem social (feita pelo homem) e natureza – incluindo a natureza do homem – encontrou sua expressão na notória oposição entre razão e paixões.

As últimas eram cada vez mais vistas como o "equipamento natural" dos homens, algo que o homem adquire no nascimento, sem esforço de sua parte e qualquer assistência dos outros. A primeira, a razão, vem com o conhecimento, tem de ser "passar" por outras pessoas, que sabem a diferença entre o bem e o mal, a verdade e a mentira.

Assim, a diferença entre a razão e a paixão foi, desde o começo, mais que uma oposição moral; continha, implícita, embora intrinsecamente, uma teoria da sociedade, articulando a oposição entre as raízes "naturais" e também individuais dos fenômenos antissociais e o mecanismo social organizado e hierarquizado da ordem social. Ela detalhava a indispensabilidade do poder supraindividual (do Estado) para assegurar e perpetuar uma relação ordeira entre os homens; e os efeitos mórbidos e desastrosos de qualquer afrouxamento de controle do poder, ou de qualquer confiança nas "predisposições naturais" dos pares.

Para os filósofos que pensavam nesses termos, a óbvia contradição presente na justaposição de indivíduos dominados por paixões e a promoção da razão pelo Estado deve ter sido perturbadora, como observou Albert O. Hirschman.[2] Como os preceitos da razão haveriam de influenciar a conduta de homens guiados somente por paixões? Como o conceito de "paixões" significa tudo que é "natural" no homem, tudo que é "selvagem" e não tem origem (artificial, projetada) na lei feita pelo homem, como poderia a razão dirigir-se ao "homem de paixões" e encontrá-lo ouvindo e, ainda mais importante, obedecendo?

O que Hirschman deixou de observar em seu estudo – em outros aspectos, altamente informativo – foi o caráter prático, não apenas lógico, dessa pergunta. A resposta deveria ser procurada na prática política, não na teoria moral; os pensadores que Hirschman cita estavam ocupados desenvolvendo uma teoria e uma pragmática do poder social (do Estado), não apenas debatendo a "natureza do homem".

As apreensões compartilhadas pelos participantes do debate foram resumidas por Spinoza: "Nenhum sentimento pode ser restringido pelo conhecimento verdadeiro do bem e do mal à medida que for verdadeiro, mas só à medida que for considerado sentimento."[3] A mensagem, quando lida em termos da pragmática da ordem social, principal preocupação da época, é relativamente clara: as emoções, o impulso antissocial que não faz distinção entre certo e errado, não são passíveis de serem tratadas pela *voz* da razão, pelo conhecimento como argumento e disseminação da verdade; ou, antes, só são passíveis de serem assim tratadas quando o próprio conhecimento se tornou um "sentimento".

Devia-se concluir que o último caso só podia ter aplicação limitada. Seria aplicado somente àqueles poucos homens para quem o próprio conhecimento é uma paixão – a filósofos; e talvez também àquela minoria escolhida na qual os filósofos estimulam devoção semelhante. Quanto aos outros, o problema não é tanto como canalizar seus sentimentos numa direção verdadeira, mas como restringir ou neutralizar sua concupiscência. Na opinião de Spinoza, a devoção a Deus, o desejo de ser abençoado e a fé na efetividade do caminho da salvação, tal como sugerido pela religião, poderiam levar ao resultado necessário.

Hirschman considerou o *interesse* uma paixão que o debate erudito da época tratava com simpatia e esperança crescentes. É muito fácil explicar essa escolha como um "sintoma prodrômico" do futuro capitalista, colocando os filósofos do século XVII no papel de profetas ou pelo menos de arautos de um sistema que ainda levou mais um século e meio para se materializar. Contudo, isso significaria imputar aos filósofos uma conduta que eles raras vezes assumem antes ou depois disso. Faz mais sentido compreender que, embora promovessem o interesse como uma paixão boa para reprimir todas as demais paixões mórbidas, eles pensavam as realidades do seu próprio tempo e propunham lidar com problemas contemporâneos usando meios contemporâneos (inclusive a "contemporaneidade" que fora construída com a ajuda da memória histórica).

Só com algum esforço o leitor de hoje poderá espremer da ideia de interesse, tal como explicada no século XVII, a noção familiar de orientação para o lucro. O tipo de interesse evocado pelos pensadores do século XVII como remédio para as paixões antissociais cobria uma área muito mais ampla. Segundo as *Máximas* (1666) de La Rochefoucauld, os interesses mais frequentes eram por honra e glória; o interesse por guerra e riqueza era apenas mais um entre muitos, e de modo nenhum sinônimo de interesse como tal. Dir-se-ia, antes, que a ideia de interesse pretendia captar motivos sociais, em vez de impulsos naturais; era algo acrescentado às predisposições naturais, algo induzido do ponto de vista social, e não derivado da natureza humana. A verdadeira oposição entre interesses e paixões era, mais uma vez, a diferença entre uma ordem socialmente projetada e o estado não processado, selvagem e natural do homem. A substância do interesse importava menos que sua artificialidade, sinônimo de sua orientação social.

Havia também outra dimensão da oposição entre interesses e paixões (mais uma vez notada por Hirschman): a dimensão de classe, aquela entre dois tipos de homens, e não entre dois lados de uma natureza individual, ou dois tipos de conduta que um só e mesmo indivíduo pode favorecer. *Un homme interessé* poderia ser o nome dado a uma fase particular na vida de um indivíduo; mas também poderia representar uma classe de indivíduos, as pessoas motivadas, que perseguem objetivos socialmente orientados, em vez de seguirem aos trancos e barrancos segundo seus instintos naturais.

Usando uma distinção posterior, pode-se dizer que o que separava a classe de "homens interessados" dos demais era o papel dominante desempenhado, em seu comportamento, por motivos "a fim de" – este epítome de um comportamento instrumental-racional. O debate sobre interesses foi apenas um dos muitos aspectos conceituais pela qual trafegou, numa era de desintegração da velha ordem, a teorização das novas bases de classe da ordem social.

Quanto mais o comportamento interessado era louvado como benéfico da perspectiva, mais prejudicial e condenável parecia a conduta auto-orientada, incitada pela paixão da gente rústica e crua. Ao estabelecer sua própria conduta auto-orientada como padrão de vida socialmente útil e louvável, os participantes do debate definiram os contornos da nova classe de divisões e os "termos de referência" do novo mecanismo de reprodução social. Por mais que a roupagem conceitual e o contexto semântico fossem diferentes, sua função social não divergia de forma significativa daquela descrita por Nietzsche, com brilho, em referência às categorias essenciais do discurso moral:

> Foram os "bons" eles mesmos, isto é os nobres, altivos, altamente situados e elevados em pensamento, que nomearam a si e a seus atos como bons, isto é, pertencentes à posição mais elevada, em contradição com tudo que é baixo, vulgar e plebeu. Foi tão somente este *pathos de distância* que os autorizou a criar valores e nomeá-los. ...
>
> O conceito básico é sempre *nobre* no sentido hierárquico de classe, e daí desenvolveu-se, por necessidade histórica, o conceito de *bom*, que abrange nobreza de propósito, distinção espiritual. Esse desenvolvimento é estritamente paralelo àquele outro que afinal transmudou as noções de *comum, plebeu* e *baixo* na noção de *mau*.[4]

Essa narrativa das origens da moralidade é mitológica, claro, bem ao estilo das especulações *naturgeschichtliche* à moda em seu tempo – mas é notável como o poder do discernimento sociológico, com o qual o mecanismo que vincula sinais positivos a características comportamentais associadas a dominação social, foi desvendado por Nietzsche. A entronização do interesse não foi exceção à regra genérica; e tampouco a degradação das paixões – as quais, aos poucos, vieram a significar, em primeiro lugar e acima de tudo, a base oposta da louvável conduta "interessada" dos "homens melhores", o estilo de vida que se tornou fundamental para a sociedade ordenada.

O efeito perlocucionário (nos termos de Austin) mais importante do discurso razão versus paixões foi a reconstrução dos pobres e humildes como classes perigosas, que tinham de ser orientadas e instruídas para impedir que destruíssem a ordem social; e a reconstrução do modo de vida dos pobres e humildes como produto da natureza humana animal, inferior à vida da razão e em guerra com ela. Ambos os efeitos resultam na retirada da legitimação da cultura selvagem e em tornar os portadores dessa cultura objetos legítimos (e passivos) dos jardineiros culturais. Segundo o pungente resumo de Jacques Revel:

> As pessoas passaram a ser vistas como portadoras desse traço fossilizado de um arcaísmo social e cultural; tratava-se tanto de uma indicação de seu status subserviente quanto de sua justificativa. Práticas populares, portanto, representavam uma era passada, nada mais que um repositório das crenças errôneas da humanidade e da infância do gênero humano. ... O que havia sido censurado em nome da razão aceita ou do conhecimento científico foi invalidado, ao ser agora rotulado de produto de um grupo social inferior. ... O domínio do popular passou a ser o mundo negativo de práticas ilícitas, de condutas erráticas estranhas, uma expressividade desregrada, natureza versus cultura.[5]

Revel demonstra a solidariedade que unia os guardiões da razão e dos interesses racionais, não obstante todas as suas notórias divergências. Por mais ardorosa que fosse a defesa de suas próprias versões particulares da superioridade da razão sobre as paixões naturais, eles esqueciam as diferenças sempre que estava em jogo a condenação dos que "raciocinavam de modo deficiente ou não o faziam". Toda evocação mágica da universalidade da faculdade da razão era invariavelmente acompanhada por uma advertência de que a habilidade para usá-la era um privilégio distribuído de maneira escassa.

A totalidade do discurso pode ser mais bem-compreendida como o aspecto de uma operação de "encerramento-exclusão"; para citar Ravel mais uma vez, "isso era perpetuado anonimamente por uma voz coletiva cuja identidade derivava do uso do discurso, de forma independente de qualquer capacidade técnica de expertise. O grupo usava o discurso para se definir".[6] A solidariedade se espalhou de modo amplo e juntou companheiros que, de outra forma, jamais se uniriam; David Hall escreveu há pouco sobre uma coalizão, formada por "clero, livres-pensadores, filósofos e cientistas", cerrando fileiras no fim do século XVII para livrar o gênero humano do poder aterrador da paixão e da superstição.[7]

Essa unanimidade entre escolas de pensamento, que os manuais de história das ideias nos ensinaram a ver como engajadas numa guerra de atrito umas com as outras, seria um enigma – estivéssemos nós, seguindo o hábito desses manuais, considerando suas relações em separado da configuração sociopolítica da época. Não fazê-lo nada parece surpreender. Clérigos, secularizadores, filósofos, cientistas florescentes, todos confrontavam os problemas da época, todo o conjunto de "exigências sociais" geradas pela passagem iminente da cultura selvagem à de jardim. Eles competiam entre si ao oferecer seus serviços como proponentes das melhores receitas e dos mais especializados praticantes de controle social. O conjunto das demandas sociais crescia depressa em tamanho e urgência. Não se tratava, de modo algum, de uma criação de descobertas filosóficas, nem sequer de um ânimo intelectual em evolução. O processo estava enraizado com firmeza na prática do Estado de ocupar de imediato as lacunas deixadas pelo controle comunitário deficiente. Como escreve Günter Lotte:

> [O] Estado do período inicial da modernidade fez grandes esforços para ordenar a vida cotidiana de seus súditos. Na verdade, grande parte do que sabemos sobre a cultura popular do começo da Era Moderna vem dos numerosos regulamentos, mandados e éditos emitidos para este fim, ou dos registros mantidos quando as regras eram infringidas. [O alcance da interferência do Estado aumentava depressa, e seu zelo regulador era tão abrangente que] todo o modo de vida parecia estar sob ataque.[8]

A escala e a intensidade da repressão política que varreu a Europa no século XVII, embora mascaradas como cruzada cultural, na verdade não tinham precedentes. Para as massas populares, os reinados de Luís XIII e Luís XIV foram – na caracterização de Robert Muchembled – "*un siècle de fer*". "Corpos agrilhoados e almas submetidas" tinham se tornado o novo mecanismo de poder. Não muito antes, um século ou dois atrás, pessoas comuns "eram relativamente livres para usar seus corpos segundo sua conveniência; elas não tinham de reprimir o tempo todo a expressão de seus impulsos sexuais e emocionais." Mas tudo estava mudado agora. Sob o domínio da monarquia absolutista, a conformidade social sofreu uma completa transformação.

> Não se tratava então de respeitar as normas do grupo ao qual se pertencia, mas de submeter-se a um modelo geral, válido em toda parte para todos. Isso implicava repressão cultural. A sociedade cortesã, homens de letras, nobreza, urbanitas ricos, em outras palavras, as minorias privilegiadas, elaboravam entre si um novo modelo cultural: do *honnête homme* do século XVII, ou o do *homme éclairé* do século XVIII. Um modelo obviamente inacessível para as massas populares, mas que ela era chamada a imitar.[9]

É cabível supor uma ligação íntima entre a atração crescente, sentida por governantes, pelo modelo cultural uniforme e universalmente aglutinante e o novo caráter estatístico-demográfico da política, associado às técnicas de poder absolutistas. Súditos, cidadãos, pessoas legítimas, todos eram, em essência, unidades idênticas do Estado; sua isenção de coações locais (e, assim, sua sujeição ao poder supralocal do Estado) exigia que os matizes particularistas fossem removidos e cobertos com a tinta universal da cidadania. Essa intenção política estava bem refletida na ideia de uma universalidade de padrão comportamental que não conhecia limites de incentivo.

Esse padrão não podia tolerar alternativas, as quais reivindicavam legitimidade evocando tradições localizadas, assim como a monarquia absoluta não era capaz de tolerar costumes locais evocando leis antigas, escritas ou não, a apoiá-los. Mas isso significava terraplanar toda a intricada estrutura de culturas locais com a mesma determinação e não menor ferocidade que as empregadas para arrasar as torres solitárias de autonomias e privilégios comunais. A unificação política do país teve como acompanhamento uma cruzada cultural, e a postulada universalidade cultural de valores como seu reflexo *cum* legitimação intelectual. Citemos mais uma vez Muchembled, para um resumo do resultado:

> A cultura popular, a rural tanto quanto a urbana, sofreu um colapso quase total sob o domínio do Rei Sol. Sua coerência interna desapareceu de todo. Ela não podia mais servir como sistema de sobrevivência ou filosofia de existência. A França da razão, e posteriormente a França das *lumières*, só tinha espaço para uma concepção de mundo e de vida: a da corte e das elites urbanas, portadoras da cultura intelectual. O imenso esforço para reduzir a diversidade a uma unidade constituiu a própria base da "conquista civilizadora" da França, como é testemunhado pelo impulso de subordinar espíritos e corpos, e pela repressão inclemente das revoltas populares, do comportamento desviante, de crenças heterodoxas e de bruxaria. ... Perto de meados do século XVII, haviam se reunido as condições para o nascimento de uma cultura de massas.[10]

Se tivéssemos de julgar as causas da cruzada cultural segundo as acusações expressas pelos críticos instruídos da época, com toda probabilidade suporíamos que as velhas maneiras, agora superstições e preconceitos remendados, ofendiam o sentido do razoável e do propriamente humano da elite educada. Também teríamos de aceitar que o que quer que os poderes sagrados e seculares, auxiliados e instigados pelos teólogos e os filósofos, tenham feito para o *populus* rural e urbano, foi para o próprio benefício deste *populus*. Deveríamos aceitar que os críticos só tinham em mente o interesse popular. Acima de tudo, nos diriam que os velhos hábitos populares passaram a ser criticados e tinham sido selecionados para perseguição e proibição legais por causa das ideias falsas ou moralmente erradas que promoviam, ideias contrárias às verdades científicas e morais proclamadas e atestadas pelos homens de conhecimento.

É fácil compreender o quanto essa interpretação era equivocada, uma vez que a substância das acusações lançadas contra o costume popular for analisada; em particular, uma vez que as várias críticas forem reunidas e comparadas. Segundo as descobertas de Revel, embora houvesse oposição contínua e ativa ao modo de vida popular ao longo dos séculos XVII e XVIII, os argumentos lançados contra os costumes antigos e as razões dadas para suprimi-los mudaram visivelmente com o passar do tempo.

No começo da cruzada, os velhos costumes foram castigados como "falsos", como celebrações de fatos não existentes ou mal-interpretados da história, e que, assim, promoviam a ignorância popular. Mais tarde, o argumento deslocou-se para a defesa da "racionalidade", e os festivais, procissões, jogos e brincadeiras rurais e urbanos foram declarados culpados de desatrelar paixões e sufocar a voz da razão. Enfim, perto da segunda metade do século XVIII, os novos lugares centrais ocupados pelos pronunciamentos das autoridades sem dúvida estavam estabelecidos de maneira tão firme que as perseguições às tradições locais e seus portadores eram justificadas em termos do conflito com as convenções e códigos comportamentais "socialmente consentidos".[11]

Essa sucessão de temas condutores parece não ter tido impacto algum na prática das perseguições. A continuidade da prática sustenta a descontinuidade ostensiva do debate; para o sociólogo, ela fornece a chave para as verdadeiras causas e mecanismos da cruzada.

Yves-Marie Bercé, em seu excelente estudo sobre o destino dos festivais populares no começo da Era Moderna, coletou indícios surpreendentes de incoerência e contradições mútuas entre argumentos contemporâneos (e não apenas sucessivos) contra costumes tradicionais.[12] Por exemplo, os mistérios tradicionalmente representados em Flandres, nas ruas das cidades, foram criticados por escritores de convicção católica por causa das nuanças antipapistas implícitas, em suposição presentes em sua versão das narrativas bíblicas; os protestantes, por outro lado, abominavam os mistérios por causa da ingenuidade e crueza das representações religiosas. Contudo, os escritores de ambos os campos eram unânimes em declarar sua condenação dos mistérios, e os infelizes perpetradores dos festivais tradicionais não podiam esperar a suspensão de sentença por parte de nenhum dos dois poderes religiosos rivais.

Desde a Reforma e a Contrarreforma católicas até o zelo revolucionário dos jacobinos, estende-se uma linha ininterrupta de perseguições, o que provocou, afinal, a total expropriação e o desarmamento cultural das *classes populares* rurais e urbanas. O rancor total e não qualificado por hábitos populares, o desprezo pelo irracional e o grotesco, agora identificados com a cultura camponesa e em geral "inculta", eram talvez o único ponto de convergência entre os porta-vozes de igrejas estabelecidas, fossem eles puritanos, jansenistas, libertinos, *philosophes* eruditos ou profissionais da Revolução.

No *Dictionnaire philosophique* (1766), Voltaire resumiu dois séculos de discurso (*e* práticas repressivas) ao definir *fêtes* como uma ocasião para os camponeses e artesãos se embebedarem nos dias dos seus santos favoritos, entregarem-se à preguiça e à libertinagem e cometerem crimes.[13] O conhecido debate entre os "modernos" e os "antigos" (com frequência tomado de modo incorreto pelos historiadores das ideias como principal tema intelectual da época, que resumiria a tortuosa emancipação da razão da subserviência relativa à tradição) é mais bem-compreendido como um aspecto da reestruturação geral do poder, da qual a cruzada cultural foi uma manifestação importante e uma condição indispensável. A transformação radical das imagens mentais do tempo corresponde intimamente à reavaliação da tradição, agora encarnada no modo de vida popular.

> Aos olhos dos homens que escreviam e dominavam o gosto e o Estado, a apresentação do passado e de sua herança mudou de todo. Já não se falava mais da época dos bons hábitos, da Era de Ouro, mas "da ignorância e do barbarismo das eras passadas" (Fontenelle, 1688). Repetindo os clichês humanistas, opunha-se a vulgaridade "gótica" à razão da Era Moderna.[14]

Nessa estrutura de tempo reavaliada, a cultura popular "era considerada uma relíquia do passado"; seus costumes, desprezíveis e risíveis, e, acima de tudo, marginais, decadentes e condenados.

Bercé situa já no século XVI a ruptura entre a "cultura educada de elite" (o primeiro modo de vida a merecer o nome de "cultura", pois se organizava em torno de ideais conscientemente aceitos e em oposição explícita a modos de vida alternativos) e o que, por justaposição, foi construído como cultura das massas populares. De toda forma, nessa época, a Igreja renunciou, de modo unilateral, à longa e feliz coabitação com as tradições e os cultos locais. Um calendário eclesiástico universal rígido fora oposto a calendários locais de festividades tradicionais.

A religião sofisticada, bastante intelectualizada e abstrata dos teólogos ganhara preferência sobre as crenças não refinadas, embora exuberantes e apaixonadas, dos iletrados; a própria sofisticação do cânone então entronizado como única versão aceitável da fé religiosa serviu como uma barreira insuperável para as massas e como meio seguro de mantê-las em posição subordinada, como objetos da ação pastoral da Igreja. Padres de paróquia e igrejas de paróquia retiraram-se das comunidades e estabeleceram-se à parte, como supervisores e juízes da vida dos paroquianos, e não como participantes voluntários e amigáveis, *primus inter pares*.

Do ponto de vista simbólico, a mudança foi transmitida pelo levantamento de cercas em volta do terreno de igrejas e cemitérios, e a recusa de emprestar locais de igrejas para feiras camponesas ou urbanas, danças e outros festivais. Mais uma vez, a atitude da Igreja era apenas sintoma de um processo muito mais amplo de separação entre cultura "elevada" e "baixa", a "objetificação" da última, a aceitação do papel de jardineiro e de uma função proselitista dos poderes concentrados no Estado.

Em todas as áreas, os poderosos e os ricos agora retiravam sua participação e recusavam apoio a atividades outrora comuns, então redefinidas como plebeias, tendenciosas e, assim, ofensivas e contrárias aos preceitos da razão e aos interesses da sociedade. Como irão provar desenvolvimentos posteriores, o que irritou as classes dominantes e instigou-as a dar as costas a eventos nos quais tinham tomado parte entusiástica no passado não foi – ao contrário de suas explicações – a natureza desses eventos e sua forma; foi o fato de que pessoas cabalmente divididas em agentes e objetos das iniciativas sociais neles se misturavam de maneira indiscriminada. O que era pior, as classes populares tinham uma participação igual no planejamento e na condução desses eventos, o mais das vezes reivindicando liderança santificada pela tradição.

A retirada dos poderosos sinalizou o início das hostilidades naquela que seria uma longa disputa pela autoridade, significando, em primeiro lugar e sobretudo, o direito de tomar iniciativas sociais, o direito de ser sujeito da ação social (a luta de Touraine pela historicidade), os direitos que as classes dominantes queriam agora para si e somente para si.

A finalidade estratégica da luta, jamais explicitada, era reduzir "o povo" ao status de recipiente passivo da ação, um dos espectadores de eventos públicos que se transformavam agora em exibições do poderoso entre os poderosos e do rico entre os ricos. No século XVIII, o esplendor e a escala das festividades públicas tinham antes aumentado, e não diminuído.

> [Por mais que] sua composição fosse plenamente aristocrática, elas eram obra de profissionais. As plateias populares não estavam ausentes, mas sua participação nos espetáculos, como da peça, era indesejável. Seu entusiasmo era bem-vindo, mas sua intervenção seria condenada como manifestação de estupidez ou rudeza.[15]

Graças ao trabalho de Eileen e Stephen Yeo, foi coligido um grande corpus de informações sobre numerosos aspectos dessa luta pela autoridade na Inglaterra do começo do século XIX; os últimos vestígios do que outrora tinha sido uma cultura popular plenamente desabrochada e autônoma foram atacados com formidável ferocidade. O clero das igrejas estabelecidas e não conformistas, assim como os pregadores do progresso secular, disputavam entre si a composição de quadros da bestialidade dos costumes populares cada vez mais sumarentos, lúgubres e de gelar o sangue em termos de crueza – em particular aqueles que foram mantidos e administrados pelas próprias classes populares.

A investida concêntrica contra esportes sangrentos, como soltar cães contra um touro confinado e a briga de galos, foi amplamente registrada por documentadores do progresso moral; o que eles deixaram de observar, contudo, foi o fato de que, entre os agressores, os mais preeminentes eram as próprias classes que tinham transformado o esporte em sinônimo de caça e de matança ritual coletiva de animais. Em sua abrangente pesquisa sobre diversões populares na Inglaterra no começo da Era Moderna, R. Malcolmson destacou e esclareceu o paradoxo envolvido:

> Assim como as Leis de Caça eram discriminatórias em favor do esporte de fidalgos, e faziam isso com a aprovação ou pelo menos a aquiescência da "opinião pública" – "as diversões rurais constituem sem dúvida uma distração muito agradável e adequada para todas as classes acima da mais baixa", observou um ensaísta –, também os ataques contra a recreação tradicional se acomodavam às circunstâncias de poder social e político, concentravam sua atenção na cultura da multidão e moldavam seu protesto moral de maneira coerente com as exigências da disciplina social.[16]

Três episódios da batalha de muitas frentes são em especial dignos de menção, pois demonstram com clareza quais eram os interesses em jogo na cruzada cultural.

O primeiro é o célebre caso das partidas tradicionais de futebol disputadas em Whitsun, nas ruas de Derby. A ocasião, bastante semelhante à famosa corrida de cavalos de Siena, envolvia toda a população de Derby e proporcionava atividades de lazer muito antes do jogo, além de assunto para discussões públicas por muito tempo depois. Por um longo período, o evento anual contou com o apoio e o patrocínio benevolente da nobreza e do clero locais. Mas, no começo do século XIX, os ânimos mudaram. Os jogadores foram acusados de comportamento brutal, a ideia de uma partida em que todos participavam e na qual só havia participantes foi comparada a um rito pagão indigno da comunidade cristã, e todo o evento foi declarado perigoso para a saúde e a ordem públicas. O prefeito de Derby foi sufocado de depoimentos. As duas citações selecionadas por Anthony Delves transmitem o sabor da "opinião pública":

> [O] ajuntamento de uma turba sem lei, que suspende os negócios em detrimento da indústria, cria terror e alarme para os tímidos e pacatos, comete violências contra as pessoas, danifica as propriedades dos indefesos e pobres, e produz, nos que jogam, degradação moral, e em muitos, extrema pobreza, danos à saúde, membros fraturados e (não raras vezes) perda de vida; que torna seus lares desolados, suas mulheres, viúvas, e seus filhos, órfãos. ...
>
> [Uma] exibição infame, ... cena mais digna da Roma pagã que da Grã-Bretanha cristã, ... uma exibição anual de rude e brutal barbarismo, ... de natureza tão baixa e degradante que devia ser varrida de nossa terra, como têm sido, nos últimos anos, soltar cães ao touro, brigas de galo e outros esportes brutais.[17]

A indignação moral misturada com boa dose de lágrimas de crocodilo derramadas em nome do bem-estar físico e moral dos pobres (os quais, sempre que ameaçados, tornam-se um fardo para o "contribuinte") só desce por raras ocasiões dos tons agudos da retidão desinteressada para revelar as preocupações subjacentes à súbita enchente de protestos contra a antiga festividade: a luta pelo espaço público, então cada vez mais compreendido como um espaço policiado, um espaço ordeiro, um sistema seguro de fossos e barreiras de proteção que guardam a fortaleza do novo poder social. Quando, em 1835, fundou-se a força policial em Derby, ela recebeu instruções claras: "Pessoas paradas ou que se demorem nas sendas sem causa bastante, de modo que impeçam a passagem por estas sendas, ... podem ser detidas e levadas ao magistrado."[18]

A expulsão de orquestras populares das igrejas e sua substituição por organistas contratados foi outro episódio da mesma cruzada cultural e tinha todas as marcas de uma batalha pela liderança popular. A pesquisa de Vic Gammon deixa poucas dúvidas sobre o verdadeiro significado da campanha. A imprensa patrocinada pela Igreja não mediu palavras para alertar os paroquianos esclarecidos sobre a necessidade de ação rápida e decisiva. "[N]ada pode ser mais fatal para a boa causa", escreveu o autor de *The Parish Choir, 1846-51*, "do que colocar a condução da música em mãos cruas e vulgares."

Os apelos não ficaram muito tempo sem resposta; já em 1857, *The Church of England Quarterly Review* observou com satisfação que "[f]elizmente, estão contados os dias em que a rabeca e o fagote ainda serão considerados acompanhamentos apropriados para um coro de igreja. ... Poucas igrejas não têm órgão". Gammon conclui que, "[a] fim de elevar a cultura da elite, foi importante que a cultura dos pobres involuísse e fosse desvalorizada aos olhos dos próprios pobres; a tolerância paternalista deu lugar a uma condenação de classe média. ... Assim, toda arte deveria ser julgada pelos padrões da elite".[19] É verdade.

Mas o que estava em jogo não era apenas o julgamento estético, nem sequer a difamação do gosto popular. Havia muito mais envolvido – o controle dos lugares onde julgamentos pudessem ser pronunciados com autoridade. Esta era a verdadeira diferença entre os tocadores de "rabeca e fagote" voluntários, que decidiam quando e como tocar, e o organista profissional, um empregado contratado e demitido pelo padre da paróquia.

Eileen e Stephen Yeo captam de maneira inconfundível o sentido dos acontecimentos investigados nos estudos reunidos em seu livro: "Além de dizerem respeito a seus temas separados, as lutas mapeadas no livro também diziam respeito a controle do tempo e do território. Elas se referiam à iniciativa social e a quem devia tê-la." A contribuição própria dos Yeo é o estudo do começo do esporte amador competitivo na Inglaterra. Eles citam a *Sporting Gazette* de 1872: "Esportes nominalmente abertos para fidalgos amadores devem ser confinados àqueles que têm o direito real a este título, e homens de uma classe considerada inferior devem saber que o fato de serem bem-comportados, civilizados e nunca terem jogado por dinheiro não é suficiente para tornar um homem fidalgo e tampouco amador." No *Times* de 1880: "Os forasteiros, artesãos, trabalhadores manuais e pessoas importunas deste tipo não devem dispor de lugares. Mantê-los fora é algo desejável em todos os aspectos."

O redesdobramento de poder sinalizado por essas citações plantou as sementes do padrão futuro: "Administradores, professores e cientistas 'sociais' dando às pessoas o que elas necessitavam, tanto como empreendedores quanto como secretários de clube de entretenimento, ... dando às pessoas o que elas queriam."[20]

Estas foram sem dúvida as consequências mais cruciais da passagem da cultura selvagem dos tempos pré-modernos para a cultura-jardim da modernidade; da prolongada, sempre feroz, amiúde perniciosa cruzada cultural; do redesdobramento do poder social no sentido do direito de iniciativa e do controle do tempo e do espaço; do estabelecimento gradual de uma estrutura de dominação – o sistema do conhecido e do passível de conhecimento como forças dominantes.

A cultura tradicional autogerida e autorreprodutora foi posta em ruínas. Privada de autoridade, expropriada de seus ativos territoriais e institucionais, carente de especialistas e administradores próprios, agora expulsos ou degradados, ela tornou os pobres e humildes incapazes de autopreservação e dependentes das iniciativas administrativas de profissionais treinados.

A destruição da cultura popular pré-moderna foi o principal fator responsável pela nova demanda de "administradores, professores e cientistas 'sociais'" peritos, especializados em converter e cultivar almas e corpos humanos. Havia se criado as condições para que a cultura se tornasse consciente de si mesma e objeto de sua própria prática.

• 5 •

A educação das pessoas

Tendo sido despojadas das vestimentas inferiores da tradição, as pessoas terão de ser reduzidas ao estado puro, prístino, do "homem como tal", exemplar da espécie humana. Elas compartilharão apenas um atributo: a infinita capacidade de serem influenciadas, moldadas, aperfeiçoadas. Desnudadas das roupas velhas e rotas, estarão prontas para se vestir de novo. Agora o traje será selecionado com cuidado, desenhado em detalhe e cortado à medida do interesse comum, tal como prescrito pela Razão. A vontade dos desenhistas só deve ser restrita pela Razão.

Aqueles que terão de usar o traje, afinal, não são capazes e sem dúvida não são propensos a fazer a escolha certa. A espécie humana não conhece limites para seu poder de aperfeiçoamento. O caráter da espécie não se traduz, contudo, nos traços de seus exemplares individuais. Eles – os indivíduos – carecem, ao contrário, dos recursos necessários para se transformar em membros verdadeiros da orgulhosa espécie. Essa transformação deve ser guiada por aqueles que conversam com a Razão e portanto sabem o que exige o interesse comum. O imenso potencial de humanidade não se pode realizar sem a ajuda de mediadores que interpretem os preceitos da Razão e atuam segundo eles, estabelecendo as condições que tornarão os indivíduos aqueles desejados, ou os obrigarão a seguir sua vocação humana.

Essa era a opinião partilhada pelas elites no começo da Era Moderna. Mais importante que isso era a lógica da nova situação, criada pela destruição da cultura popular. Na esteira da cruzada cultural, as pessoas de fato se viram nuas e desamparadas, sem habilidades e apoio comunal para enfrentar o desafio da vida e reproduzir as condições de sua própria sobrevivência. Esse vazio criado de modo artificial precisava ser preenchido; os desamparados precisavam de um líder, os cegos necessitavam de guias.

A educação não foi uma invenção da Era da Razão; tampouco foi um artefato da revolução intelectual sobre a qual tanto lemos, afirmando-se que ela era a mãe ou pelo menos a parteira da Era Moderna, civilizada. A educação foi antes uma reflexão posterior, uma resposta do tipo "gerenciamento da crise", uma tentativa desesperada de regulamentar o desregulamentado, de introduzir ordem numa realidade social que antes já fora expropriada dos seus próprios dispositivos de auto-ordenamento. Com a cultura popular e suas bases de poder arruinadas, a educação tornou-se um imperativo.

Em sua história posterior, a ideia de educação ficou tão intimamente associada à escolaridade que é difícil compreender todo o escopo das ambições originais que ela representava. Se a ideia de escola se intricou de tal modo à de educação desde o começo da Era da Razão, isso foi somente no sentido de moldar toda a sociedade, o ambiente humano, para fazer com que os indivíduos aprendessem, se apropriassem e praticassem a arte da vida social racional. De forma alguma a educação era vista como uma área separada da divisão social do trabalho; ao contrário, ela era função de todas as instituições sociais, um aspecto da vida cotidiana, um efeito total de projeção da sociedade segundo a voz da Razão.

Se admitia-se a necessidade de escolas especializadas e educadores profissionais, isso era somente como medida temporária: para tornar uma geração específica – envenenada no passado por leis erradas, irracionais, e pelas superstições que elas causavam – capaz de receber as bênçãos da Razão; para torná-la receptiva à nova ordem social, e apta a participar na construção de uma ordem tal que tornaria as escolas dispensáveis. Os *philosophes* preferiam chamar essas medidas temporárias, para melhor diferençá-las da estratégia muito mais ampla de educação pública, de *instruction publique*. Condorcet falou sobre isso com a máxima clareza: "Embora trabalhando na formação dessas novas instituições, nós devemos nos preocupar em nos aproximar do momento feliz em que essa necessidade desapareça."[1]

Em vez disso, "educação" significava um projeto de tornar a formação do ser humano uma responsabilidade plena e exclusiva da sociedade como um todo, em especial de seus legisladores. A ideia de educação significava o direito e o dever do Estado de formar (mais bem expresso no conceito alemão de *Bildung*) seus cidadãos e guiar sua conduta. Representava o conceito e a prática de uma sociedade administrada.

Para redescobrir o lugar ocupado pelos conceitos e práticas da educação na constelação emergente – moderna – de poder, podemos nos beneficiar da rica safra de informações presentes nas "centenas de textos", "inumeráveis discussões nas sucessivas assembleias, projetos de lei e decretos, artigos divulgados na imprensa, catecismos cívicos etc." do período revolucionário. Isso não significa cometer um erro de assincronia; o postulado de uma sociedade administrada, conscientemente projetada, planejada e supervisionada pelo poder centralizado que a Revolução Francesa promoveu com vigor nada mais era que o produto final do discurso originado pela Era da Razão e continuado pela Era do Iluminismo.

O discurso do Iluminismo alcançou plena maturidade na prática da Revolução; antes, ele carecia de alavancas fortes o bastante para alçar suas prescrições teóricas ao plano da prática política. Na atmosfera inebriante da Revolução, os dois níveis pareciam se fundir, e as medidas práticas, em vez de atuarem como restrições à imaginação, passaram a ser livremente manipuladas para corresponder às exigências da teoria.

Bronislaw Baczko, um dos mais argutos analistas das realizações e esperanças educacionais da Revolução Francesa, conclui que a política educacional da época foi moldada pelo legado do Iluminismo; não no sentido de um impacto exercido por uma obra ou por ideias concretas determináveis, atribuíveis a um autor específico, porém no sentido muito mais significativo do *élan pedagogique*.[2] Ela foi modelada pelo sentimento de que *l'éducation peut tout* (Helvetius), de que se pode produzir um ser humano de um tipo totalmente novo, emancipado de "preconceitos", que os únicos limites ao potencial educacional da *République* são definidos pela engenhosidade dos legisladores.

Pode-se ainda acrescentar outra marca indubitável do legado iluminista: a convicção, tão claramente demonstrada nos debates intermináveis das assembleias, de que todo fracasso de iniciativas pedagógicas esclarecidas, todo atraso na chegada do Homem Novo, podem e devem ser explicadas em termos de uma conspiração das forças das trevas. As ideias formadas no contexto de administração social, o proselitismo e a interferência no ritmo corporal e no espírito dos indivíduos coloriram o saber retrospectivo dos *philosophes* e de seus seguidores políticos; a diferença entre razão e preconceito, conhecimento e ignorância, só podia ser pensada como oposição entre boa e má educação, e não entre presença e ausência de atividade educacional.

Nessa perspectiva, todas as formas de conduta humana passaram a ser vistas como produto de uma educação falha; a tarefa não consistia em apresentar processos educacionais a uma sociedade educacionalmente virgem, mas em substituir a velha educação prejudicial, administrada por professores errados, não esclarecidos ou mal-intencionados, por uma educação útil e benéfica do ponto de vista individual, administrada em nome da razão. Em outras palavras, a tarefa consistia na mudança das elites educadoras.

Os obstáculos para o sucesso rápido das inovações educacionais só podiam ser percebidos como resultado da resistência oferecida pelas forças educacionais velhas, "ainda não plenamente eliminadas". Padres, *vieilles femmes* e provérbios antigos foram selecionados como representações das forças das trevas. Os padres, claro, simbolizavam a hierarquia espiritual da Igreja – rival direta na luta pelo domínio intelectual, elite intelectual alternativa a ser destituída e desalojada do poder. De modo mais interessante, as velhas esposas simbolizavam a autoridade localizada, baseada na comunidade, que o arado tinha de remover, se o campo da sociedade tivesse de ser cultivado segundo o plano universal. Os provérbios antigos representavam a força da tradição no tocante à cultura popular, à superstição e à obstinação das formas de vida rudes, não refinadas e irracionais – todas as coisas que a cruzada cultural dos últimos dois séculos tinha desejado aniquilar.

Assim, o entusiástico alvoroço legislativo do período revolucionário pode ser visto como o Iluminismo em ação. Foram a longa prática do Estado absolutista ascendente, o então quase completo redesdobramento do poder social e a prolongada maturação do poder pastoral do Estado que capacitaram os legisladores da Revolução a falarem com autoridade. E foi no seu discurso que a prática encontrou afinal enunciação teórica.

Lembremo-nos de que os participantes do debate sobre *l'instruction publique* viam a educação como metáfora da sociedade como tal; afinal, as escolas que eles propunham estabelecer faziam parte apenas de "medidas temporárias"; escolas para preparar uma sociedade que seria em si mesma uma escola, e sociedade entendida acima de tudo como uma imensa instituição de "conferências e debates". Parecia razoável, portanto, considerar a tarefa de projetar as escolas como reflexo dos aspectos indispensáveis da sociedade iminente; fazer delas versões tão condensadas e miniaturizadas quanto possível da futura sociedade. Assim, a leitura dos documentos sobre os debates educacionais oferece mais que informações sobre a teoria educacional no sentido presente, estritamente especializado. Eles contêm uma teoria completa, ou, antes, um projeto completo do tipo de sociedade e do tipo de preocupação dos poderes do Estado que os descendentes políticos dos *philosophes* gostariam de assegurar para arrematar o reino da Razão.

Tendo em vista essas observações, sem dúvida surpreende a atenção relativamente pequena que o debate deu ao conteúdo da educação postulada, ao conhecimento efetivo que as escolas precisariam ter para transmitir a seus educandos. Lembrem-se dos currículos detalhados das "academias para os nobres", que se inspiravam num modelo bem-institucionalizado de virtudes da nobreza, confinando deste modo sua própria inventividade à introdução de um professor profissional como mediador da transmissão intergeracional daquelas virtudes. Em vez disso, parece que – ao projetar futuras instituições de educação pública – o meio foi de fato a mensagem, e o ambiente escolar e o rigor de sua regulamentação se tornaram o próprio conteúdo da instrução buscada.

O tema de longe mais frequente e elaborado com maior cuidado no debate foi a proposição de regras para o comportamento diário dos educandos; de forma ainda mais sintomática, os métodos pelos quais a observação dessas regras devia ser assegurada em toda e qualquer ocasião. A metodologia mais amplamente considerada, e absolutamente inesperada, foi a vigilância. As futuras figuras da autoridade pedagógica – diretores e professores das escolas – foram vistas, antes de tudo, como especialistas em supervisão e imposição de disciplina. Talvez tenha sido este um dos aspectos em que os planos das instituições educacionais chegaram mais perto de seu status de "miniaturas condensadas" da sociedade como um todo, e de campos de treinamento para a vida social em geral. Completa visibilidade da conduta individual, relações mais bem-descritas pela metáfora visual da "transparência", esses eram os fatores de parentesco supremo que uniam a estrutura proposta para as escolas e a visão de sociedade ideal dos proponentes.

Para ilustrar esse aspecto, consideremos mais uma vez os documentos pesquisados e reunidos por Baczko.

O projeto de educação nacional mais abrangente e mais notório (embora, como a maioria das demais ações legislativas, abortivo), preparado por Lepeletier e apresentado à Convenção pelo próprio Robespierre, caracterizava a escola-modelo como uma instituição em que tudo seria visível, todos ficariam sob observação, nenhum detalhe escaparia aos regulamentos. A disciplina austera seria a principal característica da escola-modelo, e consistiria na total ausência de situações para as quais não existissem regras, na exclusão completa de condutas neutras em relação à norma.

> Constantemente sob os olhos e nas mãos de uma vigilância ativa, todas as horas serão estabelecidas, como a hora de dormir, comer, trabalhar, fazer exercícios, descansar; toda a ordem da vida será regulamentada de forma invariável. ... Uma regulamentação salutar e uniforme fixará todos os detalhes, e sua imposição constante e fácil garantirá os bons efeitos. ... Uma nova raça humana, forte, industriosa, ordeira e disciplinada [será criada] separada por um muro impenetrável de todo contato impuro com os preconceitos da nossa antiga espécie.[3]

Outro projeto, apresentado pouco depois por Barère, era ainda mais preciso e imaginativo ao expor a mesma ideia básica de educação nacional. O mundo de regulamentação total e ubíqua era retratado como um lugar do qual se extirpariam todas as peculiaridades dos indivíduos e no qual a ordem impessoal dos números apagaria a variedade qualitativa que impedia a imposição de regras uniformes. O argumento de Lepeletier sobre a necessidade de confinamento e de isolar-se da "espécie preconceituosa" também recebeu uma interpretação mais prática.

> A educação republicana será alcançada acima de tudo pela experiência de uma ordem transparente de igualdade supervisionada e de costumes duradouros: a divisão dos alunos obedecendo aos princípios do sistema de medidas republicano, em milhares, cente-

> nas e dúzias; as funções de decuriões, centuriões e mileniões [serão] distribuídas por sorteio; nenhum tostão de dinheiro pessoal. ... Proibição de aproximar-se a menos de dez passos da cerca e até de falar com os pais.[4]

A mensagem geral talvez fosse implícita ou não intencional, mas não tinha ambiguidades: o propósito da educação é ensinar a obedecer. Instinto e presteza para conformar-se, seguir o comando, fazer o que o interesse público, tal como definido pelos superiores, exige que seja feito, essas eram as habilidades de que mais necessitavam os cidadãos de uma sociedade planejada, projetada, inteira e completamente racionalizada. Não era o saber transmitido aos educandos, mas a atmosfera de adestramento, rotina e previsibilidade total sob a qual a transmissão do saber seria conduzida, eis a condição que mais importava.

Os arautos da cultura-jardim não esperavam que os indivíduos guiassem seu próprio comportamento segundo o interesse social, tomando suas próprias decisões à luz do conhecimento que teriam adquirido. O tipo de conduta correspondente ao interesse público seria decidido pela sociedade, e não por qualquer ação individual; a única habilidade necessária para os indivíduos satisfazerem o interesse da sociedade era a disciplina.

Chegar a essa conclusão talvez surpreenda. Afinal, o Iluminismo entrincheirou-se na nossa memória coletiva como o ímpeto vigoroso de levar o conhecimento às pessoas, dar saber ao ignorante, restaurar a visão clara daqueles cegos pela superstição, pavimentar o caminho para o progresso, definido como passagem da obscuridade às luzes, da ignorância ao conhecimento. Era isso que os *philosophes* pregavam. Foi essa a legitimação que eles apresentaram previamente para avaliação administrativa da Revolução.

Contudo, se examinarmos mais de perto, a substância do radicalismo esclarecido se revela como ímpeto de legislar, organizar e regulamentar, e não de disseminar o conhecimento. O que estava em jogo, mais que qualquer outra coisa, era a necessidade de compensar a fraqueza intrínseca dos indivíduos por meio do potencial "educacional" ilimitado da sociedade como um todo, tal como representada no poder Executivo.

O adágio mais citado e todavia mais difamado de Rousseau, que "os homens devem ser obrigados a ser livres", não sinalizava a aberração de uma filosofia intelectual arrogante, marginal à tendência dominante. Ao contrário, ele captava e expressava com uma consciência chocante a ideia que, como resposta à turbulência estrutural da época, apoiava todo o projeto iluminista: a ideia de que a Razão, compreendida como a ordem ideal do mundo social, não tem seu lócus na mente do indivíduo; de que os dois não são proporcionais, mas estão sujeitos a um conjunto de causas e fatores operacionais distintos e separados; e de que, quando se encontram, deve-se conferir à Razão (que disso tem direito legítimo) a prioridade sobre o segundo. Desde o ponto de partida, os *philosophes* projetaram uma ordem social baseada no poder pastoral do déspota esclarecido ou dos legisladores sobre os indivíduos. Essa ordem muito mais tarde foi descrita de forma competente como a ordem de um "Estado terapêutico" (Kittrie), saturada por um "complexo tutelar" (Donzelot).

A coincidência entre o domínio das ideias (ostensivamente, o principal projeto do Iluminismo) e a disciplina baseada na vigilância pode parecer contraditória e paradoxal quando se ignoram as raízes sociais da Era da Razão. Lembremo-nos de que, no começo, havia "a crise do século XVII", e de que essa crise era, no essencial, a falência, ou pelo menos a inadequação cada vez mais manifesta dos meios existentes (e até então não teorizados) de controle social; de que o sentimento de inadequação do controle, de ordem social ameaçada, teve origem entre os poderosos e ricos da época, a partir da nova experiência da presença de "pessoas livres" – uma população móvel, sem-teto, vagabunda, a turba, a ralé, o *mobile vulgus, les classes dangereuses*; de que o esforço para neutralizar a ameaça percebida e para dissipar o medo que dela emanava tomou a forma de práticas políticas, mais bem-resumidas como a passagem das culturas selvagens para uma cultura-jardim; de que a cultura-jardim então emergente envolvia a nova responsabilidade do poder centralizado do Estado pela manutenção e reprodução da ordem social; e de que a localização qualitativamente nova dos poderes controladores e reprodutores da ordem criou a demanda de um novo tipo de expertise e de uma nova função de importância suprema e sistêmica – a função de professor/supervisor, de um profissional especializado em modificar o comportamento humano, em "pôr a conduta na linha" e prevenir ou conter as consequências de ações desordeiras ou erráticas.

O projeto do Iluminismo era uma resposta a essas percepções, problematizações, práticas e exigências. Quando isso é lembrado, o paradoxo se evapora. Torna-se claro, em vez disso, que o projeto tinha, desde o princípio e por necessidade, duas vertentes: visava ao "esclarecimento" do Estado, de suas políticas práticas e seus métodos de ação, por um lado; e conter, domesticar ou regulamentar seus súditos, por outro. Os *philosophes* se dirigiam aos detentores de poder; eles lhes falavam a respeito "do povo". O ato de falar significava a disseminação de ideias racionais. O tema do discurso era a metodologia de racionalização e reprodução da ordem social.

À luz dessa mesma consideração, outro paradoxo com frequência observado também desapareceria: o dos tratamentos confessadamente ambíguos dados pelos *philosophes* "ao povo". Como se para tornar o paradoxo aparente ainda mais notável, a ambiguidade era dupla. Por um lado, as pessoas do povo eram vistas como aspirantes a cidadãos, a "periferia" shilsiana a ser afinal trazida para dentro da órbita do "centro" e saturada com seus valores e normas; mas, ao mesmo tempo, elas eram concebidas como uma multidão que se devia conservar em xeque, mantida pela força, se necessário, com ou sem seu consentimento, sob controle do "centro" e inofensiva do ponto de vista deste "centro".

Por outro lado, havia a desnorteante discrepância entre a mistura de horror, desdém e escárnio que os *philosophes* sentiam pelo *mobile vulgus* ignorante, supersticioso, inconstante e imprevisível; e a compaixão benevolente que manifestavam a cada vez que pensavam no povo como os futuros objetos de seu cuidado e de sua tutela pastorais.

Por mais que as contradições listadas sejam desconcertantes do ponto de vista psicológico ("cognitivamente dissonantes"), elas perdem boa parte de seu gume uma vez consideradas em contraste com a dupla tarefa em relação à qual o projeto do Iluminismo foi concebido e se desenvolveu. O que tornou a imagem do povo intrinsecamente contraditória foi a dualidade das tarefas sistêmicas tal como percebidas do ponto de vista do Estado, das classes dominantes e de seus conselheiros. Uma tarefa era tornar as políticas do Estado racionais, isto é, efetivas e eficientes; outra era tornar a conduta das *classes dangereuses* administrável, previsível e inofensiva.

A primeira tarefa necessitava, claro, da formulação e da disseminação de ideias corretas, racionais e adequadas. Não ficou óbvio de pronto do que necessitava a outra tarefa. A reação intrínseca, natural dos que viviam pelas ideias e acreditavam em seu poder criativo, foi esperar que a segunda tarefa pudesse ser realizada com os mesmos meios que a primeira. Porém, quase ao mesmo tempo, as dúvidas minaram o entusiasmo inicial: são todos igualmente receptivos à Razão? Ideias verdadeiras não exigiriam, para serem compreendidas e assimiladas, um tipo especial de esforço, que somente as pessoas selecionadas eram capazes fazer? E, sobretudo, a disseminação das luzes seria benéfica para todos, de modo independente de seu lugar (em especial as mulheres) na ordem geral da sociedade?

A última pergunta explica a maioria das incoerências aparentes que se encontram nos escritos dos *philosophes* sobre "o povo". Quaisquer que fossem suas propostas concretas sobre a forma que a educação do povo deveria assumir, os *philosophes* jamais perderam de vista o propósito último a que as ideias racionais e sua distribuição deveriam servir: a realização e o reforço de uma sociedade ordeira.

Ordem significava diversificação de papéis sociais, distribuição desigual de riquezas e outros benefícios que a sociedade pudesse oferecer; representava a perpetuação da hierarquia e das divisões de classe. A organização racional da sociedade deve assegurar a satisfação de todos, quaisquer que sejam suas posições no seio dessa hierarquia. O mesmo princípio de organização racional, contudo, combatia a ideia de educação idêntica para todos; pelo contrário, a sincronização do escopo e do conteúdo da educação que o destino atribuía às pessoas segundo sua posição de classe era uma condição necessária à aceitação universal da ordem social. Essa suposição encontra sua expressão mais franca em *La politique naturelle*, de Holbach:

> Políticas esclarecidas asseguram que todo cidadão será feliz na posição social em que o nascimento o colocou. Há uma ventura para todas as classes; onde o Estado é constituído de forma adequada, emerge uma cadeia de felicidade que se estende do monarca ao lavrador. O homem feliz raras vezes pensa em deixar sua esfera; ele gosta da profissão de seus ancestrais, à qual a educação o acostumou desde a infância. O povo fica satisfeito à medida que não sofre; limitado às suas necessidades simples, naturais, sua visão raramente vai além disso.[5]

Todas as ideias essenciais estão aí: a satisfação com a ordem social ("alegria", "felicidade") é a matéria das políticas de Estado esclarecidas, não do esclarecimento dos súditos do Estado; o propósito de esclarecer o Estado é assistir seus governantes na tarefa de manter os súditos onde estão e impedir que se rebelem contra sua sorte. Enfim, sobretudo na última frase, podemos sentir a condescendência com os menos afortunados, que servia como desculpa para mantê-los em condições que outras classes achariam repulsivas (muitas vezes mal-interpretada como idealização da vida primitiva, pura).

Feitas as contas, os *philosophes* herdaram a imagem "do povo" tal como fora construída pela ação política do Estado absolutista. Ela se formara, ao mesmo tempo, como problema para medidas repressivas e políticas sociais. Como agente, "o povo" fora problematizado como força descontrolada e germe de rebelião. Justamente por isso, fora construído como um objeto de qualquer ação que tivesse em vista a defesa e a promoção da ordem social. À parte essa ação, quando deixado aos seus próprios recursos e guiado por suas próprias paixões, "o povo" fora problematizado como portador das tendências mais odiosas, repulsivas e socialmente prejudiciais – aquelas que o Estado esclarecido e organizado racionalmente se propôs extirpar. Mesmo uma lista incompleta das propostas feitas pelos *philosophes* oferece um exemplo impressionante.

Sobre os pensadores do Iluminismo, a opinião de Tocqueville era inequívoca: "Eles desdenhavam o público quase tão sinceramente quanto desdenhavam a deidade."[6] A opinião corresponde aos fatos, embora caiba uma ressalva: a "deidade" simbolizava o clero e os "intelectuais hierárquicos" da Igreja, e o menosprezo que os *philosophes* esbanjavam sobre eles era expressão de uma "rivalidade familiar". As duas *Républiques des Lettres* lutavam pelo domínio do mesmo território litigioso e denegriam as qualificações uma da outra durante a disputa. O desprezo que os *philosophes* sentiam pelo público (pelo "povo", para ser mais exato) era de uma ordem em tudo diferente: nesse caso, uma opinião era expressa sobre o próprio território em nome do qual a guerra era travada. Não era de bom augúrio para a população nativa, uma vez que a conquista fosse completada.

"O povo", escreveu Diderot, "é o mais tolo e o mais iníquo de todos os homens." Ele não discriminava. De certo modo, a própria essência "do povo" era a falta de discriminação. Uma massa parda, indiferenciada, de homens e mulheres, desligada de toda e qualquer localização social ou territorial que a qualificasse, um produto de dois séculos de expulsões, cercamentos e ações punitivas do Estado.

Segundo Diderot, "o povo" era simplesmente uma "multidão". Para um artigo que ele escreveu mais tarde, foi necessário criar um vocabulário especial: *méchanceté*, *sottise*, *déraison*, *hébétement*. D'Alembert acrescentou suas próprias pinceladas lúgubres: a multidão, escreveu ele, é "ignorante e estupidificada, ... incapaz de ação forte e generosa". Para Voltaire, "o povo" eram "*les bêtes féroces, furieux, imbéciles, fous, aveugles*". O povo "será sempre composto de brutos". Na realidade, eles estão "entre o homem e o animal". Para Holbach, as classes mais baixas eram "desmioladas, inconstantes, impudicas, impetuosas, sujeitas a acessos de entusiasmo, instrumentos dos desordeiros".[7]

Se há um motivo forte e perseverante a ser ouvido nesse coro de escárnio e desdém, ele é o medo do *mobile vulgus* (em suma, da turba), que se reúne em multidões dadas a explosões de ódio e fúria, erráticas e imprevisíveis. Os *philosophes* compartilhavam esse medo com as classes dominantes, com o "partido da ordem". Para todos eles, igualmente, "o povo" simbolizava antes de tudo uma tarefa política urgente e não realizada – a imposição da disciplina sobre o comportamento, da ordem sobre o caos.

O medo era bastante verdadeiro, como experiência vívida e como uma influência poderosa sobre a filosofia social do Iluminismo; mas não era toda a verdade. Além da necessidade de contenção – ou melhor, por causa dela –, "o povo" se apresentava aos olhos dos *philosophes* como objetos de tutela e cuidado. Toda guarda tendia a evocar compaixão, solidariedade e compreensão. Em particular, se – como foi observado antes – a guarda eficiente fosse o interesse principal na luta pela liderança política.

De modo nada surpreendente, disseminadas nos escritos dos *philosophes*, há numerosas expressões de uma compaixão muitas vezes ingênua, mas em geral genuína, diante da dura situação das *classes laborieuses*. Com frequência sublinhou-se que "o povo" vivia na penúria e na miséria, que fora abandonado em condições desumanas, que a pobreza e a fome eram a recompensa pelo trabalho pesado dos "que alimentavam nações" (Holbach). Havia uma indignação moral; mas havia também o alarme avisando que deixar "o povo" por muito tempo em sua condição representava uma fonte de problemas – na verdade, a situação transformava *les classes laborieuses* em *classes dangereuses*, em "instrumentos [fáceis] dos desordeiros".

Para pensadores com uma missão proselitista a desempenhar, e com opiniões firmes sobre qual seria a forma ideal de *l'homme des lumières*, a questão básica, contudo, era se "o povo", com suas características odiosas e suas condições abomináveis, seria capaz de receber esclarecimento e instrução; e se necessitava de ambos (para seu próprio bem, ou para benefício da ordem social como um todo). As respostas a essas perguntas diferiam bastante.

Rousseau, que estabeleceu fronteiras claras para as ambições educacionais, deixando camponeses e artesãos de fora ("Não ensine o filho de um aldeão, pois ele não se presta a ser ensinado" [*A nova Heloísa*],[8] "Os pobres não precisam de educação; aquela ligada à sua condição é obrigatória, e ele não teria nenhuma outra" [*Emílio*],[9] talvez ocupasse um extremo, e Condorcet ("é possível instruir toda a massa do povo" [*Esboço de um quadro histórico dos progressos do espírito humano*]), o outro. Qualquer tentativa de construir um relato coerente e não contraditório da atitude do Iluminismo a respeito da educação popular seria duvidosa; as próprias atitudes, pelas razões já apontadas, estavam longe da coerência e muitas vezes entravam em conflito aberto ou implícito umas com as outras.

De todos os sumários da controvérsia que eu consultei, a opinião bastante abalizada de Hervey Chisick parece, com algumas ressalvas, a mais convincente e confiável:

> Os autores em cuja obra eu me informei não discutiram diretamente a possibilidade de elevar o povo acima de seu próprio nível. Contudo, é possível formar uma ideia muito clara das suas opiniões sobre a questão examinando a reação à proposta de o povo receber a educação liberal ampla que os colocaria, pelo menos do ponto de vista intelectual, em pé de igualdade com seus superiores sociais. Membros da comunidade esclarecida foram bastante coerentes ao descrever os efeitos que essa educação teria sobre os pobres trabalhadores: eles a consideraram "perigosa". [Segue uma longa lista de declarações a propósito.] À pergunta "Deve o povo ser esclarecido?",

> quase todos os porta-vozes do Iluminismo responderam com um enfático "Não". À questão "Deve o povo ser educado?", eles responderam com um reservado "Sim". A educação que os membros da comunidade esclarecida propuseram para os pobres buscava melhorar sua saúde, ensinar habilidades adequadas a seu *état* e recrutar seus corações e mentes para a religião e para a *patrie*.[10]

Permita-me comentar que não se pode responder à pergunta "Deve o povo ser educado?" com uma negativa simples. Já observamos que a visão de um mundo social governado pelas ideias impedia os *philosophes* de conceberem a possibilidade de um Estado "sem educação". Como a própria natureza (segundo a imagem aceita na época), a educação "não tolerava o vácuo". A alternativa para bons professores era professores ruins, não a ausência de professores; o Estado esclarecido não podia, portanto, renunciar à tarefa de educar seus súditos nas habilidades de que necessitavam, e de neles instilar a disposição de se comportarem de maneira socialmente útil e aceitável.

A educação – no sentido de instrução e adestramento – devia, nesse caso, ser feita sob medida para o *état* que o povo ocupa e continuará ocupando, e em circunstância alguma deve ser idêntica àquela dirigida ao "pequeno número de homens sensíveis" (Diderot). Ainda assim, ela deve ser uma educação planejada e dirigida com cuidado.

Já o "esclarecimento" é um assunto totalmente diferente. "[N]em sequer durante o alto Iluminismo", segundo Chisick, "o povo foi considerado capaz de ter pensamento independente ou fazer escolha política."[11] Os defeitos intrínsecos da "multidão" estabeleciam limites intransponíveis para o esclarecimento, compreendido como desenvolvimento da capacidade de pensar de maneira clara e racional e de tomar decisões informadas. Esclarecimento era algo de que os governantes necessitavam; seus súditos careciam de instrução orientada para a disciplina.

O movimento social-intelectual registrado na história como "Era do Iluminismo" não foi (ao contrário da versão whig* da história) um imenso exercício de propaganda em nome da verdade, da Razão, da ciência, da racionalidade; tampouco foi um sonho nobre de levar a luz do saber para os confusos e oprimidos. Em vez disso, o Iluminismo foi um exercício formado de duas partes distintas, embora intimamente correlacionadas. Primeiro, a extensão dos poderes e das ambições do Estado, a transferência para o Estado da função pastoral exercida antes (de maneira incipiente e modesta, em comparação) pela Igreja, a reorganização do Estado em torno da função de planejar, projetar e administrar a reprodução da ordem social. Em segundo lugar, a criação de um mecanismo social de ação disciplinar inteiramente novo e desenhado de modo consciente, voltado para a regulamentação e a regularização da vida social relevante dos súditos do Estado professor e administrador.

* O Partido Whig reunia as tendências liberais do Reino Unido, contrapondo-se ao Partido Tory, de linha mais conservadora. (N.T.)

· 6 ·

A descoberta da cultura

O conceito de "cultura" não tinha sido cunhado até o século XVIII. Nada havia antes na linguagem douta, sem falar na língua cotidiana, que ao menos remotamente se assemelhasse à visão de mundo complexa que a palavra "cultura" tenta captar. Esse fato é espantoso; também é enigmático e intrigante para um leitor contemporâneo, para quem a "modelagem" dos seres humanos por suas sociedades é uma das trivialidades da existência. O que é quase habitual hoje foi outrora uma descoberta, e uma descoberta que revolucionou de verdade a maneira como a vida humana era percebida. Vale a pena tentarmos resolver o enigma. A solução pode se mostrar relevante para nossos esforços de compreender os mistérios da modernidade – essa grande aventura empreendida na extremidade norte-ocidental da península europeia.

Desde o início dos tempos humanos, as pessoas têm viajado a países estrangeiros e observado povos estranhos. Desde o começo da escrita, algumas vezes elas registraram suas experiências. Algumas dessas pessoas foram curiosas e observaram modos de vida diferentes, singulares, por vezes desconcertantes ou repulsivos. Mas a maioria não foi curiosa e, tal como está amplamente testemunhado no estudo fascinante e agora clássico de Margaret Hogden, mal enxergaram algo de não usual no que viam.[1]

Os numerosos peregrinos à Terra Santa, os mais entusiásticos colaboradores para o gênero "diário de viagem", registraram com escrúpulo seu próprio progresso com descrições de refeições, abrigos, ladrões e pântanos intransponíveis, mas, exceto pela incompreensibilidade dos dialetos locais, nada teriam notado de estranho no povo que conheceram. De forma natural e prosaica, imputaram ao comportamento desse povo os significados que esperavam encontrar, do mesmo modo como Cristóvão Colombo, o muito esclarecido e versátil navegante, teria registrado os golfinhos observados da cabine do capitão como sereias que dançavam nas ondas do oceano.

Tratava-se de um tipo peculiar e seletivo de cegueira coletiva. Ela não impedia as pessoas – tanto as instruídas quanto as iletradas – de verem e saberem que os habitantes de vários países estrangeiros eram diversos entre si. A diferença, contudo, não parecia apresentar um desafio nem pedia explicação. Era o que era, como todas as outras diferenças entre as coisas, do modo como Deus ordenou que elas fossem no dia da Criação, do modo como foi a "Natureza" – o mundo criado – desde então.

Durante séculos, o mais erudito dos homens viveu sem essa distinção, tão cara aos nossos corações e paixões políticas, entre as diferenças "naturais", genéticas e "nutridas", e as produzidas pelo homem entre as pessoas. Não havia espaço nem para a suposição deste último tipo de diferença nos escritos da autoridade intelectual mais destacada da Idade Média, Isidoro de Sevilha:

> De acordo com a diversidade do clima, a aparência do homem, sua cor e o seu tamanho corporal variam, e surgem diferenças de mentalidade. Por isso nós observamos que os romanos são dignos, os gregos são instáveis, os africanos astutos, os gauleses selvagens, ferozes por natureza e um pouco impetuosos em sua disposição, que o caráter do clima causa.[2]

Cor da pele, estatura do corpo, temperamento, costumes, instituições políticas – todos esses traços, se é que discernidos e registrados, permaneciam no mesmo nível: eram percebidos como manifestação de uma diversidade natural e perpétua da raça humana, significativa apenas como aspecto da "cadeia da existência". Não havia suspeita alguma de que alguns deles pudessem ser menos duradouros que outros; de que pudessem mudar com o tempo; ou de que (Deus nos livre) pudessem ser mudados de forma deliberada pela ação humana e em conformidade com projetos humanos.

Essa percepção sobreviveu a seu tempo. Mesmo já bem avançado o século XVIII, soando algo antiquado para os padrões da época, o grande taxonomista Lineu descobriria, entre as espécies de *Homo sapiens*, o *Homo europeus*, "com olhos azuis, governado por leis", o *Homo asiaticus*, "com cabelos negros, governado por opiniões", e o *Homo asfer*, "de cabelos crespos e pele sedosa, mulheres sem vergonha". Não somente as diferenças observadas entre raças, nações e países eram vistas como naturais e portanto eternas e preordenadas. A mesma percepção se aplicava a diferenças entre posições sociais no interior de uma mesma sociedade (o ideal de perfeição era distinto para cada condição, e toda transgressão dos usos estabelecidos era pecaminosa, como toda corrupção da ordem divina das coisas) ou entre os sexos.

Um dos homens mais eruditos de seu tempo, Dante Alighieri, não tinha dúvida quanto à diferença entre os sexos. "[E]mbora se ache escrito que as mulheres falaram primeiro, é contudo razoável supor que o homem falou primeiro; e é indecoroso pensar que um ato tão excelente da raça humana tenha se originado da mulher, e não do homem." Ao escrever essas palavras, Dante seguia em espírito, senão ao pé da letra, a longa tradição que recuava pelo menos até são Paulo de Tarso: "Não vos ensina a própria natureza que, se um homem tem cabelos longos, é uma vergonha para ele? Mas se a mulher tem cabelos longos, é uma glória para ela: pois seu cabelo lhe foi dado para cobrir."

Por conseguinte, o que estava quase de todo ausente da percepção pré-moderna do mundo era uma ideia acerca da temporaneidade e da mutabilidade das características humanas; e a ideia de diferenciação entre as próprias características, sendo que algumas delas em geral eram resistentes a escolhas humanas e ações propositadas, outras, relativamente maleáveis, propensas à manipulação e a mudanças.

O mundo, em toda a sua complexidade e diversidade interna, repleto de centenas de raças humanas e modos de vida reais, imaginários ou registrados, e as distinções nítidas observadas dia a dia entre habitantes rurais e urbanos, condições, costumes estabelecidos e sexos, apresentavam-se aos olhos contemporâneos como uma construção harmônica estável. Um objeto de contemplação respeitosa, talvez de um estudo diligente, ou que permanecia, constantemente e para sempre, fora do alcance da prática dos homens.

Essa visão de mundo é exatamente aquela que se deve esperar numa *oikoumene* composta de culturas selvagens – modos de vida com mecanismos intrínsecos de equilíbrio e reprodução, modos de coexistência que jamais se apresentam, nem sequer a seus próprios governantes políticos, como "problemas administrativos", como objetos que necessitam de intervenção intencional para permanecer o que são. Em última análise, foi a ausência da experiência desse tipo de intervenção que refreou o pensamento de uma natureza feita pelo homem no mundo humano, com seu caráter convencional e histórico.

O que hoje nós estamos aptos a descartar como cegueira cultural ajustava-se bem a um mundo da vida em que os únicos esforços de controle humano eram voltados para coisas, e não para corpos humanos; no qual o poder se especializou em supervisionar a circulação de produtos, ao mesmo tempo que permanecia indiferente a seus produtores; no qual o modo de vida dos poderosos se mantinha distinto dos costumes e hábitos de seus súditos, sem jamais se tornar um ideal a ser imitado por eles; no qual os poderosos nunca empreenderam de forma consciente uma campanha visando à mudança dos modos de vida de seus súditos, e, por conseguinte, jamais poderiam conceber esses modos como "objeto", matéria a ser "manuseada" e "influenciada". Não até que as diferenças "naturais" entre as pessoas se intrometessem para fazer com que essas discrepâncias deixassem de ser "naturais" e parecessem "históricas", isto é, objetos reais ou potenciais da ação humana intencional.

Ao longo da maior parte da Idade Média, a crença na "naturalidade", no caráter preordenado das formas humanas, permaneceu inalterada na Europa graças à firmeza do controle sob o qual o continente era mantido pela hierarquia da Igreja. A unificação hierárquica do pensamento só podia refletir-se em certeza sobre a verdade, assegurada pelas origens e bases divinas de toda existência. Foi somente no limiar da Era Moderna que essa certeza desmoronou; ela foi minada pelo cisma interno à Igreja, o qual, pela primeira vez em séculos, foi forte o bastante para produzir centros de resistência de tal forma extraordinários que tiveram de ser marginalizados como heresias.

Afastamento paralelo e de grande consequência foi a formação das monarquias absolutistas – mais uma vez, a criação de centros de poder importantes o suficiente para estabelecer diferenças entre países e nações sobre bases obviamente humanas, seculares e temporais.

Enfim, um fator de impacto comprovadamente maior na "descoberta da cultura" foi a desaparição gradual das "culturas selvagens" e a compreensão paralela da necessidade de "jardinar". A primeira reação à crise das velhas potências, como era de se esperar, foi a dissipação da certeza e o advento do ceticismo.

O ceticismo (ou, como é apelidado hoje, o relativismo) é uma perspectiva mental que reflete um mundo no qual nenhuma versão de verdade ou de valores supremos de bondade ou beleza desfruta o apoio de um poder tão evidentemente superior a qualquer outro rival que possa reivindicar de modo crível sua primazia sobre as versões alternativas. É num mundo como este que hoje vivemos. Nossos ancestrais entraram nele nos últimos séculos da Idade Média; no século XVI, já estavam bastante conscientes de viverem nesse universo, e sua filosofia mostrava, acima de qualquer dúvida, que eles o faziam.

O século XVI foi a era da crise pírrica – o vazio entre o colapso das velhas bases hierárquicas de certeza da Igreja e a construção diligente de novas bases seculares de certeza universal. Argumentos há muito esquecidos, de céticos antigos, foram ressuscitados e logo ocuparam o centro do debate intelectual. Se nos lembrarmos que o cético é uma pessoa que duvida de que se possam dar base ou razões necessárias e suficientes para os nossos conhecimentos e crenças, compreenderemos o quanto os argumentos ressuscitados foram convenientes na experiência dos intelectuais. Estes se viram de repente diante de um choque irreconciliável de valores e visões da realidade, o qual não mostrava sinal algum de resolução iminente, graças ao admirável equilíbrio das forças que o sustentavam. Talvez a "obviedade" fosse somente uma função do monopólio de poder. Na ausência desse monopólio, a resistência de versões rivais "autoevidentes" da verdade se transformava numa discussão obstinada demais e incapaz de oferecer esperanças de resolução clara para as controvérsias. Todas as verdades, inclusive a nossa própria, parecem estar ligadas a "tempo e lugar"; todas as verdades, inclusive a nossa própria, parecem só fazer sentido no interior da fronteira de um país, do domínio de um reino, da tradição de uma nação, segundo o princípio *cuius regio, eius religio.*

No século XVI, a bem-costurada e harmoniosa cadeia da existência desintegrou-se de súbito. Formou-se uma coleção desordenada de formas qualitativamente distintas e autônomas, já despojadas da unidade intrínseca garantida pelo plano divino, mas ainda carentes da unidade *ex post facto* imposta ou objetivada por um novo poder secular extraordinário o bastante para considerar a sério a possibilidade de moldar a diversidade numa unidade de projeto própria. A primeira reação ao colapso das certezas foi de choque alarmado – retratado com inteligência num cuidadoso estudo de Richard H. Popkin.[3]

As ondas de tremor causadas pela desintegração do edifício gótico, a cacofonia dos gritos de batalha de exércitos que muito improvavelmente venceriam, render-se-iam ou fariam acordos, encontraram seu equivalente filosófico sublimado em dúvidas crescentes sobre a validade do conhecimento como tal; sobre a possibilidade de "provar" sua solidez, a probabilidade de encontrar argumentos apodícticos vinculatórios a favor da aceitação (ou rejeição, neste tocante) de qualquer proposta engajada em batalha contra proposições alternativas.

Para os descendentes das gerações de escolásticos que atuaram ao abrigo aconchegante da certeza apoiada na divindade, essa falta imposta de autoconfiança foi a causa suficiente de desesperança filosófica. Contra todas as expectativas, alguns tentaram esperar que as velhas certezas pudessem de algum modo ser resgatadas da debacle, apegando-se à provada arma da *petitio principii* – presumindo tacitamente no debate aquilo que o debate queria demonstrar.

Desse modo, a contenda poderia andar em círculos para sempre, com os porta-vozes da desesperança e os exumadores de igual modo desesperados pela certeza falando de forma incompreensível, e não um com o outro (um leitor contemporâneo não poderia deixar de ficar impressionado com a semelhança do discurso filosófico da nossa própria crise pírrica). Outros – de maneira mais realista – buscaram um caminho para sair da discussão circular infecunda pela adoção de uma atitude intermediária cautelosa, caracterizada sobretudo por aparar as ambições excessivas dos que buscavam verdades universais. Essa atitude envolvia reconhecer a validade do ataque cético contra todas as bases potenciais de certeza, e buscar conforto justificando todo conhecimento "incerto" que sobrara depois da rendição em termos de usos modestos, ainda que indispensáveis e nada desprezíveis.

Se Jorge Luis Borges estava certo quando disse (sobre Kafka) que todo grande escritor cria seus próprios predecessores, e se esta regra se estendesse a todas as grandes escolas de pensamento, então o pragmatismo moderno, em particular na sua versão mais recente, proposta por Richard Rorty, pode muito bem tornar Marin Mercenne e Pierre Gassendi seus antepassados intelectuais. Sem jamais usar o termo, eles de fato articularam uma estratégia de "gerenciamento da crise" que implicava todas as hipóteses e sugestões táticas do pragmatismo moderno. Concordavam com os pirronistas, que nosso conhecimento não tem e talvez jamais terá bases indubitáveis e dogmáticas de certeza; recusaram com vigor a tentação de buscar novas justificativas para essa certeza na esteira da falência da velha certeza; e, contudo, buscaram consolo convencendo-se, e à sua audiência, de que vale a pena dedicar-se ao esforço do estudo científico mesmo que ele seja visto, humildemente, como construção experimental de hipóteses de trabalho com base em experiências limitadas. Vale a pena dedicar-se não tanto porque esses esforços levam a uma verdade segura, inabalável, sobre a realidade, mas porque oferecem direções práticas para nossas ações. (Para recuar ainda mais na história, até outro período de certezas em desintegração, lembremo-nos de que compromisso semelhante com o ceticismo foi proposto quase dois milênios antes por Carnéades.)

Como podemos avaliar em retrospecto, por mais atraente que fosse (e por mais sensível que possa parecer aos olhos dos leitores do final de século XX), a solução de Mercenne e Gassendi desfrutou de uma popularidade apenas temporária. Uma nova era de certeza avançava, a qual iria considerar a modéstia protopragmatista indigna e em evidente desacordo com seu próprio potencial infinito.

Uma pessoa com um papel muito mais importante a desempenhar nos três séculos que se seguiram ao compromisso protopragmatista foi Descartes, com sua insistência na necessidade e na possibilidade de certeza, com sua recusa resoluta de aceitar qualquer coisa menos que isso, e seus surpreendentes insights sobre a essência de todas as bases possíveis da certeza. O seu *malin génie*, o espírito do mal capaz de falsear nossa percepção e assim plantar sementes de dúvida na autenticidade do que sabemos, em última análise só podia ser exorcizado por um poder forte e irresistível demais para ser suspeito de qualquer coisa reprovável, em particular da disposição de enganar.

Por assim dizer, "o desejo de enganar atesta sem dúvida malícia e fraqueza"; é uma marca de "poder sutil". Se só nos confrontássemos com um poder que não fosse fraco ou sutil, que fosse, ao contrário, forte e resoluto, ficaríamos bastante seguros da nossa certeza. Para Descartes, este poder era Deus; mas este viria a ser o aspecto menos relevante e transitório de sua contribuição.

Nesse ínterim, contudo, houve Montaigne – justamente esquecido pela era de certeza que sucedeu a idade de dúvidas pirronistas, e com igual justiça redescoberto e celebrado depois que a nova certeza começou a se fragilizar. Nosso século vê Montaigne como o pai da antropologia moderna, um gigante que, das alturas de seu ponto de vista, viu acima e além dos *philosophes*, a quem apequenou, como um mensageiro do saber futuro e como um forasteiro em seu próprio tempo. Não importa o que mais possa ser dito sobre Montaigne, ele não foi um estranho em seu próprio tempo. Tudo o que disse sobre fragilidade e não resolução dos costumes e tradições humanos encaixava-se perfeitamente no espírito de um século que tinha perdido a autoconfiança.

Na verdade, não se pode imaginar uma antropologia mais bem-equipada para tempos de crise pírrica. O que mais poderia ser ela, além de uma afirmação resoluta da falta de resolução? De uma firme recusa em aceitar que um modo de vida possa provar sua superioridade sobre outros, que um conjunto de opiniões possa demonstrar sua vantagem sobre outro? Além de uma rejeição enfática de todos os critérios de justiça, exceto o uso e a conveniência humanos? E de uma insistência, ao estilo Mercenne-Gassendi, em que os usos humanos não necessitam de sanção sobre-humana, já que servem aos assuntos da vida cotidiana?

> Fico envergonhado ao ver meus compatriotas imbuídos desse tolo preconceito que os faz tentar evitar qualquer costume diferente de seu próprio; quando estão fora de seu povoado, eles parecem estar

> fora de seu elemento. ... Não somente todo país, mas toda cidade e toda profissão tem sua própria forma particular de civilidade. ... Toda nação tem muitos hábitos e costumes, que, para qualquer outra nação, não só são estranhos, mas extraordinários e bárbaros. ... Nós todos chamamos barbarismo o que não se coaduna com nossos usos. E não temos nenhum outro meio de verdade e razão exceto o exemplo e o modelo das opiniões e costumes do país em que vivemos. ... Aquele que se livra desse violento preconceito de costume descobrirá que muitas das coisas que são aceitas com resolução confiante não encontram apoio algum além das barbas grisalhas e as rugas do uso que as acompanha.
>
> O principal efeito da força do costume é nos capturar e agarrar tão firmemente que mal somos capazes de escapar de seu controle e recuperar a posse de nós mesmos o bastante para discutir e chegar a uma conclusão sobre seus comandos. Na verdade, como nós os absorvemos com o leite de nossa mãe, e como o mundo mostra a mesma face aos nossos olhos infantis, parece que nascemos para seguir o mesmo caminho; e as ideias comuns que julgamos correntes à nossa volta, e infundidas nas nossas almas com a semente dos nossos pais, parecem ser gerais e naturais. Quanto ao que está fora dos gonzos do costume, nós acreditamos estar fora dos gonzos da razão: Deus sabe de que maneira irracional, na maioria das vezes.[4]

Menos de um século mais tarde, Descartes ainda confrontaria um mundo dissipado numa miríade de costumes mais ou menos conhecidos e modos de vida mais ou menos grotescos, um mundo no qual nenhum modo de vida individual podia mostrar muito mais além da familiaridade consigo mesmo como passaporte para sua aceitação. Segundo Descartes, contudo, tal mundo apresentaria um problema; ele seria assustador e exasperante, e por isso um estímulo para agir com presteza e urgência. Descartes deploraria a lição que tal mundo oferecia: de que ninguém podia acreditar em nada com certeza, de que as pessoas se convenceram *meramente* por exemplo e costume.

A relatividade dos modos e opiniões humanos não era algo com que Descartes se reconciliaria – de maneira complacente, ressentida ou entusiástica. Ela era um transtorno, uma preocupação, um desafio a ser enfrentado e rechaçado com a descoberta de bases, mais sólidas do que o *mero* exemplo e o costume, para aceitar algumas opiniões como certeza e, com a mesma certeza, rejeitar outras.

Descartes seria o primeiro, na aurora de uma nova era de certeza, a denegrir e repudiar "a maneira como as pessoas fazem as coisas" como "meros" costumes, desprovidos de autoridade no grandioso discurso da verdade. Husserl seria o último, no crepúsculo da mesma era, a expulsar da corte "a maneira como as pessoas fazem as coisas". O primeiro veredicto foi a declaração de um poderio juvenil, que acreditava poder chegar aonde nenhum outro antes tinha chegado ou mesmo tentado alcançar; o segundo, uma tentativa desesperada de agarrar-se a uma coisa pela qual outras potências, agarradas às suas próprias coisas, tinham perdido todo interesse.

Para Montaigne, a relatividade dos modos humanos não era problema, nem solução. Era apenas a maneira como o mundo é. Montaigne não tinha um problema a resolver; parecia não haver nenhum poder à volta (até então) autoconfiante ou forte o bastante para exigir que seus usos fossem reconhecidos como a verdade, toda a verdade, nada mais que a verdade (e que, por isso, todos os outros fossem declarados "meros" preconceitos e recebessem sentença de morte imediata). Parecia não haver nenhum poder à volta propenso a ser o cliente interessado dos critérios de verdade absoluta.

Ao contrário, a ideia de que todos os modos humanos, por mais diferentes entre si, estão igualmente bem-baseados (isto é, com a mesma fragilidade), e que, por conseguinte, não há necessidade de fazer tanto alvoroço sobre a diferença, adequava-se muito bem a um mundo dependente de uma trégua e de um acordo desconfortáveis entre poderes equilibrados, preocupados muito mais sinceramente com a defesa de seus próprios reinos do que com a apresentação de boas razões para conquistar os reinos vizinhos. Não obstante, esse estado de coisas logo mudaria. E então, as mesmíssimas fontes de modos e pensamentos humanos – que Montaigne com jovialidade admirava como boas razões para a compreensão e tolerância recíprocas, seriam redesdobradas: como o *casus belli*, a desculpa para uma cruzada cultural, o grito de guerra de forças robustamente inclinadas à dominação absoluta, e carentes de uma verdade absoluta para satisfazer sua ambição.

Já em 1930, em seu inestimável estudo "Civilisation, évolution d'un mot et d'un groupe d'idée",[5] Lucien Lebvre chamou atenção para um fato surpreendente: apesar de não haver nada mais fácil que criar um substantivo com final *isation*, uma vez que um verbo com sufixo *iser* seja usado normalmente, por muitas décadas, na verdade pela maior parte do século XVIII, o verbo processual *civiliser* (civilizar) foi amplamente utilizado por homens de letras de ambos os lados do canal da Mancha, enquanto o substantivo *civilisation* ainda esperava para ser introduzido.

O fato perde parte de seu mistério, contudo, quando aprendemos que a entrada da ideia de civilização e cultura em sua forma verbo-processual não foi de modo algum um caso isolado. Ao contrário, como demonstrou M. Frey (*Transformations du vocabulaire français à l'époque de la Révolution*), a língua da França do século XVIII parecia desenvolver uma vinculação particular para verbos processuais terminados em *iser*. Escritores e políticos doutos nada falavam nem escreviam com mais entusiasmo que *centraliser*, *fédéraliser*, *municipaliser*, *neutraliser*, *utiliser* (centralizar, federalizar, municipalizar, neutralizar, utilizar) e ações similares, empreendidas ou pelo menos contempladas por poderes fortes e ambiciosos o suficiente para tratar a realidade circundante como flexível, suscetível de transformações, dúctil, maleável e capaz de receber uma forma projetada por aqueles que estavam na liderança – e ao mesmo tempo imperfeita, carente e necessitada de uma forma melhor. Esse vocabulário mostra o século XVIII como uma era de ação; uma ação determinada, por assim dizer, ao mesmo tempo autoconfiante e que valorizava altamente a certeza. Antes de poder tornar-se uma descrição do mundo humano (ou uma parte bem-definida desse mundo), a *civilisation* teve de entrar na retórica do poder como projeto, como declaração de intenção e como plano de ação.

Do ponto de vista etimológico, as origens da palavra *civilisation* parecem complexas. Sua forma sugere um parentesco próximo com a ideia relativamente antiga de *civilité* (civilidade), cujo uso estava documentado pelo menos um século antes da introdução do verbo *civiliser*. *Civilité* queria dizer cortesia, boas maneiras, respeito mútuo demonstrados por regras de conduta seguidas com cuidado e meticulosamente aplicadas; como observou Furetière em 1690, significava "*manière honnête, douce et poli d'agir, de converser ensemble*".

Assim, tratava-se sobretudo de assunto interno à nobreza, à classe de guerreiros feudais outrora poderosos, então reduzidos pela monarquia absolutista à condição de grupo de cortesãos que tentava desesperadamente sobreviver num mundo onde cair era tão fácil quanto subir de forma meteórica – pois ambos dependiam de fazer os amigos certos e de influenciar as pessoas certas (entre as quais, claro, o rei era o mais certo). Tratava-se, na avaliação de Febvre, de nada mais que um "verniz", uma linguagem destinada em especial a esconder emoções e ocultar intenções, a declarar sua concordância para evitar que emoções e intenções interferissem na interação pacífica, vista por todos e por cada um como condição para a sobrevivência coletiva.

Em 1780, contudo, quando o outro conceito, ostensivamente correlato, de *civilisation*, já havia adquirido uma conotação de todo diferente, certo padre Girard achou possível sustentar essa interpretação tradicional de *civilité*: "A civilidade é para os homens o que o culto é em relação a Deus: uma evidência externa de sentimentos internos." Foi esse significado de *civilité*, ligado ao vínculo etimológico aparente entre *civilité* e *civilisation*, que permitiu a Norbert Elias localizar as raízes de seu "processo civilizador" na corte de Versalhes, e descrever o processo ele mesmo como a imitação de maneiras associadas à distinção social e ao privilégio por parte de classes motivadas, antes de mais nada, pela inveja coletiva e pela luta por ascensão.

A semelhança dos termos, contudo, oculta mais que revela. Nós vimos em capítulos anteriores que a *République des Lettres* tinha vínculos estreitos com círculos da nobreza e da própria corte. Não é de admirar que usassem o mesmo vocabulário; não é de admirar que aqueles homens de letras expressassem suas ideias, por mais que radicalmente novas, numa linguagem que fizesse vibrar uma corda de familiaridade e simpatia na plateia, e na parte mais importante dessa plateia – os déspotas e monarcas esclarecidos assinalados para esse papel.

Tal circunstância, contudo, não determina por si mesma a continuidade do significado por trás da semelhança de forma. Afinal, as preocupações da *République des Lettres* se estendiam bem além do pequeno ninho de cobras no qual os cortesãos lutavam por sua sobrevivência. Nada havia no modo de existência da nobreza cortesã que pudesse inspirar a elaboração da ideia de *civilité* naquela de *civilisation*. Tudo no modo de vida e na localização social da *République des Lettres* apontava, por outro lado, na direção de um conjunto de ideias em busca de um conceito – exatamente as mesmas ideias que mais tarde iriam encontrar seu lugar no termo *civilisation*.

Para seguir o argumento de Febvre mais uma vez: do ponto de vista de seu conteúdo, e não de sua forma, o verbo *civiliser* revela uma semelhança notável com um verbo completamente diferente, mas também há muito estabelecido: o verbo *policer* (civilizar; governar). Este era, desde o começo, orientado para a sociedade, ou para o domínio político como um todo. Ele conotava a ideia de preservação da ordem, eliminação da violência no intercurso humano (ou melhor, o monopólio da violência a serviço de um Estado apoiado pela lei), a segurança do espaço público, uma esfera pública supervisionada de perto e mantida dentro de regras bem-definidas e fáceis de decifrar.

Com certa simplificação excessiva, pode-se dizer que o que unia o verbo *civiliser* ao verbo *policer*, e ao mesmo tempo o distinguia da velha ideia de *civilité*, era que ele denotava uma operação a ser realizada na rede de relações inter-humanas, e não em indivíduos humanos tomados de modo isolado; por outro lado, o que unia o verbo *civiliser* à ideia de *civilité*, e ao mesmo tempo o distinguia do verbo *policer* (que logo seria substituído e quase totalmente eliminado do discurso público), era que ele se referia à realização de um padrão desejável de relações inter-humanas por meio da reforma dos indivíduos envolvidos. "Civilizar" era uma atividade mediada; a sociedade pacífica e ordeira (o ideal já contido na ideia de *société policée*) seria alcançada por um esforço educacional dirigido aos membros da sociedade.

Havia, contudo, uma diferença crucial oculta nessa própria semelhança admitidamente limitada entre o programa civilizador e o ideal de *civilité*. Este último correspondia, como vimos, a "um verniz": uma máscara comportamental a ser imposta a um corpo domesticado, mas, em sua base, não reformado e ainda dominado pela paixão. A civilidade era uma etiqueta: um código de conduta a ser aprendido e seguido fielmente, um conjunto de regras que qualquer indivíduo admitido na sociedade dos escolhidos era solicitado a aceitar e obedecer, enquanto dos demais se esperava a decisão de obedecer às regras como prova suficiente de lealdade ao grupo e de qualificação para nele ser aceito. A civilidade dizia respeito a máscaras, não a rostos. Ela nem tentava nem desejava chegar abaixo da máscara: considerava o rosto, o lado "privado" do indivíduo, irrelevante e portanto isento de todo regulamento.

Não era isso que se dava com o ideal civilizador; aqui, eram os motivos do indivíduo, a supressão de paixões dentro do indivíduo, a vitória da razão sobre as emoções no campo de batalha de todos os indivíduos em jogo. Civilizar era engajar-se num esforço vigoroso para transformar o ser humano por meio da educação e da instrução. Como detalhou Diderot com a clareza habitual, "instruir uma nação é civilizá-la; extinguir o conhecimento é reduzi-la ao estado primitivo do barbarismo".

O projeto civilizador vinculava de modo inseparável a realização do padrão desejável de conduta humana com a disseminação das *lumières*; esta última era a atividade que constituía o domínio especializado dos *philosophes*; portanto, além de uma forma específica de sociedade, o projeto civilizador postulava uma escolha clara por seus operadores e guardiões. Nesse sentido, a *civilisation* era a jogada coletiva dos homens de ciência e de letras em prol de uma posição estrategicamente importante no mecanismo de reprodução da ordem social.

Uma enorme distância separava as ambições dos civilizadores da modéstia cética de Montaigne. Já não havia mais tolerância com modos de vida localizados, restritos a nações. A nova ordem não seria salvaguardada por experiência coletiva baseada em costumes historicamente desenvolvidos. Estes, ao contrário, tinham de ser subjugados. Devia-se negar autoridade à tradição; afinal (como vimos no Capítulo 4), ela já perdera seu poder sobre as relações humanas, demonstrando assim sua ineficácia.

Para o Estado absolutista, prestes a tomar a guarda da ordem social em suas mãos, o que quer que restasse das tradições localizadas teria aparecido como tantos obstáculos no caminho da sociedade ordeira. Todo poder necessita de verdade; o poder absoluto necessita de verdade absoluta. À medida que estava ligado à defesa do monopólio estatal de poder, o projeto de civilização tinha de evocar valores e normas que se estabelecessem, de forma demonstrável, acima de toda e qualquer tradição local. Da mesma maneira como o Estado absoluto moderno tornou todos os poderes de base local paroquiais, atrasados e reacionários, o projeto civilizador que proveu legitimação e estratégia a esses Estados tinha de tornar retrógrados, supersticiosos e bárbaros os modos de vida baseados na localidade.

O século XVIII, segundo Febvre, não conhecia civilizações "étnicas" ou "históricas". Estas seriam contradições em termos; na verdade, uma forma plural do substantivo *civilisation* seria um oximoro. O projeto civilizador era, na sua essência mais íntima, um esforço para suprimir toda relatividade, portanto toda pluralidade de modos de vida. O que emergiu foi uma noção absoluta de "civilização humana", uma noção coerente e unitária que não tolerava oposição e não comportava concessão alguma nem qualquer limitação.

Tratava-se de um ideal explicitamente (embora em alguns casos de modo irrefletido) hierárquico,[6] visto contra o panorama de fundo de uma sociedade nacional ou da espécie humana como um todo. Ele pressupunha que a ação civilizadora poria todo o gênero humano sob sua influência; a forma de vida que pregava e esperava instalar parecia, de maneira não problemática, tão superior a qualquer outra conhecida ou imaginada que os *philosophes* esperavam uma marcha triunfante garantida pelos atrativos evidentes dessa nova sociedade. Como afirmação típica da época, Febvre cita Mohean: "Não surpreende que um homem selvagem e bruto seja levado a adorar um homem civilizado e aperfeiçoado."

Em suma: o conceito de *civilisation* entrou no discurso erudito do Ocidente como sinônimo de uma cruzada proselitista consciente empreendida por homens de conhecimento, tendo em vista extirpar os vestígios de culturas selvagens – modos de vida e padrões de coabitação locais vinculados pela tradição. Ele denotava acima de tudo uma nova atitude, ativa, assumida em relação a processos antes deixados aos seus próprios recursos, e a presença de poderes sociais concentrados o bastante para traduzir essa atitude em medidas práticas efetivas.

Em sua forma específica, o conceito de *civilisation* também portava uma escolha de estratégia para a gerência centralizada de processos sociais: seria uma gerência dirigida pelo conhecimento, acima de tudo voltada para a administração de corpos e mentes individuais. Dessa forma, o conceito pode ser visto como uma interpretação, do ponto de vista do modo de vida da *République des Lettres*, das transformações estruturais analisadas no Capítulo 4.

O mesmo ativismo com vocação para o poder presidiu a "descoberta" da cultura. O leitor do final do século XX esperaria com naturalidade que essa descoberta fosse relacionada à ampliação dos horizontes mentais do Ocidente esclarecido, ou ao reconhecimento incipiente da pluralidade dos modos humanos. O oposto é verdade.

No início deste capítulo, observamos com aparente curiosidade certa cegueira cultural que permaneceu característica do Ocidente pela maior parte de sua história, até o período do declínio da sociedade medieval. O que hoje chamaríamos de "pluralidade de culturas" estava bem diante dos olhos dos europeus aquele tempo todo; olhava-se para ela, mas ela não era vista – em todo caso, não de um modo diferente da maneira como em geral se contemplava a criação de Deus. O que aconteceu nos primeiros séculos da Era Moderna não foi uma revelação súbita de uma verdade longa e injustamente negligenciada, ou o despertar súbito de uma curiosidade antes adormecida. Os processos que seriam captados na ideia de "cultura" estavam confinados no interior da sociedade europeia ocidental.

No começo, "cultura" significava (neste caso, os vínculos etimológicos são esclarecedores) a intenção e a prática da "jardinagem" como método de governar sociedades. Tanto a intenção como a prática foram reações ao deslocamento estrutural do qual a eficiência logo declinante dos mecanismos localizados de reprodução social foi o resultado mais notável e alarmante.

Cultura, um conceito longamente associado ao trabalho agrícola, era adequado como metáfora maior dos novos mecanismos de reprodução social – tanto planejados como operados de forma centralizada. No vocabulário da lavoura da terra e da criação de gado, cultura significava atividade, esforço, ação intencional (neste vocabulário, uma expressão como "cultura selvagem" seria, no século XVI, uma contradição em termos).

Desenvolver (cultivar) a terra significava selecionar boas sementes, semear, lavrar, arar, lutar contra as ervas daninhas e empreender todas as demais ações consideradas necessárias para garantir uma safra abundante e saudável. Este era exatamente o formato da tarefa em relação à sociedade humana, tal como se mostrava em seguida à falência dos mecanismos autorreprodutores. As formas que a vida e a conduta humana assumiam já não pareciam mais fazer parte da "natureza das coisas" ou de uma ordem divina que não necessitaria nem suportaria a intervenção humana. Em vez disso, a vida e a conduta humanas agora pareciam algo que precisava ser formado, para que não tomasse feições inaceitáveis e prejudiciais à ordem social, como um campo não amanhado fica inculto, cheio de ervas e pouco tem a oferecer a seu proprietário.

Philipe Bénéton, autor do mais recente estudo abrangente sobre a história primitiva da ideia de cultura, situa o começo do uso metafórico do conceito na segunda metade do século XVII.[7] Em 1691, ele se descolou e se esqueceu desse passado metafórico, e começou a ser usado por si mesmo, sem a ajuda de termos qualificativos, para denotar a "formação do espírito". Mais uma vez, como no caso de *civilisation*, levou meio século para que a palavra cultura fosse usada (por Vauvenergues, em 1746) para descrever o produto da atividade educativa, e não a atividade em si mesma. "Sempre usado no singular, ele refletia o ideal unitário do século XVIII e sua perspectiva universalista; aplicava-se ao Homem – com 'H' maiúsculo –, e a toda distinção nacional ou social."

Nas palavras de Bénéton, o conceito era marcado por três traços: otimismo (crença na maleabilidade ilimitada das características humanas), universalismo (crença num ideal aplicável a todas as nações, lugares e tempos) e etnocentrismo (crença de que o ideal formado na Europa do século XVIII representava o ápice da perfeição humana, que outras partes do mundo teriam e gostariam de imitar). "Cultura e civilização", Bénéton concluía em sua pesquisa, "são *mots de combat* que assumem uma função política".[8]

O surgimento do conceito de cultura e civilização, primeiro sob forma processual e depois descritiva, assinala o advento de uma "nova certeza" e de um final temporário para o relativismo da era cética. A nova certeza, que, depois do interlúdio pírrico, chegou a substituir a certeza baseada na Igreja da Idade Média, era de um novo tipo. A autossuficiência e a perfectibilidade do homem formavam sua profissão declarada de fé. O que elas implicavam, contudo, em termos sociológicos, era infinitamente mais importante do que o que afirmavam explicitamente: a formação da vida e da coabitação humanas era agora dever e responsabilidade de poderes seculares, humanos. A certeza era algo a ser alcançado e mantido vivo pela atividade intencional. Na prática, ela seria medida por sua capacidade de sobrepujar e reduzir à insignificância todas as reivindicações alternativas de verdade. A nova certeza se basearia na aliança entre poder e conhecimento. Enquanto a aliança permanecesse intacta, não havia razões para ceticismo.

· 7 ·

Ideologia, ou a construção do mundo das ideias

Devemos agora voltar à constituição do mundo da vida intelectual, tal como institucionalizado na *République des Lettres*, nas *sociétés de pensée*, descritas de modo breve no Capítulo 2; afinal, era nessa constituição que a "nova certeza" se basearia; e a solidez daí resultante do mundo da vida intelectual – real ou suposta, não factual – seria representada como validade das respostas. A maneira como o mundo da vida intelectual fora constituído ao longo do período posterior ao século XVIII também estabeleceu os parâmetros exteriores para o possível dote que o conhecimento podia levar em seu contrato de casamento com o poder.

Vimos que a comunidade dos *philosophes* foi criada, sustentada e reproduzida exclusivamente pela atividade de debate. Como reafirmaria Habermas dois séculos mais tarde, com um saber retrospectivo sobre a época em que as esperanças do século XVIII viraram as frustrações do XX, os debates não podem ser conduzidos sem que os participantes suponham a possibilidade de entendimento mútuo e até de se chegar a um consenso.

Um elemento na visão habermasiana dessa "comunicação não distorcida" que caiu sob severa crítica, contudo, foi outra condição em tese implícita no ato de debate: não se deve permitir que nenhum poder, divino ou secular, nenhuma diferença de status social entre os participantes, nenhum recurso econômico ou político influencie no resultado do debate; o único poder que se pode empregar e levar em conta no caminho para um consenso válido deve ser o do argumento. Para os críticos de Habermas, esta parecia uma ideia nebulosa, em tamanho desacordo com a experiência do debate público do século XX que a imagem da comunicação não distorcida acabou na prateleira onde outros belos sonhos de sábios bem-intencionados acumulam poeira. (Esta foi a conclusão dos críticos que tomaram a visão de Habermas como uma proposta prática de chegar a um consenso em nosso próprio mundo, e não a um "tipo ideal", uma linha base a partir da qual o consenso alcançado na prática pode ser criticado e invalidado.)

Detalhada no final do século XX, a ideia de comunicação não distorcida parecia tão desconectada do discurso público real quanto a ideia de Weber, da burocracia como fortaleza e fonte de racionalidade, quando comparada aos sistemas administrativos reais, infestados de incapacidade treinada, objetivos deslocados, choques entre capacidades e postos, e outras doenças incuráveis. Observa-se com facilidade que as críticas à "comunicação não distorcida" e à "burocracia ideal" visaram a uma suposição semelhante de ambas: que, ao entrar em comunicação ou em sistemas burocráticos, os participantes podem deixar, e deixam, do lado de fora seus papéis sociais, ou pelo menos aqueles ingredientes de seu status social declarados irrelevantes, e assim não permissíveis à luz do objetivo idealizado de comunicação (consenso válido) ou de burocracia (ação racional). Essa era a suposição que parecia em particular fantástica – a ponto de invalidar de todo os respectivos tipos ideais como proposições viáveis na prática.

Esse saber do século XX refletia tanto a experiência dos intelectuais do século XX quanto sua ausência retratava a experiência das *sociétés de pensée*. À luz da experiência destas últimas, a ideia de uma igualdade não qualificada dos participantes perante o tribunal da Razão não parecia de forma alguma nebulosa; tampouco tinha de ser expressa de maneira explícita nem escrita em algum "livro de estatuto" como postulado a ser adotado e imposto. Ao contrário, a igualdade era experimentada como uma característica natural da própria discussão.

O único recurso usado como matéria-prima, processado e forjado como produto final dessa fábrica particular eram as palavras. Não se tratava, contudo, de um jogo de soma zero; o volume de recursos linguísticos disponíveis, os únicos recursos que contavam na época (isto é, enquanto as *sociétés de pensée* desfrutavam de sua liberdade, consistindo no total descompromisso com qualquer poder secular) não diminuíam ao ser "gastos" por outros. À linguagem, todos tinham – a princípio – acesso igual. Os membros da *République des Lettres* tinham pouca oportunidade de se aventurar além da língua.

Foi talvez nesse período precoce da história dos intelectuais modernos que se forjou uma visão de mundo peculiar a partir da experiência coletiva; uma visão de mundo feita de palavras, construída com ideias, governada por ideias, fadada a render-se ao poder das ideias. Uma imagem que explorava – e jogava com – quase todas as versões imagináveis do idealismo – uma imagem do mundo que atribui às ideias prioridade sobre a realidade material. Melhor dizendo, essa descrição da consciência filosófica da época é antes incorreta, apoiando-se numa formulação posterior do problema.

Para os *philosophes*, ideias eram *o* mundo. De maneira nenhuma tal crença era uma aberração, pois o mundo da vida da sua experiência material, as *sociétés de pensée*, era sem dúvida acionado pela atividade de produzir e processar ideias. Foi essa experiência coletiva, em si mesma neutra em relação a divisões filosóficas, que, uma vez posta em contato com os núcleos do universo terreno, engendrou uma visão de mundo essencialmente idealística.

"Nós só existimos", disse Destutt de Tracy, "pelas nossas sensações e ideias. Todos os seres só existem pelas ideias que temos deles" (*Mémoire de 2 floréal*, abril de 1796). No mesmo encontro, Louis Mercier foi ainda mais específico: "Tudo o que está fora do pensamento está no nada. ... Ideias – elas são tudo o que existe. ... O pensamento, como uma ordem infinita, é sempre uma chave para outro pensamento."[1] Na ocasião em que essas palavras foram ditas, numa sessão do Instituto Nacional, fundado em 1795, contatos com os núcleos do mundo terreno já haviam sido feitos. Os membros do Instituto – herdeiro coletivo da glória que a prática da Revolução esbanjou retrospectivamente com as teorias dos *philosophes* – já haviam saído do mundo autocontido feito de ideias. O que levaram consigo foi o único capital que aquele mundo tinha em abundância: as palavras e a capacidade de lidar com elas.

Foi simplesmente natural – uma vez convocados pelos poderes terrenos para aconselhá-los a respeito da construção de uma sociedade melhor – que eles oferecessem o único produto e o único tipo de produção em que eram os melhores; essa única matéria que eram capazes de emprestar ao anseio de uma nova ordem social a ser retirada do mundo de onde eles vinham – que eles conheciam melhor e onde mais se sentiam à vontade.

O que fora a autoconsciência da *République des Lettres* transformava-se num mapa para a sociedade como um todo. "A boa sociedade" que pediam ao Estado político para realizar era a *République des Lettres* em expressão ampliada. Em outras palavras, a imagem da boa sociedade, na versão do Instituto Nacional, tinha de ser, e era, uma extrapolação da experiência coletiva, do modo de vida e do mundo da vida de seus membros. Deliberadamente ou não, por necessidade, um mundo governado por pessoas que produzem e distribuem ideias; um universo no qual o discurso é a atividade central e mais importante; no qual aqueles que estão engajados no discurso também são centrais e cruciais para o destino da sociedade.

A imagem da sociedade promovida pelo Instituto Nacional era uma versão da "Casa de Salomão", de Francis Bacon – uma sociedade governada por sábios. O que para Bacon foi um sonho utópico, a premonição genial de uma sociedade para a qual não havia qualquer possibilidade prática em seu próprio tempo, tornou-se uma proposta viável depois de um século e meio de Estado absolutista, em particular na atmosfera de mobilização total engendrada pela Revolução, como um vislumbre de sociedade à espera na esquina da história.

Como observou Theodore Olsen,[2] o projeto de Bacon "não podia desenvolver-se até que seus proponentes pudessem comandar homens, bens, fundos e energias numa escala nacional ou continental. Quem conseguiu fazer isso foram os adeptos do progressivismo desenvolvido do século XIX e, em especial, aqueles cujo sentido de vontade de grupo formou-se numa escala ampla o bastante para abranger os meios necessários".

Os intelectuais da época do Instituto Nacional tinham todas as razões para acreditar que satisfaziam essas condições. O Estado revolucionário desenvolveu o poder potencial – e as ambições de poder – além mesmo das formidáveis realizações da monarquia absolutista; quanto à vontade para mobilizar recursos no sentido de redesenhar a sociedade, ela estava presente em abundância. O poder do Estado e o volume de coisas de que ele era capaz e que estava propenso a realizar pareciam imensos, já que com facilidade apequenavam todos os predecessores de que podiam se lembrar.

Destutt de Tracy chamou o tipo particular de conhecimento necessário para presidir a Casa de Salomão, no sentido de se amalgamar ao poder político, de "ideologia". Ele introduziu a palavra como o nome de uma ciência preocupada com a "geração de ideias", que estava destinada a substituir outros tipos de esforço intelectual em busca de interesses semelhantes no passado, ainda que de maneira insatisfatória, como a metafísica ou a psicologia.[3] Na descrição de Emmet Kennedy, a ideologia era compreendida como,

> do ponto de vista genealógico, a primeira ciência, visto que todas as ciências consistiam em diferentes combinações de ideias. Mas ela era em especial a base da gramática ou da ciência da comunicação

> das ideias, da lógica; ou a ciência de combiná-las para alcançar novas verdades, a educação; ou a ciência da formação moral dos homens, ou da regulamentação dos desejos; e, finalmente, "a maior das artes, para o sucesso da qual todas as outras têm de cooperar: a de regulamentar a sociedade".[4]

Segundo o dicionário publicado pela Academia Francesa, "*idéologie*" significa a "ciência das ideias, sistema sobre a origem e a função das ideias". A pessoa especializada em ideologia seria chamada de "*ideologiste*" – por associação com outros cientistas estabelecidos como *fisicistes*, *chimistes* e *biologistes*. A palavra *idéologue* [ideólogo] seria introduzida mais tarde, como um termo depreciativo e irônico, maquinado pelos detratores do projeto de Tracy (Chateaubriand e, acima de tudo, Napoleão).

A coisa mais singular e digna de nota sobre a nova ciência que o Instituto Nacional propunha desenvolver, contudo, não foi sua definição, mas o fato de a ideologia ser a única ciência sugerida para explorar a sociedade: em outras palavras, não o que a proposta introduzia, mas o que ela eliminava ou adquiria de antemão. A ideologia seria *a* ciência da sociedade; ou a *ciência* da sociedade só podia ser a ideologia. Justamente por isso, identificava-se sociedade com produção e comunicação de ideias; estudar estas últimas era saber tudo o que havia para se conhecer, tudo que tinha importância prática para alguém que visse a sociedade como objeto de ação. (Poucas décadas mais tarde, Auguste Comte proporia, de modo ostensivo, retificar o partidarismo do nome, substituindo-o por "sociologia"; mas o modo como ele descreveria a nova ciência não iria se diferençar de maneira significativa dos conteúdos sugeridos pela invenção de Destutt de Tracy.)

É difícil que haja, em todos os escritos de Marx, frase mais célebre que: "Até agora os filósofos interpretaram o mundo de diversas maneiras; agora se trata de transformar o mundo." A sentença é tomada, tanto por admiradores quanto por detratores, como um epítome do radicalismo de Marx e da singularidade do marxismo; no interior da academia, no século XX, o adágio de Marx soava estranhamente fora de lugar, como um desafio que os habitantes estabelecidos tinham há muito aceitado como seu papel numa divisão de trabalho que a maioria não via nenhuma razão para questionar ou renegociar. Tanto os guardiões dos muros quanto os suspeitos de desejar explodi-los estavam ocupados demais louvando ou denegrindo a mensagem contida no adágio para refletir sobre a correção da frase ela mesma, como descrição dos predecessores de Marx.

Esse descuido é causa de lamento, pois um exame mais detido da condenação/apelo de Marx teria revelado que seu projeto era uma reafirmação tardia da compreensão rotineira do Iluminismo acerca da filosofia e de suas tarefas. A primeira parte da frase, condenatória, seria em certa medida verdadeira se escrita mais ou menos um século antes; tornava-se incorreta, escrita, como foi, depois de Condorcet, Cabanis, Destutt de Tracy e do Instituto Nacional. A segunda parte, por outro lado, não chegava a ser propriamente original. O que mais fizeram os filósofos do século anterior senão debater maneiras de mudar o mundo e jogar com aplicações práticas de seus planos? Nesta segunda parte, Marx apenas relatava o estado da filosofia que eles consideravam óbvio e incontroverso demais para ter de explicitar.

O que quer que os filósofos reunidos no Instituto Nacional tenham feito, isso foi permeado pela ânsia apaixonada de refazer: refazer tudo – indivíduos, suas necessidades, desejos, pensamentos, ações, interações, as leis que estabeleceram uma estrutura para tais interações, os que fizeram essas leis, a própria sociedade. O princípio para selecionar os temas de estudo e reflexão filosóficos – o único princípio aceitável, por assim dizer – era a utilidade desses temas na promoção, indução e realização da mudança. Para expressar o mesmo em linguagem shutziana, as relevâncias tópicas de sua filosofia eram determinadas exclusivamente por uma relevância motivacional: a da transformação social.

Seria qualquer coisa, menos uma filosofia contemplativa. A filosofia pregada e praticada pelo Instituto Nacional era política pura e simples, política que explodiria os muros de qualquer estabelecimento educacional especializado. Roederer, nomeado por Napoleão para um posto equivalente ao de ministro da Educação e das Artes, descreveu suas credenciais filosóficas em palavras que encheriam o coração de qualquer filósofo acadêmico de horror: "A filosofia não está mais contida no livro dos sábios – como a luz emitida pelo sol, ela raiou, espalha-se agora sobre toda a Terra, brilha alta acima da cabeça de todos, reflete-se na maioria das instituições sociais, enche o ar que todos nós respiramos."[5] Tratava-se de uma visão de filosofia em ação, uma filosofia ativa, uma filosofia como poder, transformando tudo em que tocava.

Éons separam o programa filosófico da admissão resignada de Wittgenstein: "A filosofia deixa tudo como está." Destutt de Tracy acharia difícil compreender o veredicto de Wittgenstein; para ele, havia pouca dúvida de que, se o estudo da ideologia se disseminasse como era esperado, "será fácil para nós indicarmos às pessoas as regras (de pensamento e ação) que devem seguir".[6]

Como a física ou a química, a ideologia seria um instrumento de domínio sobre seu objeto. "Conhecê-la, a fim de dominá-la" – os *ideologistas* estenderam à sociedade e a seus membros essa atitude em relação à natureza, que eles não viam razão para questionar, outra vez sem qualquer anseio de refletir sobre a peculiaridade da tarefa. Em seu projeto para *Elementos da ideologia*, livro cuja vocação era prover as bases teóricas da filosofia da ação, De Tracy propôs apoiar-se na observação sistemática de selvagens, camponeses de aldeias remotas, crianças e animais – reconhecidamente os tipos de seres a quem não creditaríamos a capacidade de autorregulamentação, e por isso objetos naturais de domesticação, adestramento, treinamento ou educação. No livro em si, ele fazia referência à autoridade de Philippe Pinel, "ao provar que a arte de curar o demente não é de modo algum diferente da arte de regular as paixões e dirigir as opiniões das pessoas comuns; em ambos os casos, trata-se de formar seus hábitos".[7]

Antes de mais nada, a sociedade e seus membros eram percebidos pelos *ideologistas* como objetos de ação propositada; como um material que deve ser estudado, a exemplo de qualquer outro material que se deseja empregar na construção de fins desejáveis. Para que a construção seja bem-sucedida, as qualidades internas do material, sua estrutura, flexibilidade, durabilidade etc. devem ser bem-compreendidas.

Condorcet sonhou com a representação final das sociedades humanas como "grandiosas construções geométricas" nas quais tudo o que acontece está sujeito a causas constantes e fixas, na quais não resta mistério algum, e nenhum espaço é dado para o acidental e o inesperado.[8] Cabanis não admitiria que ações apontadas para o corpo humano e aquelas direcionadas ao espírito apresentassem problemas práticos de qualidade diversa:

> A medicina e a moral, dois ramos da mesma ciência – a ciência do homem –, apoiam-se em bases comuns. É da sensibilidade física, ou da organização que a determina, que derivam ideias, sentimentos, paixões, virtudes, vícios, movimentos de espírito ou as doenças ou a saúde dos corpos. ... Pelo estudo das relações constantes entre os estados físico e moral, pode-se conduzir o homem para a felicidade e transformar bom senso em hábito, moral em necessidade; podem-se expandir as capacidades humanas ... (e causar) sua perfeição eterna e ilimitada.

Para Cabanis, a medicina era um modelo e uma inspiração para toda educação futura – o trabalho dos educadores sobre o espírito e o corpo humanos deveria seguir cuidadosamente o padrão desenvolvido pelos médicos.[9]

Em comparação com os *philosophes* do período pré-revolucionário, uma mudança sutil, mas seminal, teve lugar no percurso até o Instituto Nacional e seu projeto de ideologia. Já vimos que os *philosophes* escolheram, como destinatários das *lumières*, os poderes legislativos do Estado. Era o monarca, o déspota, o legislador que deveria ser esclarecido; "o homem" como indivíduo seria afetado de modo indireto, pelas condições sociais redesenhadas segundo os preceitos da Razão.

Os *philosophes* de fato desenvolveram a ideia de levar as luzes diretamente aos súditos do Estado, mas ela nunca ocupou o primeiro lugar em seus planos para uma boa sociedade. A atividade da educação, como as *lumières* elas mesmas, se concentraria na tarefa de esclarecer os legisladores e outras pessoas encarregadas da administração da sociedade e da interação humana. Entre os *ideologistas*, não sem o estímulo e o encorajamento do Estado então onipotente no comando de recursos ilimitados – pelos padrões antigos –, a ideia de educação deslocou-se para o próprio centro do programa. Ela ainda seria diferenciada e distribuída com cuidado em medidas desiguais, dependendo do lugar atribuído a uma dada categoria de súditos no projeto total da boa sociedade. (De Tracy, por exemplo, insistiria em que o que contava para as classes trabalhadoras como propósito da educação "não eram desenvolvimento refinado e discussão sutil, mas resultados saudáveis".)[10]

A centralidade da educação como um todo no projeto da ideologia, contudo, se expressou de maneira mais importante no deslocamento da responsabilidade da produção e reprodução da "boa sociedade", das mãos dos detentores do poder político secular do Estado para o dos porta-vozes profissionais da Razão. Com isso, esse projeto apresentava sua própria ciência, a ideologia e a expertise fundadas nessa nova embora sem dúvida "primeira" ciência como legitimação de sua posição única.

Por mais sutis e com frequência imperceptíveis que fossem as modulações de termos e os deslocamentos de ênfase, as mudanças no equilíbrio idealizado de poder não foram negligenciáveis. Trocando em miúdos, os descendentes dos conselheiros dos legisladores agora faziam suas apostas no próprio trabalho de legislar. O projeto da ideologia, mais que tudo, era um manifesto proclamando que a função de administrar uma sociedade civilizada, ordeira e feliz pertence aos profissionais cientificamente treinados.

Com o advento da ciência da ideologia, a nova geração de filósofos deixou de discutir a Razão como uma lei todo-poderosa da natureza; liberdade, igualdade e fraternidade não eram mais enunciadas como preceitos da Razão que a sociedade mais cedo ou mais tarde precisaria obedecer por causa da lei do progresso. Todas as leis e tendências antigas da ordem natural das coisas tornaram-se então produtos do trabalho baseado na ciência e desempenhado de forma especializada pelos peritos em cultivar espíritos e corpos humanos.[11] Só alguns poucos anos depois, em 1822, Auguste Comte, o mais audacioso dos *ideologistas*, daria seu lance em termos que nada deixavam à imaginação:

> A anarquia espiritual precedeu e engendrou a anarquia temporal. No presente, a doença social depende muito mais da primeira que da segunda. ... A natureza das tarefas a serem executadas indica por si mesma a classe à qual deve caber sua execução. Como esses trabalhos são teóricos, claro que aqueles cujo objetivo professado é formar combinações teóricas, em outras palavras, os *savants*, ocupados no estudo das ciências da observação, são os únicos homens cuja capacidade e cultura intelectual satisfazem as condições necessárias. Seria anormal não confiar a tarefa às maiores forças intelectuais que podemos comandar e a homens que não adotem um método cuja superioridade seja reconhecida de modo universal.[12]

Essa afirmação foi feita em nome da "sociologia", nova designação para a ciência chamada "ideologia" por Destutt de Tracy. O nome mudara, mas as ambições permaneceram – e o vínculo inerente com o discurso de poder foi explicitado de modo mais claro que nunca, em vez de permanecer implícito.

Foi contra essa retórica intrínseca de poder no projeto da ideologia que Napoleão, depois de anos de flerte e relações amistosas com os *ideologistas* – durante os quais ele prodigalizou aos membros mais sinceros do grupo distinções prestigiosas, ainda que meramente cerimoniais, de senadores e tribunos –, afinal lançou sua artilharia. Emmet Kennedy explica o esfriamento gradual do entusiasmo napoleônico pelo conflito emergente entre seu autoritarismo e a dedicação dos *ideologistas* a ideais republicanos.

A natureza temporária da aliança, contudo, parece ter sido previamente determinada pelas ambições de poder embutidas na própria ideia de ideologia e na função social de seus especialistas, uma ideia que necessariamente havia de pôr seus pregadores e praticantes em conflito aberto com os poderes do Estado, uma vez que ficasse clara o bastante para os administradores públicos. Aos poucos, os *ideologistas* se tornaram, aos olhos de Napoleão, competidores pelo poder do Estado; em algum ponto, eles se tornaram a própria síntese de forças políticas rivais – tão radicalmente diferente era sua concepção da administração da sociedade. Não é de surpreender que Napoleão culpasse os *ideologistas* de serem responsáveis morais pela conspiração Malet, fracassada em dezembro de 1812:

> Devemos pôr a culpa dos males que nossa boa França tem sofrido na ideologia, esta metafísica obscura que busca com sutileza as primeiras causas sobre as quais basear a legislação dos povos, em vez de fazer uso de leis conhecidas pelo coração humano e pelas lições da história. Esses erros devem levar, de forma inevitável, e de fato levaram, ao domínio de homens sedentos de sangue. Na verdade, quem proclamou que o princípio da insurreição era um dever? Quem educou o povo e lhe atribuiu uma soberania que ele era incapaz de exercer? Quem destruiu o respeito pela santidade das leis ao descrevê-las não como princípios sagrados de justiça, natureza das coisas e justiça civil, mas apenas como a vontade de uma assembleia, composta de homens ignorantes do direito civil, administrativo, político e militar?[13]

Fundador de tendências em tantos outros aspectos vitais nos tempos modernos, Napoleão também delineou os parâmetros essenciais de um dos conflitos mais destacados e persistentes da nova era: a disputa entre especialistas treinados do ponto de vista científico e praticantes da política; entre as qualificações para o poder referidas ao conhecimento das "leis da sociedade" e aquelas que se relacionavam à experiência "civil, administrativa, política e militar"; entre as "primeiras causas", a arma dos intelectuais, e os "princípios sagrados", o grito de guerra dos políticos. Uma vez que se removessem slogans e termos de propaganda, o que restava da incisiva acusação era uma visão clara do insolúvel conflito entre os dois grupos de interesse que competiam pela administração da sociedade, incapazes de promover suas respectivas reivindicações em outros termos que não os de uma guerra de princípios e concepções a respeito da ordem social.

Há outro aspecto em que vale mencionar pelo menos de passagem o insight de Napoleão. Na posterior história da rivalidade entre especialistas e praticantes, o argumento sobre "homens sedentos de sangue" se tornaria recorrente. A disputa entre especialistas e políticos práticos seria apresentada pelos últimos como um conflito entre os que pensam "saber mais" e, portanto, não teriam escrúpulos em forçar seus ideais goela abaixo daqueles a quem governam, e os políticos, pragmáticos por natureza, que não desejariam ir rápido demais ao "povo" e poriam a "arte do possível" acima de qualquer doutrina estrita.

Pelo menos durante um século depois da briga com os *ideologistas*, o conflito foi tratado de modo sério por ambos os lados da controvérsia. Os descendentes dos *ideologistas*, por um lado, e os administradores do Estado, por outro, estavam unidos em sua crença de que, dadas as técnicas precárias de poder, não testadas e em geral não confiáveis, a autoridade da lei e de seus subscritores, o poder de atração da fórmula política e a vontade de obedecer ao Estado – que Weber (no momento mesmo em que tal vontade começa a perder sua relevância para a reprodução da ordem social) chamaria de "legitimação" – eram suportes indispensáveis do Estado.

Enquanto os dois lados acreditaram nisso, o problema obscuro e abstrato das "fontes de legitimação", do tipo de expertise exigido para a prática de governar e dos critérios com que medir as qualificações dos governantes, permaneceu no próprio centro do conflito de poder. O problema nunca seria resolvido, nem na teoria nem na prática. Ele perdeu significação à medida que o Estado moderno ganhou confiança na eficácia das técnicas de controle, vigilância, categorização e individualização, e em outros métodos de administração burocrática moderna. Tendo perdido toda sua significação para o assunto prático da política, o problema se tornou, incontestavelmente, propriedade privada dos filósofos.

Nesse sentido original do termo, a ciência concebida e cultivada pelo Instituto Nacional foi submetida a uma crítica severa e ridicularizada por Marx e Engels na *Ideologia alemã*. Apresentar as doutrinas de Bauer e Stirner como uma versão alemã da filosofia dos *ideologistas* franceses parecia a Marx um meio seguro de desacreditá-los e despojá-los de qualquer autoridade que pudessem reivindicar. Por "ideologia" Marx entendia exatamente o que fora pretendido pelos autores e pregadores da ideia: uma teoria idealista da sociedade, que chama os filósofos a "libertarem os homens das quimeras, das ideias, dos dogmas, dos seres imaginários cujo jugo os degenera"; uma teoria segundo a qual a realidade social é feita de ideias, que luta contra algumas delas, fertiliza outras e dá à luz mais algumas, enquanto o ser humano sofre por causa de ideias erradas, e afinal é salvo pelas corretas.

O ataque contra a "ideologia alemã" visava ao idealismo filosófico, que, segundo a visão de Marx, obscurecia as verdadeiras determinações da situação humana e as causas genuínas de sua ação; e retirava da agenda filosófica a questão crucial: por que se acredita em uma ideia ou por que ela é aceita, seja boa ou má? Marx se opôs a extrapolar o modo de vida dos filósofos para a teoria social, e exigiu que o estudo da sociedade se situasse no plano em que as condições materiais de vida se produzem e reproduzem.

É preciso uma miopia coletiva, infligida pelas aventuras pós-mannheimianas do conceito de ideologia, para não perceber que a *Ideologia alemã* era uma crítica ao idealismo; e, como tal, uma crítica da validade dos usos nos quais o termo ideologia, redefinido em sua reencarnação do século XX, foi empregado mais tarde. Mas foi isso que a maioria dos comentadores contemporâneos fez: vasculhar a *Ideologia alemã* atrás de uma "teoria da ideologia", por mais incipiente e precária que fosse; uma teoria compreendida, na sua feição presente, como teoria das ideias que produzem ações humanas, isto é, algo que Marx se recusou a tratar com seriedade.

A incapacidade (ou má vontade) para ler o significado correto da mensagem dada por Marx é em si uma excelente chave para a interpretação das mudanças a que foi submetido o conceito de ideologia em sua segunda razão de viver; e, de modo indireto, para a compreensão dos deslocamentos na situação social e nas práticas coletivas de seus usuários, ocultos por trás das circunvoluções semânticas do conceito.

Pós-mannheimiano, o novo conceito de ideologia implica a aceitação tácita de uma teoria da sociedade promovida pelo velho conceito, tal como usado por Destutt de Tracy e seus contemporâneos. Por trás da aparente descontinuidade semântica, há uma continuidade de discurso; na verdade, foi essa continuidade que tornou possível a articulação de um novo significado. O atrativo e a utilidade do novo conceito dependem em última análise de uma teoria da sociedade que descreva as ideias como causas da ação humana; que apresente as crenças como o principal fator, senão o único, de integração social; que aceite que a "legitimação", isto é, os direitos intelectualmente expressos que os governantes têm de governar, é um fator principal, senão o único, na geração da obediência popular ao poder, e, assim, responsável pela reprodução da ordem social; que defenda que o poder do poder repousa em sua capacidade de manipular a produção de ideias e crenças; e que considere uma manipulação similar de ideias como a via suprema para a eventual não legitimação e, assim, para o desmantelamento de toda e qualquer estrutura dada de poder.

Por conseguinte, o mapa teórico do universo humano tinha permanecido o mesmo, exatamente como fora esboçado pelos *ideologistas*, com a pena impulsionada por sua compreensão do papel que desempenhavam ou estavam destinados a desempenhar, e a tinta extraída dos recursos que sua posição social fornecia. A verdadeira novidade engendrada pela ressurreição que Mannheim promoveu da palavra há muito esquecida era seu vínculo só com uma parte do mapa. No uso de Mannheim, a noção de ideologia reteve o sabor depreciativo a ela associado desde a explosão de raiva de Napoleão; mas a mesa, por assim dizer, fora virada em desfavor dos descendentes de Napoleão.

A ideologia mannheimiana focalizava as mesmas questões que os *ideologistas* originais enfrentaram (questões que eles pretendiam combater e destruir): preconceitos, superstições, juízos errôneos, ignorância. Tais aflições que assombravam a compreensão e desarmavam as capacidades intelectuais dos homens eram agora atribuídas à parcialidade da perspectiva cognitiva, causada por práticas de grupo circunscritas, rotineiras e repetitivas. Como tal, o mais provável era encontrá-las entre burocratas, militares, políticos conservadores – categorias de atores escravizados por seus próprios padrões não controlados de comportamento, produzidos por aprendizado especializado coletivo, atores inclinados a conceber as tarefas em termos de sua memória coletiva, permanecendo reféns de seu próprio passado.

Lidas com cuidado, essas características responsáveis pelo caráter ideológico (no sentido de Mannheim) da consciência de grupo revelam semelhanças notáveis com os mesmíssimos atributos que Napoleão marcou como prova de que os políticos profissionais eram os únicos com capacidade para governar. *Ideologia e utopia* de Mannheim parece uma resposta atrasada do Instituto Nacional às censuras de Napoleão.

À parcialidade e ao potencial deformador de outras perspectivas opôs-se uma perspectiva cognitiva universal; uma perspectiva que não se amarra a qualquer perspectiva; que paira acima de todas as posições sociais particulares e, por isto, vê toda posição como particularizada; que não está confinada a qualquer prática rotineira localizada e, assim, revela todas as práticas rotineiras como paroquiais e fundadas exclusivamente em seus respectivos passados.

Essa "perspectiva de acabar com todas as perspectivas" era, para Mannheim, uma característica definidora dos intelectuais (ou da "intelligentsia", a elite dos educados). Esse traço ungia o intelectual com uma missão e com o direito de julgar entre ideologias, de revelá-las como ideologias, como visões de mundo parciais e preconceituosas, de expor sua falta de fundamento universal e, por conseguinte, sua invalidade fora de seu próprio hábitat, sua "intransferência" essencial e a inadequação de suas credenciais quando confrontadas a padrões universais de verdade.

Na reformulação de Mannheim não sobrou espaço para o déspota esclarecido. Não se tratava de uma oferta de serviços valiosos para os legisladores. Não era uma candidatura ao posto de conselheiro. A fissura intransponível entre os que sabem e os que governam foi placidamente aceita como a maneira pela qual o mundo humano é organizado, e recebe uma solidez quase ontológica. Isso não significa, contudo, que a versão mannheimiana de ideologia tivesse renunciado àquele lance pelo poder que estava por trás do conceito original.

Os intelectuais de Mannheim ainda pretendem planejar ordens sociais e políticas mais adequadas à tarefa de sua produção; na verdade, agora eles são a única categoria com direito de nutrir essas ambições. Só que então eles já não viam mais os líderes políticos como portadores de desígnios universais – ou como aliados ou parceiros na implementação da tarefa. Esses intelectuais estão acima dos políticos (estão num nível que estes últimos jamais serão capazes de alcançar enquanto conservarem sua identidade de políticos), como se fossem analistas deles encarregados, juízes e críticos. Em vez de tornar o poder instruído, o conhecimento talvez tente ser poderoso.

Essa reformulação pode ser interpretada, de forma plausível, como uma busca de ressuscitar o velho idioma dos intelectuais legisladores numa época em que as condições sociais que haviam tornado esse idioma impossível quase tinham desaparecido. A autoconfiança de Mannheim fez as pretensões dos *ideologistas*, de aconselhar os altos e poderosos, parecerem humildes e covardes; mas os altos e poderosos da época de Mannheim não o ouviram. À diferença de Napoleão, eles não honrariam Destutt de Tracy nem seus descendentes com qualquer atenção – nem sequer com sua ira.

Não que Mannheim fosse menos sábio que Cabanis ou Volnay; mas o Estado que Napoleão e seus descendentes administravam estava muito longe da insegurança em termos de eficiência técnica; por isso, não se mostrava ansioso por encontrar seus fundamentos na virtude de seus cidadãos ou no zelo patriótico da nação. Ele não precisava de ideias para gerar a obediência dos súditos; e mais, acreditava então – e não sem justeza – que, de todo modo, as ideias não fariam diferença.

Na época de Mannheim, a administração estatal da reprodução da ordem social estava firme e seguramente baseada numa tecnologia pan-óptica disciplinar e burocrática que deixava pouco espaço para a "verdade absoluta", tal como o conceito mannheimiano de ideologia deixava pouco espaço para o déspota esclarecido. Sua revisão do legado dos *ideologistas* foi o último ato de um velho drama – não o começo de um novo. Mais uma vez, a coruja de Minerva alçara voo ao entardecer.

O problema com o entardecer, contudo, é que a ele logo se segue a noite; as virtudes das sugestões de Mannheim não puderam continuar visíveis por muito tempo. Uma geração mais tarde, sua noção de ideologia parecia tão parcial quanto as categorias de consciência que ela pretendia desmascarar e criticar. Proclamou-se que a versão de Mannheim era apenas um conceito negativo de ideologia, ao passo que se fazia necessário um conceito positivo. Isso, entretanto, nos leva além da era dos legisladores, e a pontos já bem adiantados na época dos intérpretes. Teremos de adiar esse debate sobre a última etapa da história convulsa do mundo feita à imagem dos filósofos.

· 8 ·

A queda do legislador

Pelo menos do século XVII até o século XX já bem avançado, a elite escritora da Europa Ocidental e seus pontos de apoio em outros continentes consideravam que seu próprio modo de vida constituía uma ruptura radical na história do mundo. Uma fé quase inquestionada na superioridade de sua própria forma de vida sobre todas as formas alternativas – contemporâneas ou passadas – lhe permitia tomar a si mesma como ponto de referência para a interpretação do télos da história. Isso era uma novidade na experiência do tempo objetivo; durante a maior parte da história da Europa cristã, a contagem do tempo foi organizada em torno de um ponto fixo no passado que recuava devagar. Agora, ao mesmo passo que tornava o calendário cristão local um padrão quase universal, a Europa punha o ponto de referência do tempo objetivo em movimento, anexando-o firmemente a seu próprio ímpeto de colonizar o futuro como havia colonizado o espaço circundante.

A autoconfiança da elite esclarecida da Europa foi projetada sobre categorias adjacentes do gênero humano em medidas estritamente proporcionais à proximidade do parentesco percebido. Assim, o grupo caracterizado por um modo de vida esclarecido foi visto como superior em relação às classes trabalhadoras ou aos aldeões ignorantes e supersticiosos de sua própria sociedade. Juntos, europeus educados e não educados constituíam uma raça que já se situara historicamente num estágio que outras raças – na melhor das hipóteses – lutavam para alcançar.

Em vez de deduzir sua autoconfiança da crença no progresso, a elite educada forjou a ideia de progresso a partir da imaculada experiência de sua superioridade. Em vez de retirar seu zelo missionário proselitista de uma crença acrítica na infinita perfectibilidade do homem, ela cunhou a ideia da maleabilidade da natureza humana, a capacidade de ser moldada e melhorada pela sociedade a partir de seu próprio papel disciplinar, instrutivo, educador, tutelar, punitivo e reformador, tendo em mira outras categorias que não ela própria. A experiência de uma categoria constituída no papel de "jardineiro" em relação a todas as demais categorias foi reconstruída como uma teoria da história.

Como se seguisse o preceito metodológico de Marx de examinar a anatomia do homem como chave para a anatomia do macaco, a elite educada usou seu próprio modo de vida, ou o modo de vida daquela parte do mundo que ela presidia (ou pensava presidir), como referência para medir e classificar outras formas de vida – passadas e presentes – como atrasadas, subdesenvolvidas, imaturas, incompletas, deformadas, mutiladas, distorcidas e outros estágios ou versões inferiores de si mesma. Sua própria forma de vida, cada vez mais chamada de "modernidade", passou a denotar o ponteiro inquieto da história, constantemente em movimento; de seu ponto de vista, todas as outras formas de vida conhecidas ou conjecturadas mostravam-se estágios passados, experiências frustradas ou becos sem saída.

As muitas conceituações de concorrentes modernidade, invariavelmente associadas a uma teoria da história, concordam em um ponto: todas tomam a forma de vida desenvolvida em partes do mundo ocidental como a unidade "dada", "desmarcada", da oposição binária que relativizou o resto do mundo e o resto do tempo histórico como o lado "marcado", problemático, só compreensível em termos de sua distinção em referência ao padrão ocidental de desenvolvimento, concebido como normal. A distinção era vista, antes de mais nada, como um conjunto de ausências – como uma falta dos atributos considerados indispensáveis para a identidade da era mais avançada.

Já debatemos uma dessas conceituações: a visão da história como marcha não irrefreável das *lumières*; uma luta difícil, mas afinal vitoriosa, da Razão contra as emoções ou os instintos animais; da ciência contra a magia; da verdade contra o preconceito; do conhecimento correto contra a superstição; da reflexão contra a existência acrítica; da racionalidade contra a afetividade e o domínio dos costumes. No interior dessa conceituação, a Era Moderna se definiu, acima de tudo, como o reino da Razão e da racionalidade; de maneira coerente, as outras formas de vida eram vistas como deficientes em ambos os aspectos.

Essa foi a primeira e a mais básica das conceituações a fornecer para a modernidade sua autodefinição. Foi também a mais persistente e a mais favorecida por aqueles cujo trabalho era conceituar. Ela postulava, afinal, os próprios conceituadores como encarregados das alavancas da história, e os apresentava, de forma estratégica, como os mais importantes e poderosos agentes de mudança.

Tal conceituação, como lembramos, já estava implícita no pensamento dos *philosophes*; ela encontrou sua plena expressão nos escritos de Condorcet e outros *ideologistas*; foi codificada por Comte e desde então tomada como um cânone e uma estrutura obrigatória da versão whig da história; alcançou seu apogeu e sua elaboração plena com a visão de Weber, da história como racionalização progressiva e da sociedade moderna como ruptura radical que revelava seu próprio passado, acima de tudo, como o extenso domínio da conduta irracional.

Para Marx, como lembrou há pouco tempo Marshall Berman, em sua bela e profunda análise da modernidade, a nossa era uma época em que "tudo que é sólido desmancha no ar, tudo que é sagrado é profanado"; uma época com um ritmo de desenvolvimento de tirar o fôlego, com uma multiplicação célere da riqueza material, de domínio sempre crescente da espécie humana sobre o ambiente natural, de emancipação universal de todas as restrições reais ou imaginárias que embaraçaram e obstruíram o potencial criativo humano por uma parte interminavelmente longa da história.

Isso, para Marx, era efeito da súbita erupção dos meios materiais de domínio da natureza, e a capacidade e vontade de usá-los; o que, por sua vez, era resultado de uma nova organização do esforço produtivo da humanidade – em cujos termos as atividades dos indivíduos tinham sido ritmadas, rotinizadas, coordenadas, sujeitas a um propósito intencional, supervisionadas e investidas na tarefa de operar ferramentas cujo poder não era mais restrito pela capacidade limitada (e portanto pelo horizonte) de seus proprietários mesquinhos. Para Marx, a Era Moderna finalmente descartaria os poucos limites remanescentes ao domínio prático da natureza; os meios de produção, insistia ele, já eram "sociais" em seus traços, e o caráter privado da propriedade – que, apesar de formidável em escala, ainda estava longe de ser universal – seria a última "solidez" a se desmanchar no ar. A "liberdade humana" (identificada com libertar-se da necessidade, identificada por sua vez com a natureza) seria então completa.

Nem todas as conceituações, claro, cantavam louvores tão irrestritos à modernidade. Em particular, perto do fim do século XIX, a Era Moderna parecia, aos olhos de muitos, uma bênção confusa. Uma grande realização da humanidade, sem dúvida, mas a que preço; um preço alto demais, talvez. Ficava cada vez mais claro para a elite educada que o esperado reino da Razão se materializava muito devagar. Mais importante, já não estava tão claro se um dia poderia se materializar. O reino da Razão sempre foi, em essência, o domínio de seus porta-vozes. Tal domínio era agora uma probabilidade remota e minguante.

As humanidades não lograram humanizar, isto é, os projetos de ordem social e as estratégias para sua implementação foram produzidos e administrados por outros que não os próprios humanizadores, e a unidade entre o poder crescente da parte "civilizada" do gênero humano e a centralidade também crescente de seus civilizadores fora rompida. A conceituação adquirira um matiz dramático; as imagens do processo histórico tornaram-se cada vez mais remanescentes de uma tragédia grega, onde nada jamais é alcançado sem sacrifício, e o sacrifício pode ser tão doloroso quanto é apreciável sua realização.

O homem faustiano de Nietzsche e seus seguidores foi entalhado na imagem da Era Moderna, orgulhoso de seu poder e de sua superioridade, considerando todas as outras formas humanas inferiores a si. Mas o homem faustiano já não podia mais – à diferença de seus predecessores filosóficos ou empresariais – atribuir sua autoconfiança aos poderes inexoráveis e onipotentes do progresso espiritual ou material; ele tinha de carregar a modernidade, esta grande realização da raça humana, nos próprios ombros. O homem faustiano era um romântico, não um classicista ou positivista. Era o fazedor da história, não seu produto; fizera história contra toda adversidade, forçando-a a submeter-se à sua vontade e sem contar necessariamente com uma disposição de ceder.

A história continuava a ser o que fora para os cortesãos whigs: o triunfo do ousado, corajoso, sagaz, profundo, do lúcido sobre o escravo, do covarde, supersticioso, confuso e ignorante. Mas agora o triunfo não estava garantido – em particular, não por forças outras que não o esforço determinado dos potenciais vencedores. A luta será dispendiosa, como todas as lutas. Em qualquer conquista há vítimas assim como vencedores. O homem faustiano precisa reconciliar-se com a necessidade de marchar sobre os corpos dos fracos. E é um faustiano exatamente porque o faz.

Outra visão dramática da modernidade foi inspirada por Freud. Esta descreve a modernidade como uma época em que o "princípio da realidade" tem predomínio sobre o "princípio do prazer", em que as pessoas, por conseguinte, abrem mão de uma parte de sua liberdade (ou felicidade) em troca de um grau de segurança, baseado num ambiente higienicamente seguro, limpo e pacífico. O compromisso pode ser lucrativo, mas ocorre como produto da supressão de impulsos "naturais" e da imposição de padrões de comportamento que desajustam as predisposições humanas e só oferecem saídas oblíquas para os instintos e as paixões. A supressão é dolorosa, deixa sequelas psicológicas difíceis de curar. O preço da modernidade é a alta incidência de doenças psicóticas ou neuróticas; a civilização cria seu próprio mal-estar e põe o indivíduo num conflito permanente – potencial ou aberto – com a sociedade.

Pouco depois da publicação de *O mal-estar na civilização*, que projetou ondas de choque e admiração a grandes distâncias, o jovem Norbert Elias decidiu submeter as hipóteses de Freud, apresentadas como elas eram, sob a forma intuitiva e idealtípica, ao teste da pesquisa histórica. A decisão de Elias resultou no notável *O processo civilizador*, que abriu novos horizontes para o estudo sócio-histórico, ao lançar mão de um tipo de fonte histórica antes inexplorada e negligenciada e trazer a "vida cotidiana" para o foco da investigação histórica. Elias demonstrou que a "supressão dos instintos" que Freud deduziu da natureza da modernidade madura era na verdade um processo histórico que podia se ligar a um tempo, a um local e a figurações socioculturais específicos.

Uma das muitas observações brilhantes do estudo de Elias foi a ideia de que a culminação bem-sucedida do processo consiste em esquecer o episódio histórico de supressão, suprir as legitimações pseudorracionais de padrões recém-introduzidos e "naturalizar" toda a forma histórica de vida. A interpretação radical do estudo de Elias o veria como um ataque direto contra a concepção whig de Weber, sobre a modernidade como uma era de racionalidade. A sanção da Razão foi negada aos poderes que geraram a sociedade moderna e presidem sua reprodução. O caráter essencialmente progressivo de sua realização, contudo, não foi questionado.

Uma atitude complexa de amor e ódio em relação à modernidade está presente na visão de Simmel sobre a sociedade urbana, intimamente ligada à interpretação um pouco posterior feita por Walter Benjamin a respeito dos insights inspiradores de Baudelaire. A imagem combinada é de tragédia – de dialética distorcida de contradições inextricáveis: o absoluto a manifestar-se apenas na particularidade de indivíduos e seus encontros; o durável a esconder-se atrás de episódios fugidios, o normal, atrás do singular. Acima de tudo, o drama da modernidade deriva da "tragédia da cultura", da incapacidade humana de assimilar produtos culturais superabundantes ofertados pela criatividade ilimitada do espírito humano. Uma vez postos em movimento, os processos culturais adquirem impulso próprio, desenvolvem sua própria lógica e geram novas realidades múltiplas, confrontando os indivíduos como um mundo exterior objetivo, poderoso e distante demais para ser "ressubjetivado".

A riqueza da cultura objetiva resulta, portanto, na pobreza cultural do indivíduo como ser humano que agora age segundo o princípio do *omnia habentes, nihil possidentes* (tudo ter, nada possuir, de acordo com a inversão que Günther S. Stent fez do famoso princípio de são Francisco de Assis).[1] A busca frenética de objetos a serem futilmente apropriados tenta substituir a recuperação de significados perdidos.

Simmel lamenta o advento de "intelectuais parciais" (termo que seria cunhado por Foucault, mais tarde) e o fim de um tempo em que o erudito livro *Princípios da economia política* era propriedade comum de todos os contemporâneos esclarecidos e extensivamente reexaminado por "não especialistas", como Dickens ou Ruskin. Esta é uma visão da modernidade aos olhos de um intelectual da capital, sonhando com a continuação do papel legado pelos *philosophes* sob condições que o tornam quase impossível; condições trazidas à baila por nada mais nada menos que o tremendo sucesso do legado dos filósofos.

O que está escrito acima é apenas um esboço simplificado, e não uma lista completa, das visões de modernidade que reuniram seguidores em número suficiente e produziram impacto na consciência pública a ponto de serem reconhecidas como tradicionais ou clássicas. Elas diferem umas das outras; às vezes, se opõem frontalmente. Durante muitas décadas, as diferenças e oposições obscureceram quaisquer traços comuns e dominaram o debate social científico. Só há pouco as diferenças começaram a parecer menos importantes – não mais que brigas de família. O que a nova perspectiva salientou, por outro lado, foi exatamente o vínculo de parentesco próximo existente entre visões em aparência antagônicas, o qual, no presente estágio do debate, tenderia a empalidecer as discrepâncias.

O vínculo familiar parece ter se constituído pelo menos por três características compartilhadas.

Em primeiro lugar, todas as visões listadas e a maior parte de suas alternativas ou variantes contemporâneas supuseram, de forma explícita ou implícita, o caráter irreversível das mudanças que a modernidade representava ou trouxe como consequência. Elas podem ter sido entusiásticas, mordazes ou críticas quanto ao equilíbrio entre o bem e o mal no interior da forma de vida associada à sociedade moderna; mas elas mal chegaram um dia a questionar a "superioridade" da modernidade, no sentido de subordinar, marginalizar, despejar ou aniquilar suas alternativas pré-modernas. Nenhuma das visões envolvia (pelo menos não de modo orgânico) dúvidas quanto à supremacia final da modernidade; a maioria admitia a inevitabilidade dessa supremacia. (Embora não necessariamente num sentido determinístico; não no sentido de que o advento da modernidade fosse inescapável, mas naquele de que – uma vez que tenha surgido numa parte do mundo – seu domínio ou talvez sua universalização não poderiam ser contidos.) Ver a modernidade como o ponto mais alto do desenvolvimento estimulou a interpretação de formas sociais precedentes em termos de descrever ou medir sua distância em relação à modernidade, como se manifesta na ideia de países em desenvolvimento.

Em segundo lugar, todas as visões listadas concebiam a modernidade em termos processuais: como um projeto essencialmente inacabado. Ela era ilimitada de forma inevitável; na verdade, essa falta de limites era vista como o atributo supremo, talvez definidor da modernidade. Em comparação com a mobilidade intrínseca a ela, as formas pré-modernas pareciam paralisantes, organizadas em torno do mecanismo de equilíbrio e estabilidade, quase desprovidas de história.

Essa ilusão de ótica resultava da escolha da modernidade como ponto de vista a partir do qual se contemplavam as características de sociedades alternativas; e de escolhê-la como forma histórica e logicamente superior. Essa opção confinava e objetivava outras formas sociais, e levava a compreendê-las como objetos acabados, completos – entendimento que foi enunciado como a atemporalidade intrínseca dessas formas.

Para voltar às visões da modernidade, todas tentavam captar o processo de transformação em curso *in statu nascendi*; elas eram, num sentido, relatórios de progresso conscientes de descrever um movimento com um destino ainda não plenamente conhecido, que podia apenas ser antecipado. Na visão da modernidade, só o ponto de partida era mais ou menos fixo. O resto, precisamente por seu caráter indeterminado, surgia como um campo de planejamento, ação e luta.

Em terceiro lugar, todas as visões eram "interiores" à modernidade. Ela era um fenômeno com uma rica pré-história, mas sem nada visível depois, nada que pudesse relativizar ou objetivar o fenômeno ele mesmo, confiná-lo como episódio acabado e – por isso mesmo – de significação limitada. Como tal, o modo como essa experiência "de quem está dentro" da modernidade foi enunciado supriu a estrutura de referência para a percepção de formas não modernas de vida. Ao mesmo tempo, contudo, nenhum ponto de vista exterior estava disponível como base de referência para a percepção da própria modernidade, que, em certo sentido, dentro dessas visões, era autorreferenciada e autovalidadora.

Foi essa última circunstância que há pouco mudou; a transformação tinha de afetar, necessariamente, o resto das semelhanças de parentesco que uniam as visões clássicas ou tradicionais de modernidade. Falando de maneira correta, a mudança trouxe à tona a própria presença de traços familiares e de seu papel limitante, agora vistos como responsáveis pela relatividade histórica das visões clássicas. O que aconteceu nos anos recentes pode ser enunciado como o surgimento de um ponto de vista que permite a visão da própria modernidade como objeto confinado, um produto em essência completo, um episódio da história, com um fim e um começo.

Tal ponto de vista surgiu do debate pós-moderno. Em toda aparência, esse debate é apenas outro nome para o discurso organizado em torno de noções familiares, das quais as mais populares e mais amplamente comentadas são os conceitos de sociedades pós-industriais e pós-capitalistas. Quaisquer que sejam as conexões e as semelhanças, as diferenças são formidáveis. A ideia de sociedade pós-industrial não constitui, por força, uma ruptura com o modo pelo qual a modernidade era concebida. Mais amiúde, a ideia se refere apenas a transformações internas no seio do tipo ocidental de civilização, em tese reconstituindo sua superioridade contínua de forma nova e numa base socioeconômica sempre em modificação.

Longe de minar essa superioridade, as transformações apontadas como sintomáticas da etapa pós-industrial ou pós-capitalista reforçam a imagem do sistema sociocultural do Ocidente como pináculo do desenvolvimento ou forma mais avançada da sociedade humana, da qual as outras formas se aproximam ou a qual estão fadadas a reconhecer como superior.

O discurso pós-industrial também enfatiza a continuidade do desenvolvimento. O pós-industrial é concebido como um produto natural do desenvolvimento industrial, como uma fase seguinte, uma continuação do sucesso da fase precedente – e, num sentido, cumprindo a promessa e o potencial contidos em seu próprio passado.

Por outro lado, é o discurso pós-modernista que olha para seu passado imediato como um episódio fechado, como um movimento numa direção improvável de ser seguida, talvez até uma aberração, como uma trilha falsa, um erro histórico que agora deve ser retificado. Ao fazê-lo, o debate pós-modernista não se opõe necessariamente às proposições factuais construídas no interior do discurso pós-industrial; apesar da confusão frequente, os dois debates não compartilham seus respectivos temas. O discurso pós-industrial trata de mudanças no sistema socioeconômico de uma sociedade que se reconhece como "moderna" no sentido antes detalhado: as mudanças discutidas não implicam que a sociedade precise parar de se identificar deste modo.

O discurso pós-modernista, por outro lado, trata da credibilidade da própria "modernidade" como autodesignação da civilização ocidental, seja industrial ou pós-industrial, capitalista ou pós-capitalista. Ele implica que as qualidades autoatribuídas contidas na ideia de modernidade não se sustentam hoje, e talvez tampouco se sustentassem ontem. O debate pós-modernista trata da autoconsciência da sociedade ocidental e das bases (ou da ausência de bases) dessa consciência.

O conceito de pós-Modernismo foi cunhado primeiro; introduzido como uma designação da rebelião contra a arquitetura funcionalista, cientificamente baseada, racional; logo foi assumido e ampliado para assimilar as profundas mudanças de direção visíveis em todo o território da arte ocidental. Ele proclamava o fim da exploração da verdade máxima do mundo humano ou da experiência humana, o fim das ambições políticas ou missionárias da arte, o fim do estilo dominante, dos cânones artísticos, do interesse pelas bases estéticas da autoconfiança artística e das fronteiras objetivas da arte; a ausência de bases; a futilidade de toda tentativa de traçar limites para o fenômeno artístico de maneira objetiva; a impossibilidade de legislar preceitos de uma arte verdadeira, distinta da não arte ou da arte ruim – estas foram as primeiras ideias gestadas no interior do discurso da cultura artística (como, 200 anos antes, a conquista do campo cultural precedeu a expansão das *sociétés de pensée* para a área da filosofia política e social).

Só depois a noção de pós-Modernismo, na origem confinada à teoria das artes, começou a se expandir. Ela abrira os olhos dos observadores intelectuais para aquelas características compartilhadas pelas transformações na arte contemporânea e para os fascinantes deslocamentos de atenção, a rebelião antitradicionalista e novos paradigmas surpreendentemente heréticos que competiam pelo domínio na filosofia e nas ciências sociais informadas na filosofia.

Abriram-se os olhos para a semelhança entre a erosão da noção de "bases objetivas" na arte e a súbita popularidade da hermenêutica pós-wittgensteiniana e pós-gadameriana nas ciências sociais, ou os ataques vitriólicos dos "novos pragmatistas" contra a tradição cartesiana-lockiana-kantiana na filosofia moderna. Tornou-se cada vez mais plausível a ideia de que esses fenômenos em aparência díspares eram manifestações do mesmo processo.

Foi tal processo, ou antes, as condições sob as quais ele ocorria, que aqui se chamou pós-modernidade (distinta de pós-Modernismo, que se refere à coleção de obras de arte ou produtos intelectuais criados sob as condições ou no período da pós-modernidade). À diferença da noção de uma sociedade pós-industrial, o conceito de pós-modernidade refere-se a uma qualidade diferente do clima intelectual, a uma postura distintamente metacultural, a uma autoconsciência diversa da sua era. Um dos elementos básicos, senão *o* elemento básico, dessa autoconsciência é a compreensão de que a modernidade acabou, de que ela é um capítulo fechado da história, que pode agora ser contemplado em sua inteireza, com conhecimento retrospectivo de suas realizações práticas, bem como de suas esperanças teóricas.

Graças a esse elemento da nova autoconsciência chamada pós-modernidade, a modernidade, servindo até então como a "anatomia [marxiana] do homem", foi pela primeira vez relegada à posição de "macaco", o que revela aspectos insuspeitos ou indevidamente negligenciados de sua anatomia quando examinados com o saber *ex post facto* da pós-modernidade. Esse saber rearranja o nosso conhecimento da modernidade e redistribui a importância atribuída às suas várias características. Também põe em relevo certos aspectos da modernidade que passaram despercebidos quando observados a partir de dentro da Era Moderna apenas por seu status então incontestado e sua consequente aceitação, tidos como dados; os quais de repente eclodem à visão precisamente porque sua ausência no período posterior, pós-moderno, os torna problemáticos.

Tais aspectos, antes e acima de tudo, são aqueles que possuem relação com a autoconfiança da modernidade: sua convicção da própria superioridade sobre formas alternativas de vida, vistas como histórica ou logicamente "primitivas", e sua crença de que é possível demonstrar que sua vantagem pragmática sobre as sociedades e culturas pré-modernas, longe de ser uma coincidência histórica, tem fundações objetivas, absolutas, de validade universal.

É exatamente esse o tipo de crença de que a consciência da era pós-moderna mais seriamente carece; ainda mais surpreendente é a sólida presença desta crença na autoconsciência da modernidade. A partir da perspectiva pós-moderna, o episódio da modernidade parece ter sido, mais que qualquer outra coisa, a era da certeza. Isso acontece porque a mais pungente das experiências pós-modernas é a *falta* de autoconfiança. Talvez seja discutível se os filósofos da Era Moderna alguma vez enunciaram, para a satisfação de todos, os fundamentos da superioridade objetiva da racionalidade, da lógica, da moralidade, da estética, dos preceitos culturais, das regras de vida civilizada etc. ocidentais. Contudo, o fato é que eles nunca deixaram de procurar esse enunciado, e quase nunca pararam de acreditar que a busca teria – devia ter – sucesso.

O período pós-moderno se distingue por abandonar a própria busca, tendo se convencido de sua futilidade. Em vez disso, ele tenta se conciliar com uma vida sob condições de incerteza permanente e incurável; uma existência em presença de uma quantidade ilimitada de formas competidoras de vida, incapaz de provar que seus termos se baseiam em algo mais sólido e vinculante que as suas próprias convenções historicamente conformadas.

A modernidade, em comparação, parece nunca ter nutrido dúvidas quanto ao embasamento universal de seu status. A hierarquia de valores imposta ao mundo administrado pelo extremo norte ocidental da península europeia era tão firme e apoiada por poderes de tal forma esmagadores que, por um par de séculos, ela continuou a ser a linha base da visão de mundo, e não um problema debatido às claras. Poucas vezes trazida ao plano da consciência, ela permaneceu o todo-poderoso "aceito como dado" da época.

Era evidente para todos, exceto para os cegos e ignorantes, que o Ocidente era superior ao Oriente, os brancos aos negros, o civilizados aos rudes, o culto ao não educado, o são ao insano, o saudável ao doente, o homem à mulher, o normal ao criminoso, o mais ao menos, os ricos à austeridade, a alta produtividade à baixa produtividade, a alta cultura à baixa cultura. Todas essas "evidências" agora estão mortas. Nenhuma delas resta sem questionamento. E mais: agora podemos ver que elas não se mantiveram separadas umas das outras; que faziam sentido juntas, como manifestações do mesmo complexo de poder, da mesma estrutura de poder do mundo; eram manifestações que conservaram sua credibilidade enquanto a estrutura permaneceu intacta, mas era improvável que sobrevivessem à sua derrocada.

Além disso, a estrutura foi progressivamente minada pela resistência e a luta de categorias construídas (na prática, pela estrutura de poder, em teoria, pela hierarquia de valores a ela associada) como inferiores. A medida da efetividade de tal resistência é que hoje nenhum poder se sente capaz de reivindicar uma superioridade objetiva para a forma de vida que ele representa; o máximo que pode fazer, seguindo o exemplo de Ronald Reagan, é exigir o direito de "defender o nosso modo de vida".

Todas as superioridades absolutas encontram destino semelhante àquele observado por Ian Miles e John Irvine, de forma notável, quanto ao domínio do Ocidente sobre o Oriente: quanto às objeções da parte "subdesenvolvida" do mundo, "com a instabilidade global crescente, essa reivindicação pode se tornar mais que um apelo moral: ela pode se tornar compulsória mediante ação política ou econômica".[2] Sem dúvida poderia, se já não o fosse; e, em vista dessa possibilidade, a busca filosófica dos fundamentos absolutos da superioridade do Ocidente deve soar cada vez mais vazia: o fato a ser explicado desapareceu.

Como a situação parece diferente quando comparada ao conforto intelectual e moral da dominação incontestada, que, como há pouco tempo observou Richard L. Rubenstein, tornou a autoconsciência da Era Moderna, de Calvino a Darwin, tão confiante ao professar suas avaliações morais mascaradas em afirmações de verdades absolutas:

> A visão de Darwin parece uma teologia bíblica da história: a condição dos que sofrem deve ser encarada a partir da perspectiva mais ampla do Grande Projeto. Na Bíblia, Deus é o Autor do Projeto; em Darwin, é a "Natureza". Em ambos, a história deduz seu significado do destino da minoria afortunada. Da maior importância é o fato de que tanto o calvinismo quanto o darwinismo fornecem uma justificativa cósmica para a felicidade dos poucos e a miséria de muitos.[3]

Como a maioria não aceita mais, obediente, a sua miséria, a minoria ditosa não parece encontrar muita demanda sobre a justificativa cósmica de sua felicidade. Meios práticos e efetivos de defender essa felicidade contra as ameaças crescentes parecem mais urgentes e prometem maior benefício.

O "encolhimento" da Europa e o rebaixamento dos valores com os quais ela se habituara a identificar-se não constituem, claro, um fenômeno redutível exclusivamente a mudanças no equilíbrio de poder do mundo. As mudanças são reais o bastante (e amplas pelo menos para problematizar a superioridade europeia, antes tida como dada), mas por si mesmas não engendrariam uma crise de confiança nos "fundamentos absolutos", não fosse pela confiança minguante dos que outrora teorizaram a respeito da superioridade do continente.

Aqueles que antes esquadrinharam o mundo como um campo a ser cultivado pela Europa, armada como ela estava com a Razão, tendem a falar hoje do projeto "fracassado" ou "não cumprido" da modernidade. (A modernidade, outrora o "cenário" sobre o qual não se refletia, subitamente foi percebida como um projeto, agora que seus atributos começaram a desaparecer um a um.) Da mesma maneira que o clima intelectual que a precedeu, a crise de confiança é uma construção intelectual; ela reflete, como antes, a experiência coletiva daqueles que articulam a autoidentidade de seus tempos e sociedades – a única categoria de pessoas que descreve e define a si mesma, e que não pode descrever ou definir a si mesma de nenhum outro modo, exceto descrevendo e definindo a sociedade da qual é uma parte.

O ânimo pessimista e defensivo dos intelectuais, que se apresenta como a crise da civilização europeia, torna-se compreensível quando visto em contraste com as dificuldades que os intelectuais encontram sempre que tentam cumprir seu papel tradicional; isto é, o papel para o qual, com o advento da Era Moderna, eles foram educados – e educaram-se. O mundo contemporâneo é impróprio para os intelectuais como legisladores; o que aparece à nossa consciência como uma crise de civilização ou o fracasso de um certo projeto histórico é a crise genuína de um papel particular e a experiência correspondente de redundância coletiva da categoria que se especializou em desempenhar esse papel.

Um aspecto da crise é a ausência de lugares a partir dos quais se possam fazer afirmações competentes do tipo que a função de legislador intelectual envolve. As limitações externas do poder europeu (ou ocidental) são apenas uma parte da história. Outra parte, que tem consequências mais evidentes, vem da independência crescente dos poderes sociais, no interior das próprias sociedades ocidentais, dos serviços que os intelectuais eram capazes e estavam ansiosos e esperançosos em prestar. Esse processo foi bem-captado por Michel de Certeau:

> Os velhos poderes administraram de modo inteligente sua "autoridade", e assim compensaram a inadequação de seu aparato técnico e administrativo; eles eram sistemas de clientela, obediência, "legitimidade" etc. Buscaram, contudo, se tornar mais independentes das flutuações dessas fidelidades por meio da racionalização, do controle e da organização do espaço. Como resultado desse trabalho, os poderes, nas nossas sociedades desenvolvidas, têm à sua disposição procedimentos muito sutis e bem-urdidos para o controle de todas as redes sociais: são os sistemas administrativos "pan-ópticos" da polícia, das escolas, dos serviços de saúde, da segurança etc. Mas aos poucos perdem toda credibilidade. Têm mais poder e menos autoridade.[4]

A questão é que o Estado não está necessariamente mais fraco por causa desta falência da autoridade; ele simplesmente achou modos melhores, mais eficientes de reproduzir e impor seu poder; a autoridade tornou-se redundante, e a categoria especializada em manter a reprodução da autoridade tornou-se supérflua. Quem quer que insista em continuar a fornecer tais serviços só porque é bem qualificado e eficiente na sua produção deve estar percebendo a situação como crítica.

A nova tecnologia de poder e controle também necessita de especialistas, claro; mas os intelectuais-legisladores tradicionais teriam dificuldades para reconhecer que essa nova demanda está de acordo com suas qualificações e ambições. Uma descrição mordaz mas profunda das novas rotinas de poder figura num recente estudo de Stanley Cohen:

> A terrível imagem do totalitarismo de Orwell era a bota esmagando eternamente um rosto humano. Minha visão do controle social é muito mais trivial e animadora. É a eterna junta de avaliação, a comissão de diagnóstico e distribuição ou a unidade de perícia de instrução. Doutores de aparência séria sentados em volta da mesa. Cada qual estuda os mesmos registros computadorizados, perfis psicológicos, históricos de caso, arquivos digitados no processador

> de texto. A atmosfera é calma. Todos os presentes sabem que nenhuma quantidade de crítica aos métodos de tratamento individual, nenhuma pesquisa empírica, nenhum veredicto em que todos ganhariam pode atrasar o trabalho. O oposto é verdade. Quanto mais negativos os resultados, mais maníaco e barroco torna-se a empreitada de seleção: mais testes psicológicos, novas unidades de perícia, outros relatórios de instrução, mais centros de distribuição pós-sentença, termos de compromisso, estudos de caso, pareceres, mais dispositivos de prognóstico.[5]

Quase não restam caminhos de retorno desse mecanismo autopropelido, autoperpetuado, autodivisivo, autônomo e autossuficiente de saber especializado ao tipo de perícia generalizada necessário ao papel tradicional dos legisladores. Do ponto de vista da memória (ou do "projeto não cumprido da modernidade"), as realidades das rotinas de poder modernas podem parecer, e são, um deslocamento burocrático dos especialistas educados, como um ato de expropriação – os intelectuais foram privados das funções e qualificações que aprenderam a ver como suas.

Há também outro fator que exacerba a falta de autoconfiança do intelectual. A esperança de que o mundo moderno – isto é, administrado de forma racional, alta e crescentemente produtivo, e baseado na ciência – venha a engendrar padrões de organização social está se desvanecendo, à medida que se acumulam desencantos: nenhum dos padrões até então produzidos dentro do mundo moderno pode responder às expectativas nascidas da prática intelectual. Em outras palavras, nenhum padrão produzido até aqui, ou passível de ser produzido conforme o andamento das coisas até o momento, promete tornar o mundo social amigável para os intelectuais em seu papel tradicional.

Essa compreensão encontra saída no sentimento difuso, admiravelmente captado por Agnes Heller e seus colegas da escola pós-lukacsiana, de que o mundo moderno enfrenta uma situação sem boas escolhas. A escolha, sem dúvida, é entre "a ditadura sobre as necessidades" do sistema de tipo soviético e a sociedade de consumo do Ocidente – que libertou todos os desejos humanos e não deixou espaço algum para o papel limitador dos valores, criando, em vez disso, um volume cada vez maior de insatisfação, paralelo ao volume superdimensionado de mercadorias e impossível de ser contido.

No sistema do primeiro tipo, os intelectuais foram, por assim dizer, liquidados como classe, isto é, foram coletivamente expropriados de sua função compartilhada de gerar e promover valores que o Estado e seus súditos devem implementar e observar. Os valores agora são enunciados pelo próprio Estado, mas acima de tudo são ignorados (na prática, senão na teoria) como meio de reprodução social, e quase substituídos por técnicas de coerção, manipulação e controle pan-óptico.

Num sistema do segundo tipo, os efeitos práticos sobre a posição dos intelectuais são quase os mesmos, uma vez admitidas todas as diferenças óbvias entre os dois sistemas: valores foram transformados em atributos de mercadorias e tornados irrelevantes. Por conseguinte, é o mecanismo do mercado que agora toma a si o papel de juiz, de formulador de opinião, de verificador de valores. Os intelectuais foram expropriados outra vez. Foram desalojados até na área que por vários séculos parecia constituir seu domínio monopolista de autoridade – a área da cultura em geral, da "alta cultura" em particular.

Na avaliação realista de David Carrier,

> julgamentos estéticos implicam diretamente julgamentos econômicos. Persuadir-nos de que uma obra [de arte] é boa e, assim, convencer o mundo artístico [isto é, os vendedores e compradores de arte] de que ela é valiosa são duas descrições de uma única e mesma ação. A verdade da crítica é relativa ao que o mundo da arte acredita, ... a teoria vira verdade quando um número suficiente de pessoas acredita nela.[6]

Com o poder de julgamento longe das suas mãos, os intelectuais só podem experimentar o mundo como um universo sem valores "dignos deste nome". Em suma, eles concordariam com a sombria premonição de Georg Simmel, rascunhada às vésperas da Primeira Guerra Mundial: "À diferença dos homens em todas essas épocas passadas, nós vivemos já por algum tempo agora sem qualquer ideal compartilhado, talvez mesmo sem ideal algum."[7] Nesse estado de ânimo, é preciso muita coragem para persistir apresentando valores de escolha como valores de vinculação. Alguns, sem dúvida, fariam exatamente isto, reunindo suas forças para o nobre, embora não efetivo, papel de voz que clama no deserto. Muitos considerariam a modéstia pragmática uma escolha mais razoável.

Essa foi uma caracterização muito preliminar das hipóteses que talvez expliquem a crise do papel tradicional de legislador (a crise que parece estar por trás do discurso pós-modernista corrente). A realidade social oculta sob a noção de pós-Modernismo e, mais importante, o nome genérico de pós-modernidade exigem, claro, uma análise muito mais abrangente. Tentaremos fazer isso nos próximos capítulos; ou pelo menos esboçar um inventário dos ingredientes necessários.

Por mais conscienciosa que seja, a análise da pós-modernidade terá necessariamente o mesmo caráter "até segunda ordem" incompleto que outrora tiveram as teorias da modernidade; construídas no interior da modernidade, elas a percebiam como um processo ainda inacabado, portanto, em aberto. A análise da pós-modernidade não pode ser nada mais que um relatório de progresso. Suas proposições devem ser experimentais, em particular porque a única realização sólida e indubitável do debate pós-modernista foi até aqui a proclamação do fim do Modernismo; quanto ao resto, estão longe de ser claros quais, entre os muitos tópicos do discurso, assinalam tendências duradouras e irreversíveis; e quais logo encontrarão seu lugar entre as coqueluches de um século reputado por seu amor às modas.

A incerteza se estende até a questão mais crucial para nós: a mutação na posição social e no papel dos intelectuais. Há muitos sinais de que a função tradicional (desempenhada ou pretendida), representada pela metáfora dos "legisladores", é aos poucos substituída pelo papel mais bem captado pela metáfora de "intérpretes". Mas seria esta uma transformação irrevogável ou uma perda momentânea de vigor?

No século XX ou na época imediatamente precedente ao advento da modernidade, a Europa passou por período semelhante de incerteza, e o protopragmatismo de Mercenne ou Gassendi foi sua resposta. Aquele período não durou muito. Logo os filósofos juntaram forças, exorcizando o fantasma do relativismo que os protopragmatistas tentavam acomodar. O exorcismo continuou desde então, mas nunca bem-sucedido de todo. O *malin génie* de Descartes esteve sempre conosco, sob um disfarce ou outro, com sua presença confirmada por tentativas desesperadas e sempre renovadas de ameaçar o relativismo, como se nenhuma tentativa desse tipo tivesse sido empreendida no passado.

A modernidade foi vivida numa casa mal-assombrada. Ela foi uma idade de certezas, mas teve seus demônios; era a segurança de uma fortaleza sitiada, a confiança do comandante de um exército até então, graças a Deus, mais forte. Ao contrário da certeza medieval dos escolásticos, a certeza dos filósofos modernos envolveu uma consciência pungente do *problema* do relativismo. Ela tinha de ser uma certeza em combate, militante. Um relaxamento momentâneo de vigilância podia custar caro. Algumas vezes custou.

O tempo em que vivemos é outra ocasião desse tipo? Ou difere dos anteriores? A crise de certeza corrente seria efeito de um relaxamento temporário da vigilância? Trata-se de um período interino típico, que segue e precede formas sucessivas de organização social? Ou se trata de uma primeira vista da forma de coisas futuras?

Nenhuma dessas três possibilidades pode ser aceita ou rejeitada com certeza. No estágio atual, o melhor que se pode fazer é tentar preparar, em bases sociais, um inventário de cenários possíveis e de suas probabilidades.

· 9 ·

A ascensão do intérprete

O pluralismo não é uma experiência recente. Em si mesmo, não pode servir como razão suficiente para o recente surto do clima intelectual pós-modernista, no qual o pluralismo de experiências, valores e critérios de verdade se nega a ser tratado como traço transitório da realidade ainda incompleta, um traço a ser eliminado durante o processo de maturação. "[A] pluralização de universos divergentes de discurso", observou Jürgen Habermas, "pertence em específico à experiência moderna. ... Nós não podemos simplesmente eliminar essa experiência num passe de mágica; só podemos negá-la."[1]

Habermas junta aqui dois tipos distintos de pluralismo: um, derivado da divisão do trabalho de vários tipos, a separação mútua de discursos preocupados com a verdade, o julgamento e o gosto, que ele considera a característica crucial da modernidade como tal, algo com que o filósofo e o cientista social têm convivido pelo menos por um par de séculos; outro, a pluralização de discursos comunal e tradicionalmente contextualizados, os quais reclamam a localização da verdade, do julgamento e do gosto que a modernidade recusou e quis superar na prática.

O segundo tipo de pluralidade não é de desenvolvimento recente; pouco tempo de existência (assim parece) tem o reconhecimento de que o segundo tipo de pluralismo não é menos permanente e irrevogável que o primeiro. É difícil conciliar esse reconhecimento com o espírito e a prática da modernidade. Ao reunir os dois tipos de pluralismo, Habermas, por assim dizer, impede a possibilidade de considerar a situação presente do intelectual no Ocidente como basicamente nova, e evoca mudanças de longo alcance no modo como os serviços intelectuais têm sido prestados.

Em vez disso, Habermas só pode perceber mudanças recentes na visão de mundo intelectual como uma espécie de aberração; um recrudescer lamentável de atitudes que, na sua forma mais benigna, estiveram conosco há muito, muito tempo; um acontecimento engendrado por um lapso de compreensão ou erros teóricos; uma doença a ser curada por uma melhor compreensão e pela teoria apropriada. O que de fato aconteceu, segundo Habermas, foi o exacerbação da controvérsia consagrada no tempo entre historicismo (atitude que admite a pluralidade histórica das verdades, mas espera que a ciência supra tanto a substância quanto a legitimidade do saber consensual) e transcendentalismo (objetivando destilar as características de *toda* ação racional que *deve* ser pressuposta); isso numa polarização estéril entre relativismo (negando a possibilidade de acordo entre verdades) e absolutismo (buscando a razão universal fora e independentemente da prática racional). As duas últimas estratégias são mal-interpretadas; na verdade seu aspecto mais mal-interpretado é que a lacuna que criaram entre estratégias filosóficas alternativas é tão vasta que não se pode esperar mais que as estratégias polarizadas mitiguem reciprocamente seus respectivos extremismos.

Ninguém nega que tanto o relativismo quanto o absolutismo coexistem como tendências bem marcadas no discurso contemporâneo; o segundo é forçado, pelos passos largos dados pelo primeiro, a confirmar de modo oblíquo suas pressuposições (o absoluto não pode mais ser procurado na prática, seja como generalização empírica, seja como premissas lógicas). Se as duas versões endurecidas da velha controvérsia são interdependentes, parece que o papel ativo em seu enredamento dialético pertence à visão de que toda busca posterior de bases comunais de verdade, julgamento ou gosto é fútil (se é que não foi fútil o tempo todo). Esta visão, descrita como relativismo, foi expressa nos anos recentes com uma força sem precedentes, pelos menos nos últimos dois séculos.

A enunciação de Lonnie D. Kliever sobre a novidade da visão contemporânea de pluralismo é tão pungente quanto qualquer outra que se possa encontrar em escritos mais atuais:

> A dispersão de poder político e a liberdade de reunião religiosa no interior de sociedades não hierárquicas representam diferenças e desacordos *no interior* de um compromisso compartilhado com uma nação e com um Deus. O pluralismo, em contraste, não supõe tal unidade ou lealdade dominante. O pluralismo é a existência de múltiplas estruturas de referência, cada qual com seu próprio esquema de compreensão e seus próprios critérios de racionalidade. Pluralismo é a coexistência de posições comparáveis e rivais que não se podem conciliar. Pluralismo é o reconhecimento de que diferentes pessoas e diferentes grupos vivem, literalmente, em mundos diferentes.[2]

Kliever prossegue enfatizando que, num mundo pluralista, não há nenhum "sistema inconteste de definição da realidade". Com o fracasso em termos práticos de todas as tentativas teóricas de negociar uma solução de acordo para a disputa, nós *temos* de admitir, insiste Kliever, que "formas de vida são lógica e psicologicamente autolegitimadoras". Pode-se conviver bem com essa admissão, pensa Kliever, desde que ela seja tão universal quanto o acordo anterior sobre a plausibilidade do projeto de verdade universal. Kliever tem medo é da continuação, num mundo pluralista, das estratégias e comportamentos que derivam seu sentido da suposição de que há fundamentos universais da verdade.

O que pode prevenir o perigo é uma espécie de modéstia autoimposta, adotada e praticada por todas as "formas de vida" coexistentes no mundo pluralista. Sem ela, sem se reconciliar com a "igualdade de limitação" entre formas de vida, os velhos hábitos autoritários logo se reafirmariam, e o mundo pluralista se transformaria num "absolutismo múltiplo". É contra essa nova ameaça – específica à situação do pluralismo quando este se estabeleceu na sequência da dominação prolongada de uma visão de mundo monística autoritária – que Kliever deseja mobilizar os intelectuais.

A nova tarefa intelectual, em sua visão, é lutar contra absolutismos parciais locais com a mesma energia com a qual seus predecessores lutaram por um absolutismo "imparcial" universal. Longe de ser um problema, o relativismo seria uma solução para o problema do mundo pluralista; além disso, sua promoção é, por assim dizer, um dever moral dos intelectuais contemporâneos.

É discutível se o pluralismo que Kliever diagnostica significa uma reviravolta na estrutura do mundo ou na percepção do mundo dos intelectuais. Há argumentos válidos para apoiar ambas as possibilidades. Nós esquadrinhamos *en passant* alguns dos argumentos que apontam para a primeira possibilidade. Quanto à outra – o abandono gradual da busca ao julgamento supremo por parte dos intelectuais sobrepujados pela pluralidade incurável de formas de vida –, o campo da arte fornece o mais evidente exemplo do processo envolvido.

Um quadro conciso do estado das artes na era da pós-modernidade foi pintado por Matei Calinescu:

> Em geral, o ritmo crescente de mudança tende a diminuir a relevância de qualquer transformação específica. O novo já não é mais novo. Se a modernidade presidiu a formação de uma "estética de surpresa", este parece ser o momento do seu total fracasso. Hoje, os mais diversos produtos artísticos (cobrindo toda a gama, desde o esotericamente sofisticado ao kitsch mais evidente) esperam lado a lado, no "supermercado cultural", ... por seus respectivos consu-

> midores. Estéticas excludentes coexistem numa espécie de empate, ninguém é capaz de desempenhar de fato o papel de liderança. A maioria dos analistas concorda que o nosso é um mundo pluralista, no qual tudo é permitido, em princípio. A velha vanguarda, destrutiva como era, por ocasiões se iludiu, acreditando que havia novos caminhos a desbravar, novas realidades a descobrir, novas perspectivas a explorar. Mas hoje, quando a "vanguarda histórica" foi bem-sucedida a ponto de tornar-se uma "condição crônica" da arte, tanto a retórica de destruição quanto a da novidade perderam todo traço de apelo heroico. Nós poderíamos dizer que a nova vanguarda pós-modernista reflete em seu próprio âmbito a estrutura cada vez mais "modular" do nosso mundo mental, no qual a crise das ideologias (manifestando-se pela proliferação estranha e cancerosa de microideologias, enquanto as grandes ideologias da modernidade perdem sua coerência) torna cada vez mais difícil estabelecer hierarquias de valor convincentes.[3]

É como se a arte pós-moderna tivesse seguido o conselho dado em 1921 por Francis Picabia: "Se você quer ter ideias limpas, troque-as como troca de camisa."[4] Ou, antes, como se tivesse aprimorado o preceito dos dadaístas: se você não tem ideias, elas certamente não ficarão sujas. A arte pós-moderna é notável, por sua ausência de estilo, como uma categoria de obra de arte; por seu caráter deliberadamente eclético, numa estratégia que pode ser mais bem descrita como "colagem" e "pastiche",[5] ambas as estratégias buscam questionar a própria ideia de estilo, escola, regra, pureza do gênero – tudo aquilo que sustentava o julgamento crítico na era da arte modernista.

A ausência de regras do jogo definidas com clareza torna qualquer inovação impossível. Já não há mais desenvolvimento na arte, talvez haja apenas uma mudança indireta, uma sucessão de modas, sem que nenhuma forma reivindique de modo crível a superioridade sobre suas predecessoras – as quais, por isso mesmo, passam a ser contemporâneas sua. Decorre daí uma espécie de presente perpétuo, implacavelmente remanescente, mais um movimento browniano caótico que uma mudança sequencial ordenada, e menos que um desenvolvimento progressivo. É esse estado que Meyer chamou de "*stasis*", um estado no qual tudo se move, mas nada vai para algum lugar em particular. Nas palavras de Peter Bürger:

> Nos movimentos de vanguarda, a sucessão histórica de técnicas e estilos foi transferida para uma simultaneidade do radicalmente disparatado. A consequência é que nenhum movimento nas artes hoje pode reivindicar, com legitimidade, ser mais avançado *como arte* do que outro. ... Os movimentos históricos de vanguarda foram incapazes de destruir a arte como instituição; mas eles de fato destruíram a possibilidade de que uma dada escola se apresente com reivindicação de validade universal.

Isso significa, na verdade, "a destruição da possibilidade de postular a validade de normas estéticas".[6]

A arte pós-moderna (que na realidade só se popularizou, de acordo com a maioria dos comentadores, nos anos 1970) tinha percorrido um longo caminho desde o gesto iconoclasta de Marcel Duchamp, que enviou para uma exposição um penico intitulado "Fonte" e assinado por "Richard Mutt", com a explicação: "Se o senhor Mutt fez a fonte com suas mãos ou não, isso não tem importância. Ele a *escolheu*. Apanhou um objeto comum da vida, colocou-o de tal modo que seu significado prático desapareceu sob o novo título e o novo ponto de vista – criou um novo pensamento para o objeto."[7]

Olhando em retrospecto, a ação escandalosa de Marcel Duchamp, na época vista como uma afronta a tudo que a estética ocidental representava, parece moderna, e não pós-moderna; o que Marcel Duchamp fez foi apresentar uma nova *definição* da arte (algo escolhido pelo artista), uma nova *teoria* da obra de arte (tirar um objeto de seu contexto e vê-lo de um ponto de vista não usual; ele realizou, na verdade, o que os românticos tinham feito um século antes ao tornar extraordinário o familiar), um novo *método* de trabalho artístico (criar um novo pensamento para um objeto).

Pelos padrões de hoje, o gesto de Duchamp não foi tão iconoclasta assim. Por outro lado, ele pôde ser visto deste modo exatamente porque as definições, teorias e métodos daquele tempo ainda contavam e eram percebidos como condições necessárias e critérios supremos do julgamento artístico. Eram definições dominantes, consensuais e universalmente aceitas, teorias e métodos aos quais Duchamp pôde se opor de modo radical, pôde questionar.

Nos tempos recentes, os gestos de Duchamp passaram a ser repetidos e duplicados numa escala e num radicalismo ostensivo crescentes: Robert Rauschenberg dispensaria o *ready-made* e escolheria apresentar como obra de arte o ato de apagar um desenho; Yves Klein convidaria três mil sofisticados membros do público para a exposição privada de uma galeria vazia; Walter de Maria encheria uma galeria de Nova York com 82 mil quilos de terra, e cavaria um buraco profundo no chão, perto da cidade de Kassel, colocando depois uma tampa cerrada sobre ele, para que não pudesse ser visto.[8]

O problema, contudo, é que o resultado geral dos esforços coletivos da nova vanguarda para remover os últimos limites pensáveis e impensáveis do trabalho artístico é o radicalismo logo minguante de qualquer gesto novo, presente ou futuro; e a capacidade, com a mesma rapidez crescente que a obra de arte tem de absorver, acomodar, legalizar, comercializar e fazer lucro com qualquer coisa, por mais selvagem e inovadora que seja.

Toda possibilidade de usar formas de arte como protesto contra o establishment da arte ou – de modo mais ambicioso – contra a sociedade que isolou o trabalho artístico de toda relação com outras esferas da vida social foi apropriada por antecedência. Para citar Bürger mais uma vez: "Se um artista hoje assina uma chaminé de fogão e a exibe, este artista certamente não está denunciando o mercado de arte, mas se adaptando a ele. ... Como agora o protesto da vanguarda histórica contra a arte como instituição é aceito como *arte*, o gesto de protesto da neovanguarda torna-se inautêntico."[9]

Trata-se, sem dúvida, de uma situação nova, para a qual filósofos, historiadores da arte e críticos de arte foram malpreparados por três séculos de estética ocidental. A arte pós-moderna é sem dúvida radicalmente diferente do Modernismo. Da perspectiva dessa diferença, foi somente agora, na última década ou nas duas últimas, que a natureza ordenada da arte modernista, seu parentesco próximo com uma era que acreditava em ciência, progresso, verdade objetiva, controle sempre aprimorado sobre a tecnologia e – por meio da tecnologia – sobre a natureza tornou-se visível de todo. Graças ao levante pós-modernista, nós agora podemos ver claramente o significado da modernidade, oculto, à época, sob a panóplia de escolas e estilos em rápida mutação, muitas vezes em guerra declarada uns com os outros. A nova percepção encontrou expressão convincente no célebre ensaio de Kim Lewin, de 1979:

> Para aqueles que saíram do Modernismo, os estilos sucessivos do período moderno, que na época pareciam tão radicalmente diferentes um do outro, começam a misturar-se, com características compartilhadas – características que hoje parecem ingênuas. ...
>
> A arte moderna era científica. Baseava-se na fé com relação ao futuro tecnológico, na crença no progresso e na verdade objetiva. Era experimental: a criação de formas novas era sua tarefa. Desde que se aventurou na ótica, o impressionismo compartilhou o método e a lógica da ciência. Havia as relatividades einsteinianas da geometria cubista, as visões tecnológicas do construtivismo e do futurismo, da De Stijl e da Bauhaus, a máquina diagramática dos dadaístas. Mesmo as visualizações surrealistas dos mundos de sonhos freudianos e as representações abstrato-expressionistas de processos psicanalíticos foram tentativas de domesticar o irracional com técnicas racionais. Pois o período modernista acreditava em objetividade científica, em invenção científica: sua arte tinha lógica de estrutura, lógica de sonhos, lógica de gesto ou de material. Ela almejava a perfeição e

exigia pureza, clareza, ordem. E negava tudo mais, em especial o passado: idealista, ideológico e otimista, o Modernismo se predicava no futuro glorioso, novo e aperfeiçoado.

Essa semelhança familiar entre escolas competidoras da era modernista foi enfatizada e tornada quase evidente pela prática radicalmente diferente da arte pós-modernista, a qual, em marcado contraste, não é "baseada em razão e lógica científicas e na pretensão de objetividade, mas em presença, experiência subjetiva, comportamento, num tipo estranho de revelação terapêutica na qual não é necessário acreditar ou compreender – se funcionar, basta".[10]

Rosalind E. Krauss via a grade – um motivo repetido à obsessão na pintura moderna, em particular na última fase – como um fenômeno que captava com maior plenitude as características essenciais do Modernismo na arte; Krauss argumentou sobre a representatividade da grade apontando para sua ausência virtual na pintura pré-moderna (uma ruptura com o passado) e na vida real (uma ruptura com a sociedade, um manifesto da autonomia da arte).[11] Se não pode haver objeção ao primeiro comentário, o segundo parece basear-se num engano.

A grade na pintura moderna pode ser interpretada como a tentativa mais radical e consistente de captar e exprimir, num meio artístico, a essência da realidade socialmente produzida; ela pode ser vista como um produto da análise diligente das características essenciais do mundo social na Era Moderna. Lévi-Strauss decodificou os ornamentos nambiquaras como expressões subconscientes da verdadeira forma da sua estrutura de autoridade, que ficaria invisível por trás da cortina de fumaça da mitologia. Na pintura moderna, como resultado argumentável de uma análise científica consciente, a grade decodifica o trabalho da autoridade moderna manifestando-se ao dividir, classificar, categorizar, arquivar, ordenar e relatar.

Obsessiva quanto à sua autonomia, e concentrada de forma consciente em sua própria mídia e nas suas próprias técnicas como tema crucial (ou único) do seu trabalho e área da sua responsabilidade, a arte moderna poucas vezes rompeu com o *Zeitgeist* (espírito do tempo) da Era Moderna; ela compartilhava plena e sinceramente a busca da verdade desta época, seus métodos científicos de análise, sua convicção de que a realidade pode – e deve – ser submetida ao controle da Razão. Os artistas modernistas trabalham no mesmo cumprimento de onda que seus analistas e críticos intelectuais. Eles confrontavam seus analistas e críticos com tarefas que eles mesmos controlavam bem e estavam acostumados a controlar pelo treinamento profissional e pela estética herdada e institucionalizada. Os analistas e críticos podiam considerar muitos desenvolvimentos da arte modernista um quebra-cabeça – mas sabiam que o quebra-cabeça tinha uma solução, e possuíam os meios para encontrá-la.

O quebra-cabeça apresentado pela arte pós-moderna, por outro lado, é tal que confunde seus analistas de fato. O sentimento de espanto e desorientação na mistura de novos desenvolvimentos resulta da ausência da confortável convicção de que o novo é apenas mais do mesmo, que é só uma questão de tempo para ele perder a estranheza, ser domesticado do ponto de vista intelectual, que estão disponíveis instrumentos suficientes para a tarefa e que se sabe como aplicá-los. Em outras palavras, o desconforto resulta da incapacidade dos analistas de desempenharem sua função tradicional; o próprio fundamento de seu papel social parece agora ameaçado. Howard S. Becker enuncia com brevidade e precisão o que fora esse papel até então:

> Os estetas não pretendem apenas classificar as coisas em categorias úteis, ... mas separar as meritórias das não meritórias, e fazê-lo de forma definitiva. ... A lógica do empreendimento – a concessão de títulos honoríficos – requer que eles excluam coisas, pois não há honra especial num título que todo objeto ou atividade concebível esteja qualificado a receber.[12]

Este é, sem dúvida, o X da questão. Ao longo de toda a Era Moderna, inclusive no período modernista, os estetas permaneceram firmes no controle da área do gosto e do juízo artístico (ou assim parece agora, em retrospecto, em comparação com a situação criada pelos desenvolvimentos pós-modernistas). Estar no controle significava operar, sem questionar muito, os mecanismos de transformar incerteza em certeza; tomar decisões, fazer afirmações competentes, segregar e classificar, impor definições vinculantes à realidade. Em outras palavras: significava exercer poder no campo da arte. No caso da estética, o poder dos intelectuais parecia em particular inquestionável, quase monopolista. No Ocidente, pelo menos, nenhum outro lugar de poder tentou interferir nos veredictos proferidos por aqueles "que possuíam o conhecimento".

É verdade que o poder da elite educada, sofisticada, sublimada e requintada de proferir juízos estéticos vinculantes, de segregar meritório de não meritório ou não arte, sempre se expressou em atos de militância visando a julgamentos ou práticas cuja autoridade era questionada. Não podia ser diferente. A autoridade do educado (e, indiretamente, mas de modo mais importante, a capacidade de conferir autoridade à educação) não podia ser afirmada de outra maneira a não ser pela construção do seu oposto: pretensão sem fundamento, gosto sem legitimidade, escolha sem direito. A elite dominante no mundo da arte sempre teve seu adversário, contra quem o domínio era exercido e cuja presença supria a legitimação necessária ao domínio: o vulgar. Nas palavras de Gombrich:

> Na sociedade hierárquica estrita dos séculos XVI e XVII [nós preferiríamos dizer: sob as condições de desintegração da velha hierarquia nestes séculos], o contraste entre o "vulgar" e o "nobre" se torna uma das principais preocupações dos críticos. ... Sua crença era de que certos modos eram "realmente" vulgares porque agradavam aos humildes, enquanto outros são nobres em si mesmos, porque só um gosto desenvolvido pode apreciá-los.[13]

Nessa época precoce, a questão em debate era a necessidade de redefinir a velha hierarquia, prestes a perder seus fundamentos políticos e econômicos tradicionais, em termos mais ajustados à estrutura de autoridade emergente; contudo, a distinção entre "nobre" e "vulgar" podia ainda se referir a divisões relativamente óbvias e indisputadas. A questão tornou-se mais complicada depois, uma vez que a confortável oposição binária foi toldada pelo surgimento de uma classe média em expansão, sempre crescente em força numérica e poder de compra. Nem rude, nem plenamente refinada; nem ignorante, nem educada pelos padrões ostentados pela elite; nem deixando a arte para seus superiores, nem capaz de exercer seu juízo em matéria artística – a classe média tornou-se de imediato aquele elemento "viscoso" que ameaçava a própria existência da hierarquia do julgamento e, com ela, a autoridade da elite esteticamente educada. Não é de admirar que tenha suscitado as mais venenosas flechas soltadas pela última.

"O vulgar" continuou a ser termo de insulto, mas mudou de conotação; referia-se então ao pequeno-burguês, ao filisteu, à classe média, que ousava fazer juízos estéticos na prática, ao selecionar entre ofertas culturais, sem todavia reconhecer a autoridade dos estetas. A classe média justapôs ao poder do intelecto o poder do dinheiro; deixada a seu próprio juízo, é concebível que tornasse o poder do intelecto vazio e ineficiente, sem ao menos se incomodar em questioná-lo no seu próprio território – o juízo teórico do gosto. Exatamente a introdução desses critérios alternativos para escolhas culturais *práticas* que foi percebida pela elite intelectual como uma ameaça a seu poder. Nas palavras de Bourdieu:

> O que faz a relação do pequeno-burguês com a cultura e sua capacidade de tornar "mediano" tudo em que ele toca, exatamente como o olhar legítimo "salva" tudo o que ilumina, não é sua natureza, mas a própria posição da pequena burguesia no espaço social. … É, muito simplesmente, o fato de que a cultura legítima não é feita para ele, … de modo que ele não é feito para ela; e de que ela deixa de ser o que é assim que ele dela se apropria.[14]

E isso enquanto o consumidor cultural fizer suas próprias escolhas (é por esta razão que ele é chamado de "vulgar", "filisteu" ou "pequeno-burguês"). É a autonomia do juízo artístico – autonomia em relação ao juízo da elite – que incita a ira e a condenação.

Ao longo da maior parte da Era Moderna, contudo, essa ira e a condenação eram efetivas; elas de fato guardavam a superioridade do julgamento elitista diante das usurpações reais ou construídas. Tornavam-se efetivas porque, afinal, eram interiorizadas pelas vítimas dos ataques elitistas. Como a consciência de Freud, o medo da "vulgaridade", da incompetência estética, tornou-se a "guarnição nas cidades conquistadas" dos "eus artísticos" da classe média, e a mais confiável salvaguarda do domínio elitista. Esse processo de interiorização foi percebido de maneira admirável por Wylie Sypher:

> O século XIX produziu uma horda de novos-ricos que foram forçados a rebaixar os rituais mais antigos, e que eram uma classe culturalmente rebaixada como nossos prósperos "operários". O mal-estar cultural que acompanha a ascensão do lojista, como Macauley francamente os chamou [o termo insultuoso de Macauley, acrescentemos, parece brando e inócuo quando comparado à "arrogância feroz e grosseira" que "libertou o imbecil e o ignorante dos seus sentimentos de nulidade" de Hippolite Taine; ou a "mente lugar-comum" que "se sabe lugar-comum, tem a segurança de proclamar os direitos do lugar-comum e de impô-los sempre que quiser", de Ortega y Gasset], é revelado no desconforto total da noção de vulgaridade, que se torna uma categoria nos valores da classe média alta. O medo vitoriano de ser vulgar ... é uma penalidade por ser bem-sucedido. O homem bem-sucedido tem de ser "requintado".[15]

O desdém e o desprezo da elite pelo novo-rico vulgar permaneceram intocados; os padrões para medir o "refinamento" eram estabelecidos em níveis sempre mais altos, para que o novo-rico de ontem achasse sempre mais difícil suspirar com alívio: "Eu consegui." Mas a estrutura geral da sociedade moderna, com seu culto congênito da educação, da verdade, da ciência e da razão (e o respeito pela autoridade que encarnava tais valores), garantia um mecanismo pelo qual as ameaças potenciais ao julgamento elitista podiam ser absorvidas e, assim, neutralizadas. Para todas as intenções e propósitos práticos, a superioridade do julgamento estético sofisticado nunca foi questionada de verdade, por mais que tenha sido objeto frequente de ressentimento e negligência. Ao insistir em que "tudo que é belo e nobre é resultado da razão e do cálculo", e que "o bem é sempre produto de uma arte", Baudelaire, com justiça proclamado um dos mais profundos pensadores da modernidade, refletia sobre a autoridade firmemente estabelecida dos sacerdotes estéticos e intelectuais.[16]

Agora, é exatamente essa autoridade que está em questão; ela foi trazida ao foco da teoria como problema, e não como hipótese, porque foi levada à ineficiência na prática. De repente tornou-se claro que a validade de um juízo estético depende do "lugar" de onde ele foi formulado e da autoridade atribuída a esse lugar; que a autoridade em questão não é uma propriedade "natural" inalienável do lugar, mas algo que flutua com a posição mutante do lugar no seio de uma estrutura mais ampla; e que a autoridade do lugar reservada aos estetas, por tradição – os intelectuais especialistas em arte –, já não deve mais ser considerada algo dado.

Na percepção dos especialistas em arte, a incapacidade evidente de os juízos artísticos pronunciados da maneira tradicional (isto é, em referência a um corpus estabelecido de conhecimento e a procedimentos instituídos, ambos encarnados no discurso autorreprodutor e em seus membros privilegiados) funcionarem como descrições que se autoautenticam repercute como um estado de caos. Este, afinal, é um estado de coisas que não podemos prever, mudar e controlar. Nas palavras de Hassan, enquanto o Modernismo "criou sua própria forma de Autoridade" (isto é, estetas profissionais firmemente no controle), o pós-Modernismo "tende para a Anarquia, com uma cumplicidade mais profunda com as coisas que se desintegram."[17] Talvez o uso corrente do termo pós-modernidade retenha alguns laços de parentesco com o emprego original do conceito, por Toynbee, como sinônimo de irracionalidade, anarquia e indeterminação ameaçadora.

O que parece aos filósofos da arte um estado de anarquia é acima de tudo a "impureza" inerente dos fatores que participam na feitura de um *X* ou de um *Y* em "obra de arte"; além da consequente impossibilidade de separar arte de não arte, ou boa arte de arte ruim, por meio de afirmações referentes apenas aos fenômenos plena e indivisivelmente sob controle dos próprios filósofos. A impureza resulta, sobretudo, do "consumo cultural" em rápida expansão, recebido pelos filósofos com profunda suspeita, como criação de uma "cultura de massa" – uma cultura degradada, inferior, em que o vulgar e o filisteu estão em vantagem – e seu acompanhamento inevitável, o mercado de arte, que impõe seus próprios critérios de julgamento prático e produz seus próprios lugares de autoridade.

Os filósofos desejam uma "teoria da reputação" válida, isto é, uma teoria que seja obedecida e tenda para a autoautenticação, a qual, segundo Howard S. Becker, deve correr ao longo das seguintes linhas:

> (1) Pessoas especialmente talentosas (2) criam obras de beleza e profundidade excepcionais, as quais (3) expressam emoções humanas profundas e valores culturais. (4) As qualidades especiais da obra atestam os talentos extraordinários do autor, e os talentos já conhecidos do autor atestam as qualidades especiais da obra.

Esse esquema gira, claro, em torno dos conceitos de "beleza", "profundidade", "valores" etc., os quais supõem a competência monopolista dos teóricos; esse tipo de teoria da reputação reafirma e reproduz a autoridade destes últimos.

O problema é que nenhuma teoria da reputação construída segundo essas linhas se manteria hoje na prática. De fato, comenta Becker, "a reputação de artista, de obras e do resto resulta da atividade coletiva dos mundos da arte". Foi assim o tempo todo, poder-se-ia objetar. Mas, mesmo que este fosse o caso, o papel da "atividade dos mundos da arte" podia permanecer invisível para os teóricos enquanto o mundo da arte, que atribuía reputações, estivesse confinado, de modo mais ou menos estrito, aos próprios teóricos. O papel não pode permanecer invisível, uma vez que a perda de controle "objetificou" e "alienou" os produtos da atividade dos teóricos e os tornou *Vorhanden*, um objeto de escrutínio e reflexão.

A resposta de Becker à recém-revelada realidade dos procedimentos de atribuição de reputação é uma teoria institucional da arte, que cede o que é seu a outros lugares impuros, não filosóficos e não estéticos de autoridade: galerias e colecionadores de arte, mídia formadora de opinião, os próprios consumidores. Essa teoria, espera ele, resolverá o mistério recorrente pelo qual um *X* ou um *Y* são constituídos como obra de arte, e seu autor, como artista. Porém, acrescenta Becker, "o desejo filosófico de ser capaz de decidir definitivamente entre arte e não arte não pode ser satisfeito pela teoria institucional". Na verdade, não pode. O que essa teoria torna evidente, afinal, é que "nem tudo pode ser constituído em obra de arte apenas por definição ou pela criação de um consenso, pois nem tudo estará à altura disso segundo os padrões correntemente aceitos no mundo da arte. Mas isso não significa que haja mais alguma coisa, além de batizá-la, para que algo se torne arte".[18]

Falando sem rodeios, a teoria institucional da arte (como uma teoria institucional de qualquer outro domínio de valor) soa o dobre fúnebre para o sonho de controle dos filósofos. O que foi posto no lugar dos princípios absolutos aos quais somente eles tinham acesso e os quais somente eles eram capazes de operar foi a entidade evasiva, difícil de manejar e imprevisível do "consenso". Sem dúvida os filósofos sempre foram a favor do consenso; afinal, a busca do consenso era a suposição não escrita e não dita, mas ubíqua, do seu discurso. Os filósofos atuam, afinal, na suposição de que a discussão (isto é, sua forma própria de ser ativo) não aceita qualquer outra causa de vitória ou derrota exceto o poder do argumento. Por conseguinte, o consenso deve ser a única medida de sucesso.

O que é novo não é a autoridade do consenso, mas o fato de que o tipo de consenso que agora parece possuir a autoridade que atribui reputação não é o dos filósofos. O acordo de outras áreas, não filosóficas, também deve se apresentar, e não há como ter certeza de que ele possa ser obtido só pela força do argumento.

Marcia Muelder Eaton dá um excelente exemplo dos valorosos esforços feitos pelos teóricos da arte para acomodar a forma nova, confusa e preocupante de consenso competente. Ela chega à conclusão de que "ser visto como obra (de arte) significa que a debatemos de certas maneiras"; ela aceita que o "nós", que "debatemos", somos – além dos especialistas tradicionais na discussão – também "membros de instituições sociais, culturais, políticas e econômicas"; Eaton se empenha em descobrir (não para legislar!) as regras que estão por trás dos acordos possíveis entre "membros" tão variados – qualquer ponto, com referência a isso, que qualificasse uma pessoa instruída a emitir um julgamento artístico pelo menos com um grau mínimo de certeza; e conclui seu esforço, e o seu livro, com a seguinte frase: "Se Roberta Peters der um bramido de alce em seu concerto esta noite, terá ela cantado uma canção? Talvez tenhamos de esperar até as críticas de amanhã para saber."[19]

Eu não me estendi tanto no campo das artes apenas porque é acima de tudo ao setor "estético" dos intelectuais que nós devemos a sensação de entrar na era pós-moderna. Outra razão para a prolongada digressão é o fato de que (não pela primeira vez) é no domínio da arte e da crítica da arte que parece começar um redesdobramento muito maior do mundo intelectual e de seu funcionamento. Vale repetir que, em nenhuma outra esfera da vida social, a não interferência de autoridades não intelectuais foi tão tradicionalmente baixa, e, em consequência, a autoridade dos intelectuais foi tão completa e indubitável. Em vez de ser a área mais desprotegida do domínio intelectual, o mundo da alta cultura era sua linha de fortificação interna menos vulnerável – um exemplo brilhante mas inimitável para todos nós, engajados como somos em áreas da prática social que passaram ao controle de outros poderes seculares.

O choque da condição pós-moderna foi sentido com maior profundidade lá onde ela causou o efeito mais drástico e explodiu os mitos mais solidamente fortificados. Por essa razão, a condição pós-moderna nos permite ver com maior clareza os mecanismos que repercutem em todo o mundo intelectual num sentido muito disseminado de desconforto e urgência para renegociar a estratégia tradicional de trabalho intelectual, captada (ou antes, oculta) pela ideia da crise pós-moderna.

Se o juízo do gosto (já descrito por Kant como "desinteressado", significando com isso submetido apenas à razão) ocupava o próprio centro do mundo intelectual outrora organizado em torno da metáfora do legislador, seria de esperar que, quanto mais perto deste centro os outros domínios intelectuais estivessem situados, de modo mais pungente experimentariam o choque pós-moderno. Este parece ser o caso. Além da estética, as áreas mais afetadas pelo desafio pós-moderno são aquelas do discurso filosófico, que se preocupa com questões de verdade, certeza e relativismo, e as que lidam com a organização social. Mais amiúde, esses discursos geraram legitimações para realidades já estruturadas por hierarquias existentes de poder; enquanto tais estruturas permaneceram intactas e não ameaçadas, contudo, havia pouco a distinguir entre a enunciação de "legitimidade" e "legislar".

Hoje, as hierarquias não estão intactas nem livres de ameaça. As tarefas de legitimar e de legislar de súbito mostram-se muito separadas, uma vez que as razões para supor o poder legislador da legitimação sofreram erosão progressiva. Como podemos defender pontos de vista favoráveis ou contrários a uma forma de vida; favoráveis ou contrários a uma versão da verdade, quando sentimos que o argumento já não pode mais legislar, que há poderes por trás das formas *plurais* de vida e das versões *plurais* da verdade que não seriam *inferiorizadas*, e por isso não se renderiam ao argumento de sua inferioridade?

De repente, a viagem filosófica de dois séculos rumo à certeza e aos critérios universais de perfeição e "boa vida" parece um esforço desperdiçado. Isso não significa, necessariamente, que não gostamos dos terrenos para onde ela nos trouxe; ao contrário, é o fato de os outros se recusarem a admirá-los e a nos seguir até lá que nos preocupa e instiga a procurar uma nova e mais vigorosa melodia para o louvor que ainda desejamos cantar. Caso desejemos defender a direção em que nossa jornada nos trouxe, precisamos redefinir em retrospecto o seu sentido.

Pode-se argumentar que Ernest Gellner é o mais constante e profundo defensor de uma forma peculiar de vida nascida no extremo norte-ocidental da península europeia, há quatro séculos, que subordinou todas as outras formas de vida pelo menos nos últimos 200 anos. Sua defesa talvez seja a mais convincente:

> Em suma, uma opção – uma sociedade com crescimento cognitivo baseado numa estratégia grosso modo atomística – nos parece superior por várias razões que se encontram reunidas sem muita elegância; só esse tipo de sociedade pode manter vivo o enorme número representado pelo crescimento da humanidade; e, com isso, evitar a luta feroz pela sobrevivência entre nós; só ela pode nos manter no padrão com o qual estamos nos acostumando; ela, mais que suas predecessoras, *provavelmente* favorece uma organização social liberal e tolerante. ... Esse tipo de sociedade também tem muitas características não atraentes, e suas virtudes estão abertas a dúvidas. Em resumo, com apreensões, optamos por ela; mas não se trata de um escolha elegante e bem-definida. Nós somos semipressionados pela necessidade (o medo da fome etc.), semiconvencidos por uma promessa de afluência liberal (na qual não confiamos de todo). Aí está: na falta de razões melhores, teremos que nos virar com estas.[20]

Essa afirmação é modesta – e, em certo sentido, apologética. Mostra um embaraço com a inadequação quanto aos critérios ainda existentes de elegância da prova filosófica. Ela justifica a *raison d'être* da tradição filosófica, que devotou sua vida e energia a exorcizar o fantasma do relativismo pragmático em termos pragmáticos – uma suprema ironia, por assim dizer. O argumento que emprega (mais uma vez, pouco à vontade, tenho certeza) é circular: este sistema é melhor porque provê as coisas de que ele nos ensinou a gostar mais – "no padrão com o qual estamos nos acostumando". Nada há de intrinsecamente errado nesse argumento. Ao contrário, parece muito mais humano e realista que a elegância filosófica que se propõe a substituir. Isto é: se antes concordarmos em abandonar as pretensões filosóficas à universalidade.

O raciocínio de Gellner tem uma vantagem decisiva sobre muitos outros argumentos, semelhantes em sua modéstia autoimposta, no pragmatismo e na circularidade. É honesto sobre seu próprio propósito, a defesa do mundo que nós, intelectuais do Ocidente – formados por dois séculos de história ocidental recente que coletivamente ajudamos a formar –, considerávamos mais se aproximar – mais que qualquer outro mundo por nós conhecido – dos padrões que estabelecemos para uma boa sociedade. Para dizer de outra forma, o argumento de Gellner justifica explicitamente o tipo de mundo que pode fornecer (e tem fornecido, com restrições, há algum tempo) um cenário adequado para o modo de vida intelectual no Ocidente; e também pode criar uma demanda do papel tradicional (de legislar) que os intelectuais ocidentais aprenderam a desempenhar melhor. Isso torna o argumento de Gellner em particular interessante; demonstra como é difícil, senão impossível, argumentar a superioridade do tipo ocidental de sociedade em termos objetivos, absolutos ou universais. Na melhor das hipóteses, o argumento deve ser autorreprimido, pragmático e desavergonhadamente circular.

Outras reações à condição pós-moderna tendem a ser muito mais confusas. O que as ultraja e horroriza, e o que elas querem resgatar contra toda adversidade, na maior parte das vezes está oculto por trás de novas filosofias universais da história ou estratégias universais para a filosofia e/ou a ciência social. Algumas, talvez as menos interessantes, se recusam a admitir realidades que forneçam argumentos relativistas com bases algo diferentes e possivelmente mais fortes que antes; tratam os diagnósticos de pluralismo irredutível do mundo como aberração coletiva; e continuam a produzir "notas de rodapé para Platão".

Outras reações, talvez mais numerosas, provavelmente mais estimulantes e sem dúvida mais barulhentas, olham o pluralismo nos olhos, aceitam sua irreversibilidade e propõem reconsiderar o papel que um filósofo ou um intelectual em geral possa aprender a desempenhar num mundo tão incorrigivelmente plural com a mesma medida de respeitabilidade e benefício que o papel do legislador outrora produzira. Tais proposições, contudo, são em geral expressas de um modo que mais impedem do que ajudam a entender seu propósito: à diferença do caso de Gellner, as propostas de abandonar o sonho do absoluto argumentam em termos absolutistas. Elas são apresentadas como versões novas e melhoradas das teorias abrangentes, à moda antiga, da "natureza humana", ou da "natureza da vida social", ou de ambas.

Qualquer que seja a estrutura do argumento, as reações da segunda categoria apontam – aberta ou implicitamente – para um novo papel que os intelectuais podem desempenhar com utilidade, dado seu saber e perícia acumulados: o papel de intérpretes. Como o pluralismo é irreversível, um consenso em escala mundial sobre visões de mundo e valores improvável, e toda *Weltanschauungen* ainda existente, baseada com firmeza em suas respectivas tradições culturais (de maneira mais correta, nas suas respectivas institucionalizações autônomas de poder), a comunicação entre tradições se torna o maior problema do nosso tempo. Ele já não parece mais temporário, não se pode esperar que seja resolvido "de passagem" por uma espécie de conversão maciça, garantida pela marcha incontida da Razão. Em vez disso, é provável que permaneça conosco por muito tempo (a menos que sua longevidade seja abreviada de forma drástica pela ausência de um tônico apropriado). Portanto, o problema clama, com urgência, por especialistas em tradução entre tradições culturais. E coloca-os em lugar dos mais centrais entre os peritos que a vida contemporânea possa exigir.

Trocando em miúdos, a especialização proposta se resume à arte da conversação civilizada. Este é, naturalmente, um tipo de reação ao conflito permanente de valores para o qual os intelectuais, graças às suas habilidades discursivas, estão mais bem-preparados. Falar com as pessoas em vez de brigar com elas; entendê-las em vez de repudiá-las ou aniquilá-las como mutantes; incrementar sua própria tradição bebendo com liberdade na experiência de outros grupos, em vez de excluí-los do comércio de ideias. É isso que a tradição própria dos intelectuais, constituída pelas discussões em curso, prepara as pessoas para fazerem bem. A arte da conversação civilizada é algo de que o mundo pluralista necessita com premência. Ele só pode negligenciar essa arte às suas expensas. Conversar ou sucumbir.

A maioria dos últimos desenvolvimentos mais influentes na filosofia e na ciência social aponta na direção dessa especialização. Irei mencionar apenas alguns poucos exemplos.

A passagem de uma noção "negativa" para uma noção "positiva" de ideologia, a qual aceita que todo conhecimento em última análise se baseia em suposições essencialmente irracionais, escolhidas de modo arbitrário, relacionadas de forma determinística ou aleatória a tradições e experiências históricas parcialmente confinadas; e que substitui a velha divisão entre saber "ideológico" (errado) e saber "não ideológico" (certo) por uma separação entre sistema de conhecimento inconsciente de seu caráter localizado e outra, que emprega essa consciência para racionalizar (isto é, tornar efetivo do ponto de vista da comunicação) o intercâmbio entre sistemas de conhecimento

A redescoberta da hermenêutica e o entusiasmo com que filósofos e cientistas sociais saudaram *Verdade e método*, de Gadamer, um sofisticado manifesto contra a verdade metódica e o método verdadeiro; que tenta redefinir a tarefa da filosofia ou da ciência social como um trabalho de interpretação, de busca de significado, de tornar "o outro" compreensível; de fazer-se entender – e assim facilitar um intercâmbio entre formas de vida – e abrir à comunicação mundos de significado que permaneceriam fechados.

O neopragmatismo do tipo de Rorty, que estigmatiza a ascendência, durante os últimos três séculos, da tradição cartesiana-lockiana-kantiana como efeito de acidentes históricos infelizes, opiniões erradas e confusões; que declara a busca filosófica de fundamentos universais e inabaláveis de verdade maldirigida, e sugere que os filósofos devam, em vez disso, concentrar sua atenção no prosseguimento da conversação civilizada do Ocidente, sem a convicção reconfortante, embora equivocada, de sua validade universal.

Nenhum desses desenvolvimentos recentes demonstra desilusão com o tipo de cenário que o Ocidente produziu para a execução da vocação intelectual (pelo menos não na manifestação de suas tendências dominantes). Apesar das aparências e dos efeitos impactantes, eles são todos formas de defesa do modo de vida intelectual no Ocidente sob as condições de estresse causadas pela dissolução progressiva da certeza, antes baseada na superioridade "evidente" da sociedade ocidental. Gadamer espera que a filosofia e a ciência social hermeneuticamente conscientes ajudarão a esclarecer, expandir e enriquecer nossa tradição, nossa casa, o ponto de partida e horizonte da nossa compreensão e do nosso saber; o lugar da nossa coexistência dialógica civilizada com outros – e, assim, ajudar a preservar nossa tradição, abrindo-a para outras.

Rorty é muito franco sobre o propósito dessa presteza em falar, em escutar as pessoas, em pesar as consequências de nossa ação sobre os outros, e sugere que tal é a própria matéria da filosofia: sua finalidade é continuar a conversação que, de maneira inconfundível, é o nosso projeto, o modo de vida intelectual europeu. A nova filosofia e a nova ciência social são abundantes em apelos para um vocabulário compartilhado, um mundo comum, uma comunidade de significados. Esta é talhada para o tamanho do homem, despretensiosa, aconchegante, confortável como uma casa de família. Como as mariposas de Marx, uma vez que o Sol universal se ponha, seremos atraídos pela luz da vela sobre a mesa familiar.

"Comunidade" é sem dúvida o conceito central das constrangidas filosofia e ciência social pós-modernas. Ele veio para substituir a razão e a verdade universal, e é o método único que leva a ambas. É em comunidade, e não no progresso universal do gênero humano, que os intelectuais do Ocidente tendem a buscar os fundamentos seguros de seu papel profissional. Que papel deverá ser este?

Para uma resposta, voltemo-nos para Richard J. Bernstein, um dos mais perceptivos analistas do cenário filosófico pós-moderno.[21] Uma leitura cuidadosa de *Philosophical Profiles* revela uma dupla destinação: entre comunidades (tradições, formas de vida), os intelectuais são chamados a desempenhar a função de intérpretes; dentro de sua própria comunidade, eles ainda devem desempenhar o papel de legisladores de vários tipos – sua função agora consiste em julgar ou arbitrar em casos de controvérsia (claro, controvérsias *entre* e *dentro* de comunidades recebem status filosóficos diferentes).

No interior da comunidade, os filósofos têm o direito e o dever de detalhar as regras que decidem quem são e quem não são os debatedores racionais; seu papel é avaliar a justificativa e a objetividade das opiniões, e suprir os critérios de crítica, que será vinculante por causa desses critérios. Dentro da comunidade, os filósofos podem e devem assegurar a sobrevivência da certeza, o domínio da razão – embora desta vez exclusivamente pela força de seu próprio trabalho.

À primeira vista, a distinção parece convincente. Ela revoga a experiência, digamos, de um seminário universitário, onde todos os presentes esperam que todos os demais "compartilhem o vocabulário", sejam membros de um "mundo comum", participem da "comunidade de significados"; é a tais esperanças tácitas que nos referimos em nossas contribuições em seminários;

na verdade, eles não seriam possíveis sem essas esperanças. É porque acreditamos que um consenso sobre as suposições fundamentais da discussão (isto é, as condições de comunicação) foi alcançado de uma vez por todas ou resta válido pelo menos durante o debate que podemos buscar acordo sobre a validade de afirmações diferentes e até contraditórias proferidas no debate.

Há regras que tornam esse acordo possível em princípio: por exemplo, a autoridade de "fatos" ou da "evidência empírica"; a autoridade da coerência lógica. Tais regras nos permitem decidir "quem são e quem não são os participantes racionais". Nós podemos decidir "sobre a verdade da questão", ou pelo menos sobre o que deve ser feito para que a verdade da questão se estabeleça. Essa experiência difere de modo claro, digamos, de uma sessão de negociação entre porta-vozes de campos inimigos, em relação aos quais se supõem contradições de interesses, propósitos, pontos de vista, seleção de fatos relevantes etc.; haveria pouca esperança, para a autoridade que confere a capacidade de verdade, ou a habilidade de coerência lógica, de superar uma assimetria de recursos de poder. As duas experiências dão plausibilidade à distinção entre o papel intrínseco (intracomunitário) e o papel extrínseco (intercomunitário), respectivamente, de legisladores e intérpretes. O problema, contudo, é como estabelecer a distinção entre situações que exigem um ou outro papel?

A erosão da ascendência universal do ambiente no interior do qual a tradição intelectual no Ocidente se desenvolveu e tomou forma expôs o vínculo antes invisível entre a validade pragmática de tal tradição e a comunalidade da "forma de vida" ou "comunidade de significados". A questão, contudo, é qual o tamanho da comunidade? O que ela envolve? Onde devem ser traçadas as fronteiras?

Em sua busca por uma definição efetiva de nação, Ernest Gellner descobriu que,

> como um modo natural, dado por Deus, de classificar os homens, como um destino político inerente, mas longamente adiado, as

> nações são um mito; o nacionalismo, que às vezes toma culturas preexistentes e transforma-as em nações, às vezes também as inventa e com frequência oblitera culturas preexistentes; isso é uma realidade, para o melhor e para o pior, e em geral uma realidade inescapável. ... Nações só podem ser definidas nos termos de uma era de nacionalismo, e não o oposto, como seria de se esperar.[22]

Nações são um tipo peculiar de comunidade, mas o discernimento de Gellner tem aplicações mais gerais. Isso tem uma relevância direta para o nosso problema. Revela a comunidade – este nome filosófico para um território dentro do qual os intelectuais ainda podem desdobrar suas capacidades legislativas –, em primeiro lugar, como um postulado, um projeto, uma estratégia, uma declaração de intenção e a ação que a segue. O problema não é "que coleção particular de homens pode ser descrita como uma verdadeira comunidade", mas a que coleção particular nós dirigimos o tipo de comportamento visto como válido, efetivo, e por isso "racional", dentro de uma "comunidade". Comunidades não são unidades de "classificação natural, dadas por Deus", mas produtos de uma ação diferenciadora e separadora. Comunidades são, e devem ser, constituídas por tais ações.

Usando o raciocínio de Gellner sobre a relação entre nações e nacionalismo, derivamos que a origem, a se projetar, de uma unidade ostensiva de classificação não é propriamente uma novidade. A transformação de variedade em unidade, a substituição de "*a* cultura" por uma diversidade de formas de vida, foi a característica mais preeminente da história intelectual no Ocidente. O que parece ser novo, e apresentar problemas sem solução experimentada, é que o "comunalismo" dos dias atuais, à diferença do "nacionalismo" descrito por Gellner, é em essência apenas um empreendimento filosófico, desprovido do apoio que o nacionalismo teve das potências emergentes no Estado absolutista. Para chegar ao sucesso, o proselitismo dos primeiros intelectuais pegou a onda da história; adaptava-se ao poder que buscava ascendência espiritual, integração social e controle baseado em legitimação e lealdade patriótica. O comunalismo não parece compartilhar da sorte histórica do nacionalismo.

Durante a melhor parte de sua história, os intelectuais do Ocidente traçaram os planos de uma sociedade melhor, civilizada ou racional extrapolando sua experiência coletiva em geral e as suposições contrafactuais de seu modo de vida em particular. A "boa sociedade", a despeito de todas as diferenças entre planos, possuía, invariavelmente, uma característica: tratava-se de uma sociedade bem-adaptada ao desempenho do papel intelectual e ao florescimento do modo de vida intelectual. O mundo dos intelectuais era politicamente dividido. Eles se juntavam a um ou outro dos oponentes de classe, engajados em acerbo conflito pelos recursos do poder do Estado. Cada escolha, contudo, era argumentada e legitimada em termos da esperança de que a classe selecionada desejasse e fosse capaz de criar ou sustentar uma sociedade confortável para as atividades intelectuais; uma sociedade que admitisse na prática a centralidade de domínios especificamente intelectuais (como cultura e educação) e o papel crucial das ideias na reprodução da vida comunal.

Nenhum agente histórico parece hoje corresponder a essa descrição. Não há foco histórico para a esperança de que o mundo possa se tornar seguro e confortável para o trabalho intelectual. Foi talvez a consciência desse aspecto da nova era que encontrou sua expressão algo sublimada no "desaparecimento do agente histórico" de Touraine, ou na "crise de legitimação" de Habermas. Ambas as expressões transmitem a compreensão profunda de que as ambições que fundamentaram a validade do modo de vida intelectual fracassaram.

Não há nenhum suposto déspota esclarecido buscando conselho de filósofos. Só há filósofos tentando, de maneira desesperada, criar comunidades e sustentá-las com o poder exclusivo de seus argumentos. Até então, as únicas comunidades que foram criadas e efetivamente sustentadas de tal modo foram as suas próprias.

· 10 ·

Duas nações, primeira versão: o seduzido

Por muitos anos agora, o "Puritano" ocupou um lugar desproporcional entre as preocupações intelectuais. Não o puritano dos Cabeças Redondas regicidas, iconoclastas e caçadores de bruxas; não o puritano dos exilados devotos, tementes a Deus e supersticiosos, da Nova Inglaterra; tampouco qualquer puritano histórico particular, neste tocante. O objeto da intensa atenção intelectual foi um Puritano laboriosamente costurado, a partir dos escritos, selecionados com habilidade, de sábios e santos, em torno do plano fornecido pelo modelo de modernidade como lugar de razão e racionalidade. O conto moral de Weber armou os intelectuais com o mais poderoso mito etiológico da modernidade. (O conto há de ter sido lisonjeiro para os magnatas da indústria capitalista: apresentava suas fortunas como um subproduto não almejado e imprevisto de uma vida pia, do ascetismo e da busca de nobres fins. Mas de modo algum é claro se os magnatas ligavam para esse tipo de lisonja e contavam entre os leitores ávidos de contos de fada.)

Os intelectuais, mais que quaisquer outros, gostaram imensamente do conto de Weber. No mito do Puritano, eles imortalizaram um reflexo especular de si mesmos, de suas ambições insatisfeitas, embora ainda vívidas, de domínio da historicidade pelo qual ansiavam e do qual às vezes – contra toda probabilidade – acreditavam ser capazes de controlar.

Na verdade, a bem-conhecida ideia de "afinidade eletiva" não foi produto do exame ponderado e distanciado de indícios empíricos, e nem uma quantidade colossal de pesquisa histórica poderá transformá-la nesse tipo de exame. Ela foi construída em retrospectiva, a partir do ponto de vista da "gaiola de ferro" de um mundo absolutamente racional, no qual em hipótese vivíamos e no qual viveríamos amanhã; foi essa gaiola de ferro que serviu como protótipo do "manto leve" outrora jacente sobre ombros pios.

Não um Calvino, nem um Baxter, nem um Franklin foram os verdadeiros heróis do mito de Weber. Essa "afinidade eletiva" era o vínculo indestrutível entre o mundo racional e a paixão pela perfeição, por uma vida justa, pelo trabalho duro, a domesticação dos instintos e das emoções, o adiamento da satisfação, a "obra de uma vida de virtude", o controle sobre o corpo e sobre o destino humano. O conto de Weber não é nem nunca foi a narrativa de um acontecimento histórico. Como todos os mitos, situa-se fora do tempo histórico. É o texto de um mistério que todos nós escrevemos e no qual somos escritos, o roteiro de um drama de modernidade, infinito, mas sempre completo.

O "capitalismo" da "afinidade eletiva" simbolizava a "sociedade racionalmente organizada" (da qual "a busca racional do lucro", o tributo de Weber ao modelo intelectual de historicidade hoje em moda, era apenas um aspecto, embora central). O Puritano simbolizava esse homem "não conformista" autocontrolado, que, a partir de seu próprio modo de vida, os intelectuais construíram como ator central de uma sociedade guiada pela razão e produto dessa sociedade. Entre eles, o Puritano e a "busca racional do lucro" representavam o intento e a exequibilidade do projeto intelectual: seu casamento dava sentido e confiança ao impulso intelectual por um mundo feito à sua imagem. Para parafrasear Voltaire, onde não houver puritanos, eles têm de ser inventados.

Talvez a necessidade de um mito etiológico e extratemporal seja sentida com maior vigor quando um tipo de realidade social experimenta os primeiros sintomas do fim iminente. É ainda mais provável que a intensidade com que o mito é abjurado junte forças com o declínio dessa "obviedade" e autoconfiança da realidade. O conto de Weber teve de esperar para ser redescoberto, devidamente apreciado e trazido ao centro da atenção individual.

A busca pelo Puritano, por sua característica única, por sua realização histórica formidável, começou de fato quando os pensadores que avaliavam a direção que sua sociedade adotara primeiro sentiram, e depois proclamaram em voz alta, que ela havia dado uma guinada, afastando-se do plano original, que tomava um caminho errado, que faltava ou estava prestes a desaparecer algo de vital importância. É como se o Puritano se tornasse tão mais fascinante quanto mais pungente fosse sentida sua ausência. De modo ostensivo, Weber construiu sua versão moderna do mito de Prometeu para explicar a *origem* da modernidade. Hoje, o Puritano tem sido examinado sobretudo para explicar a *morte* da modernidade.

Sem dúvida, não se pode assegurar que uma premonição do fim iminente do mundo no qual a perfeição tomou a forma de racionalidade (ou da futilidade de se esperar tal mundo) não tenha desempenhado papel importante na decisão original de Weber, de codificar os preceitos da ética puritana. Na época em que ele estava imerso em seu estudo, o clima intelectual da Europa já abundava em profecias de destruição e advertências de que estava em questão a sobrevivência de uma sociedade baseada na razão e em ideais culturais. O Puritano ainda não tinha nascido, ou a notícia do seu nascimento ainda não tinha chegado aos escritores do Apocalipse, mas, ainda assim – cada qual a partir do seu próprio ponto de partida –, todos tateavam em direção a algo misteriosamente semelhante ao modelo de Weber; este Puritano ainda sem nome estava por trás da grandeza da civilização moderna, enquanto sua expulsão ou despejo significava o infortúnio futuro.

Assim Nietzsche deplorou a paixão dos seus contemporâneos pelo efêmero e o momentâneo, sua submissão às três pragas de *Moment* (momento), *Meinungen* (opiniões) e *Moden* (modas); a desintegração de suas vidas numa sucessão de experiências, estímulos e palpitações fugazes, sem plano ou desígnio; a notável falta de qualquer capacidade para realizar um esforço ou autossacrifício intencional de longo prazo em nome de um projeto meritório (seria desejável dizer: a presteza do Puritano em adiar a gratificação).[1]

Gustave Le Bon proclamou a era futura como uma "idade das multidões", definindo multidão como o ambiente social no qual a individualidade, definida por sua vez como capacidade de julgamento racional, é obliterada. O reino da multidão é o fim da civilização, pois toda civilização deve se basear em forças morais, garantindo um impulso rumo à autoperfeição e a uma vida sob a razão.[2] A civilização é feita de certa constituição mental e tem seu fundamento no caráter de sua gente.[3] A mentalidade popular, que então substituía a mentalidade racional, é notória pela credulidade, a ingenuidade, a submissão à orientação dos outros, e pela incapacidade de autocontrole ou ação automonitorada (seria desejável dizer: a mentalidade popular, na ascendência, perdeu suas qualidades puritanas).[4]

A distopia de Ortega y Gasset surgiu um tempo depois, mas apenas acirrava os insights e a sagacidade de seus numerosos predecessores; acima de tudo, ela tinha se tornado um clássico instantâneo e inflamado a imaginação europeia bem antes do conto de Weber ser trazido de volta à ribalta. Em Ortega, o diagnóstico de destruição estava centrado na nossa existência "da mão à boca", sem pensar no futuro; na nossa ânsia por uma vida isenta de toda e qualquer restrição; em nossa psicologia "de criança mimada"; na satisfação com o que somos e na relutância em melhorar, enquanto uma vida verdadeiramente nobre deve ser "sinônimo de uma vida de esforço" (seria desejável dizer: o que falta em nós é precisamente o ímpeto Puritano de autorrepressão e autoperfeição).[5]

Houve muitos Virgílios e Ovídios que anteciparam o Evangelho. Este deu nome e foco àquele algo que eles procuravam e tentavam definir com precisão: o Puritano, o fazedor de um mundo governado pela razão, e, depois, seu produto antecipado; um produto que, contudo, deixou de se materializar.

Nem todos os autores que exploram o legado do Puritano têm apenas louvores ilimitados para este evasivo arauto da modernidade. Richard Sennett talvez seja o exemplo mais exemplar de analista que decodifica os males da estafada modernidade como a vingança póstuma do Puritano, como a emersão dos aspectos "mais corrosivos" da personalidade puritana: a preocupação excessiva com a autoautenticação, a vida virtuosa, a abnegação e a "interioridade", resultando em narcisismo contemporâneo, obsessão com o eu, dissipação da capacidade de desempenhar um papel ou conduzir a vida pública, a degeneração da privacidade em intimidade, da sociabilidade em jogo interminável orientado para o autoaperfeiçoamento.[6] Essa crítica devastadora da transmudação da ética protestante, embora exponha os perigos insuspeitos intrínsecos ao herói tal como pintado por Weber, não nega necessariamente o valor do Puritano em sua forma idealizada. Ela apenas declara sua realidade.

O tom dominante é de oposição: o Puritano morreu ou está prestes a desaparecer, e uma personalidade totalmente diferente tomou seu lugar. Uma personalidade tanto mais odiosa porque oposta àquela que os *philosophes* sonharam em moldar, e singularmente desfavorável aos tipos de serviço para os quais os descendentes dos *philosophes* eram qualificados e sentiam-se destinados a prestar.

No que se pode argumentar ter sido a declaração mais apaixonada sobre a morte do Puritano e suas medonhas consequências, John Carroll anuncia o advento de uma "cultura remissiva", produtora e produzida pela "personalidade remissiva".

> A cultura remissiva é prescritivamente antimoralista. Numa cultura moralista como a puritana, conflitos entre as exigências da

> sociedade e o desejo de um indivíduo são resolvidos pela imposição de proibições; normas indisputadas de conduta atuam como paliativos para o pânico e o desespero. A única norma consciente do hedonista-remissivo é ser antipuritano, viver segundo uma moral anarquista – comandos frouxos para negligenciar normas –, duvidar de todos os valores herdados, negar a primazia de toda e qualquer organização e personalidade particular. O Estado é um Estado de "revolução cultural permanente", com a cláusula de que um ataque demasiado vigoroso contra as velhas estruturas da ordem é neurótico, sintomático de levar estas ordens demasiadas a sério, delas não ser emancipado da maneira adequada. ...
>
> Mas esse anarquismo representa uma visão remissiva de si mesmo, e não uma realidade. Um estilo remissivo é por força normativo, aprovando espontaneidade, intimidade, libertação hedonista, abertura emocional; desaprovando autoridade e controle, reprovando a postura de reprovação. ...
>
> No âmbito moral, remissão representa perdão de todos os pecados; no âmbito institucional, libertação de todos os controles, ... Bases objetivas de culpa são abolidas; ninguém e nada é responsável, a única responsabilidade que o indivíduo tem é de ser bem-sucedido na escolha dos seus prazeres.

O "homem remissivo" de Carroll é o oposto exato e de modo nenhum uma descendência, legítima ou não, do Puritano: "O homem econômico era renunciador, anal-retentivo e puritano, ao passo que o remissivo é apetitoso, oralmente complacente e de muitas maneiras católico." A "autoridade interna [do puritano] depende de compromisso com uma estrutura que coage o eu e, por sua vez, da primazia do ethos; porém, para o homem hedonista, o ego, nesse sentido, revela-se afinal uma prisão, não serve a propósito algum exceto limitar seus prazeres". Para resumir, "a procura da beleza, e em particular a busca por uma imagem de perfeição, ostenta os lineamentos do puritanismo. ... O divertimento, em contraste, serve como meio de libertação".[7]

Na justaposição cortante, deliberadamente exagerada e provocativa de Carroll, o significado do alvoroço da "morte do Puritano" é revelado: o Puritano serve como uma abreviatura para a aceitação da coação e da autoridade supraindividual, para o esforço concorde de reprimir impulsos emocionais e subordiná-los aos preceitos da razão, para a crença num ideal de perfeição e em fundamentos objetivos de superioridade moral, estética e social, para autorrepressão e autoaperfeiçoamento.

Em outras palavras, o Puritano – o debate da "morte do Puritano" – se impõe como cidadão naturalizado do mesmíssimo mundo que os intelectuais do Iluminismo empreenderam construir. Ele representa ao mesmo tempo a sociedade governada pela razão, e a imposição de restrições em seu nome, e seus produtos antecipados – homens que tenham interiorizado as regras e que servem como anfitriões colaboradores das "fortificações nas cidades conquistadas". A "morte do Puritano" simboliza o sentimento de que tais esperanças foram irrecuperavelmente destruídas.

O que agora, olhando em retrospecto, parece ter sido o "projeto" de modernidade, não funcionou. Tanto a cultura como todo quanto seus membros individuais já não parecem mais suscetíveis (se é que jamais o foram) ao tipo de tratamento civilizador para o qual os *philosophes* se prepararam, e que seus herdeiros se educaram para realizar. Sem nenhuma ponte para a realidade cotidiana, sem nenhum apoio nos corpos ou nos espíritos dos homens e mulheres comuns, as ambições legislativas legadas pelos *philosophes* e institucionalizadas como a memória coletiva dos intelectuais parecem estar irremediavelmente encerradas na torre de marfim da teoria e da crítica ineficaz; na melhor das hipóteses, elas podem agora servir com uma fórmula para uma entre muitas atividades intelectuais (por mais nobres e por mais ricamente gratificantes que sejam) especializadas e compartimentalizadas; uma atividade que só tem sua própria continuação como propósito.

As esperanças foram outrora muito estimulantes. Os esclarecidos, os educados, os intelectuais acreditavam que tinham algo de grande importância a oferecer para a humanidade aflita e *expectante*; eles acreditavam que as humanidades, uma vez transmitidas e absorvidas, humanizariam; que eles remodelariam as vidas humanas, suas relações, sua sociedade. A cultura, produto coletivo e bem-estimado dos intelectuais, era vista como a única chance que a humanidade tinha para prevenir os perigos combinados da anarquia social, do egoísmo individual e do desenvolvimento unilateral, mutilador e desfigurador do eu. A cultura seria um esforço orientado, mas entusiástico e universalmente compartilhado, para alcançar a perfeição. Ninguém expressou essa esperança de maneira mais pungente que Matthew Arnold:

> A cultura, que é o estudo da perfeição, nos leva ... a conceber a verdadeira perfeição humana como uma perfeição *harmoniosa*, desenvolvendo todos os lados da nossa humanidade; e como uma perfeição *geral*, desenvolvendo todas as partes da nossa sociedade. ... A ideia de perfeição como uma condição *interior* da mente e do espírito está em divergência com a civilização mecânica e material estimada entre nós. ... A ideia de perfeição como uma expansão *geral* da família humana está em divergência com nosso forte individualismo, com nossa aversão a todo limite ao impulso irreprimível da personalidade do indivíduo, com a nossa máxima "cada um por si". Acima de tudo, a ideia de perfeição como expressão *harmoniosa* da natureza humana está em divergência com nosso desejo de flexibilidade, com nossa inaptidão para ver mais que um lado de uma coisa, com nossa absorção intensamente energética na atividade particular em que estivermos envolvidos. ...
>
> A cultura tenta incansavelmente não fazer aquilo de que cada pessoa rude possa gostar, a regra pela qual ela se amolda; mas trazer cada vez para mais perto de um sentido do que é de fato belo, elegante e apropriado, e fazer a pessoa rude gostar disso.[8]

Em parte alguma Arnold detalhou as regras pelas quais se pode reconhecer o que é "de fato" belo, elegante e apropriado. Isso não impede seu manifesto de exsudar um ar de certeza e autoconfiança. Arnold *sabia*, sabia com certeza, o que é belo e apropriado, o que é "suavidade e luz"; sabia com certeza que, se tivessem uma chance, todos concordariam com ele. Essa autoconfiança não se baseava numa convenção metódica; não era estabelecida em acordo institucional sobre regras de procedimento. A certeza de Arnold tirou sua força da mais firme das fundações possíveis – a hierarquia indiscutível de valores, simbolizando uma hierarquia de autoridade não questionada. O que as pessoas empoleiradas no pináculo da civilização viam como elegante e meritório era *sem dúvida* elegante e meritório. Não havia outras réguas com que medir beleza e mérito.

Em mais de um sentido, podem-se ver os dois ensaios de George Steiner intitulados "In a post-culture" como o livro *Cultura e anarquia*, de Arnold, revisitado.[9] Não saber o que nós sabemos hoje, diz Steiner, era privilégio de Arnold e Voltaire; a ignorância deu confiança. Nós sabemos o que eles não sabiam: que as humanidades não humanizam – ou, pelo menos, não necessariamente. Das alturas do que então se passava, de modo legítimo, como auge da civilização, parecia óbvio que havia uma "congruência [preordenada] entre civilização da mente individual por meio do saber formal e uma melhoria das qualidades louváveis da vida". Isso não nos parece óbvio de todo; ainda pior, acharíamos muito difícil argumentar que algo é uma "melhoria", já que abandonamos o axioma do progresso, perdemos a técnica de "sonhar com o futuro", deixamos de ser "animados por utopias ontológicas" e, com tudo isso, perdemos a capacidade de discernir o "melhor" do "pior".

Nosso tempo pôs fim à estrutura de valor consensual (seria preferível dizer: dominante) e acarretou uma rejeição de todos os "cortes binários que representavam o domínio do cultural sobre o natural", como os cortes entre o Ocidente e o resto, educados e incultos, estratos superiores e inferiores. A superioridade da cultura ocidental já não parece mais autoevidente; com isso, nós perdemos nosso "centro confiante", sem o qual não há cultura. O nosso, sem dúvida, é um tempo de "pós-cultura". A cultura, insiste Steiner, tem de ser elitista e avaliadora. Com esses dois traços em disputa e sob ataque, o futuro da nossa civilização é "quase imprevisível". Fica-se tentado a resumir: a dicotomia de Arnold era apta, a escolha era sempre entre cultura e anarquia. Mas Arnold não sabia de que maneira a escolha seria feita.

Nem todos os sociólogos estudiosos da cultura moderna acatariam completamente os prognósticos apocalípticos de Steiner, mas a maioria concordaria com a substância de seu diagnóstico: a hierarquia outrora inconteste de valores culturais desintegrou-se, e a característica mais notável da cultura ocidental hoje é uma ausência de fundamentos sobre os quais se podem fazer julgamentos de valor competentes. Claro que os sociólogos se interessam pelos processos sociais que levaram a tal resultado. Por que o ímpeto do Iluminismo parou tão aquém da perfeição "geral" e "harmoniosa" da sociedade e dos seus membros? Por que a esperança de congruência entre conhecimento formal e qualidades louváveis da vida deixou de materializar-se? O que deu errado? Tinha de ter dado errado?

Uma das respostas mais comuns a tais perguntas é a divisão autopropelida e impossível de conter do saber humano numa pletora de especialidades estreitamente circunscritas, parciais e frouxamente interligadas. O tópico é debatido de forma ampla e insaciável, mas resta não superada a formulação seminal do vínculo entre o destino da cultura e o desenvolvimento de tecnologia e ciências que se guiem exclusivamente pela lógica dos instrumentos e das capacidades produtivas que eles haviam gerado, proposta por Georg Simmel mais de 70 anos atrás. A versão de Simmel é uma versão moderna da história do aprendiz de feiticeiro: ferramentas emancipadas dos propósitos humanos aos quais originalmente serviam tornaram-se seu próprio propósito, ditando o ritmo e a direção de seu próprio movimento.

> O que impele os produtos do espírito é a lógica cultural, e não a lógica natural científica dos objetos. Neste lugar jaz o impulso fatidicamente imanente de toda tecnologia, tão logo ela ultrapassa o

âmbito do consumo imediato. Assim, a produção industrial de uma variedade de produtos gera uma série de subprodutos correlatos, dos quais, falando da maneira apropriada, não há necessidade. É somente a compulsão pela utilização plena do equipamento criado que produzem sua demanda. O processo tecnológico exige ser completado por vínculos que não são impostos pelo processo psíquico. Os vastos suprimentos de produtos criados acionam uma demanda artificial que não tem sentido da perspectiva da cultura do sujeito. Não há diferença nos vários ramos das ciências. Por um lado, por exemplo, técnicas filológicas desenvolveram requinte insuperável e precisão metodológica. Por outro, o estudo da matéria que pode ser de interesse genuíno para a cultura intelectual não se reabastece tão depressa. Assim, o esforço filológico muitas vezes se torna micrologia, esforços pedantes e elaboração do secundário, segundo um método que prossegue em seu próprio nome, uma extensão de normas substantivas cujo caminho independente já não coincide mais com aquele da cultura como completamento da vida. ...

Não há razões por que não se multiplicar na direção do infinito, por que não se acrescentar livro a livro, obra de arte a obra de arte, ou invenção a invenção. A forma da objetividade em si possui uma capacidade ilimitada de realização. A capacidade voraz de acumulação é profundamente incompatível com as formas de vida pessoal.[10]

"A tragédia da cultura", para Simmel, consiste no fato de que a ciência, a tecnologia, as artes, todas engendradas pelo ímpeto do espírito humano na direção da melhoria e da perfeição, tornaram-se irrelevantes para seu criador e seu propósito original, e isso por causa mesmo de seu sucesso. Humanidades não humanizam, em primeiro lugar, porque sua prole ramificada, profusa e vicejante deixou de ser "humanidades". "O criador" já não se reconhece mais nas suas criações. Elas lhe parecem estranhas, seres objetivos, ameaçadores, por sua falta de familiaridade e sua "exterioridade", do reino de controle do Criador.

Dizendo-o de outro modo, a visão de Simmel é de um "estreitamento" progressivo do lugar onde as intenções civilizadoras do Iluminismo podem reter seu ímpeto. "O intelectual" torna-se então um conceito que separa os portadores de cultura não só do não educado, ignorante, primitivo ou inculto, mas também de muitos cientistas, técnicos e artistas. Não é de admirar que Simmel tenha jogado com a ideia do intelectual como estrangeiro – um estrangeiro num mundo saturado de ciência, tecnologia e artes. Num mundo como este, o intelectual, em seu papel tradicional de legislador, tem de ser um viajante trágico, um sem-teto. Sua tragédia é exacerbada pela compreensão de que nenhum dos muitos enclaves especializados da razão deve acolhê-lo como seu líder, por equívoco negligenciado; a maioria nem sequer se lembrará dele como seu venerável – quiçá obsoleto – ancestral. Ninguém precisa mais de sua orientação – a não ser por alguns outros estrangeiros como ele próprio.

A impressão do aprendiz de feiticeiro, de ter perdido o controle sobre seu próprio produto e legado, talvez remonte ao fato de os discursos sobre verdade, julgamento e gosto, que pareciam ser administrados por intelectuais (e no qual só eles eram participantes legítimos), serem agora controlados por forças sobre as quais os intelectuais, os metaespecialistas em validação de verdade, julgamento e gosto, têm pouco controle, se é que têm algum.

O controle foi assumido por outras forças – por instituições autônomas de pesquisa e aprendizagem especializadas que não necessitam de validação, mas se reabastecem por suas próprias regras processuais institucionalmente suportadas, ou por instituições também autônomas de produção de mercadorias, que não necessitam de outra validação além do potencial produtivo da sua própria tecnologia. Acima dessas torres mundiais institucionalmente fragmentadas, está a nova meta-autoridade validadora: o mercado, com preço e "demanda efetiva" retendo o poder de distinguir entre verdadeiro e falso, bom e ruim, belo e feio.

Pode-se argumentar que os esforços de Simmel e Steiner foram as mais valentes batalhas de retaguarda travadas pelo já derrotado intelectual legislador. As outras escaramuças de retaguarda foram empreendidas pelos teóricos da "cultura de massa", horrorizados pelas tendências nas quais seus sucessores – reconciliados com a condição pós-moderna – exultariam. Nessas outras escaramuças, o mercado tornou-se o alvo principal. Foi acusado de apropriar-se ilegalmente do direito de decidir em matérias nas quais somente a elite cultural era um juiz confiável. Tendo submetido a validação da cultura ao julgamento prático e quantificável da demanda, o mercado reduziu a elite cultural a um dos muitos "grupos de interesse de gosto" a competir uns com outros pela benevolente atenção do consumidor.

Restrito a uma minoria aparatosa e pouco à vontade, sempre derivando o sentido de seu próprio valor superior da sua inacessibilidade à gente comum, o gosto da "alta cultura" estava malpreparado para tal competição e fadado a fracassar. Ele não podia, portanto, aceitar a legitimidade de uma corte em que o mercado era o juiz e o júri ao mesmo tempo.

Num contexto diferente, David Joravsky escreveu outrora sobre a "dependência da liberdade intelectual em relação à desdenhosa indiferença dos políticos modernos ao mundo do intelecto".[11] Já debatemos a mudança seminal nos fundamentos do poder de Estado que decorreu do desenvolvimento das técnicas pan-ópticas de controle, e a crescente capilarização do poder social; desenvolvimentos que levaram ao deslocamento gradual das legitimações ideológicas e, afinal, tornou-as quase irrelevantes para a reprodução da integração sistêmica.

Visto pelo lado oposto, o mesmo processo pode ser descrito como uma emancipação gradual do trabalho intelectual com relação às coações do Estado, com liberdade e irrelevância demasiado próximas uma da outra. Essa proximidade impede que os intelectuais vejam o processo com satisfação não contaminada; ou, antes, leva a uma divisão profunda entre a outrora unificada (em autodefinição, senão na prática) elite educada.

As especialidades multifacetados observadas por Simmel desfrutam sua liberdade e fazem o melhor de sua parcial relevância localizada e de seu controle espacial e funcionalmente limitado. O núcleo duro da elite educada – dando prosseguimento ao metadiscurso da modernidade e preocupado com a problemática tradicional de verdade, julgamento e gosto, e com a tarefa tradicional de legislação de validade – só conhece uma relevância: global em escala e política em função. Como isso lhe foi retirado, o metaintelectual tem de se sentir espoliado. É o lado de irrelevância da transação, e não o de liberdade associada, que ele sente com maior força.

O comentário de Joravsky tem um significado mais amplo; aplica-se à esfera da cultura com um todo. Aqui, como no campo do "discurso de legitimação", irrelevância gera liberdade. O advento do Estado moderno, com seu interesse em extirpar diferenciações locais, os modos de vida autônomos e autopropelidos baseados na comunidade, e substituí-las por um padrão de disciplina unificado para toda a sociedade, necessitou de uma cruzada cultural para alcançar seu fim. As ambições organizadoras do Estado "jardineiro" se harmonizavam bem com a ambição globalizadora de proselitismo intelectual. As políticas do Estado e o esforço civilizador dos intelectuais pareciam funcionar na mesma direção, alimentar e reforçar um ao outro – e depender um do outro para seu sucesso.

Como no caso do discurso legitimador, contudo, o Estado moderno tornou-se cada vez menos dependente da varredura uniformizadora das cruzadas culturais. Com suas técnicas panópticas desdobradas, o Estado prospera em divisões burocráticas, separações, classificações. "Onde estão as cruzadas de outrora?" Por que haveriam os políticos de necessitar delas? As elites educadas preservaram seu status social superior; mas os valores que elas se jactavam de guardar e exibiam como prova de sua importância coletiva perderam sua relevância política e, por essa razão, a obviedade de sua superioridade.

Liberta de seu fardo de legitimação, a cultura podia ser – e foi – desdobrada num novo papel de integração. A liberdade que emana da irrelevância sistêmica da cultura trouxe pouco benefício para a elite educada, com suas ambições de legislar sobre o valor. Não foi ela que se mudou para o lugar desocupado pelos políticos. Privada de apoio político, os esforços para lançar novas cruzadas culturais devem ter parecido cada vez mais extravagantes como ideias, e absurdos, como práticas. Para horror dos legisladores culturais, a emancipação da cultura com relação ao controle do Estado mostrou-se, de forma inextricável, a emancipação da cultura com referência ao poder que eles próprios detinham.

Redundante no reino da integração sistêmica, a cultura se mudou para a esfera da integração social, onde se encontrou na companhia de todos os outros, profusos e diminutos poderes capilares, e compartilhou sua falta de foco, sua diversidade e o fato de serem difusos.

Do ponto de vista da história cultural, não se tratava, contudo, de um retorno à esfera original que a cultura habitava antes de ser desdobrada – no começo dos tempos modernos – a serviço da integração sistêmica do Estado moderno. A esfera, funcionalmente semelhante a seu equivalente pré-moderno, assumiu uma forma institucional pós-moderna de caráter e consequência muito diferentes. Bases comunais de poderes localizados foram destruídas no curso da longa marcha do Estado moderno; elas não estavam disponíveis quando a cultura, tornada irrelevante na reprodução sistêmica, voltou ao plano social subsistêmico. Contudo, outras bases de poder localizado estavam à espera – e logo fizeram da cultura o objeto de sua administração. Essas bases estavam localizadas na rede institucional do mercado; a cultura tornou-se uma mercadoria comercializável, sujeita, como outras mercadorias, à corte suprema, onde lucros e demanda efetiva têm assento como juízes.

Era a compreensão de que a liberdade política da cultura esvazia o poder dos legisladores culturais que estava por trás das condenações ultrajadas dos teóricos da "cultura de massa". Dwight Macdonald alertou seus leitores contra os perigos imanentes da nova situação: "Há uma tépida e flácida cultura mediana emergente, que ameaça tudo engolfar no lodo que ela espalha." De modo sensível, Macdonald localizou as raízes da assustadora tendência na própria falta de discriminação que acompanha de maneira inevitável a liberdade e a democracia: "A cultura de massa é muito, muito democrática: ela se recusa a discriminar contra, ou entre, qualquer coisa ou qualquer pessoa."

O que parecia mais detestável era o fato de que a falta de discriminação significava na prática o rebaixamento da "alta cultura", colocando-a no mesmo pé que todas as outras escolhas culturais, e a recusa de ouvir seriamente o veredicto validador de seus sacerdotes. Macdonald não tentou esconder que sua raiva era dirigida contra aqueles que, sob a cobertura da liberdade, faziam (e "impunham") escolhas, com isso afrontando abertamente as prerrogativas que eram de direito exclusivo da elite cultural – não contra o "povo" que aceitava (ou era "forçado" a aceitar) essas escolhas. Ele se afastou de seu caminho para fazer uma distinção nítida entre "massa", as vítimas indefesas da violência dos manipuladores culturais, e o verdadeiro "povo", que os manipuladores culturais tinham destruído como portadores autônimos de cultura.

A cultura de massa, destacaria Macdonald reiteradas vezes, não é mais uma versão da "cultura popular" ("Uma cultura popular ou um povo ... é uma comunidade, isto é, um grupo de indivíduos vinculados entre si por interesse, trabalho, tradições, valores e sentimentos comuns"), mas "uma expressão das massas, coisa muito diferente".[12] Macdonald esqueceu, com muita conveniência, o papel dos intelectuais na própria destruição da "cultura popular" e das comunidades nas quais ela estava fixada. Isentos de controle cultural elitista, os descendentes dos ontem ignorantes, primitivos supersticiosos, de repente se tornaram portadores de valor a serem defendidos contra a cultura "medíocre" de uma maneira que nunca tinham sido defendidos contra as intromissões dos *Kulturträgers* (portadores de cultura) e educadores elitistas. Sobre o "relacionamento especial" entre os intelectuais e o povo "rude", culturalmente não iniciado, "comum", Pierre Bourdieu comentou que o artista

> prefere a ingenuidade à "pretensão". O mérito essencial do "povo comum" é que ele não tem nenhuma das pretensões à arte (ou ao poder) que inspiram as ambições do "pequeno-burguês". Sua indiferença reconhece tacitamente o monopólio. É por isso que, na mitologia de artistas e intelectuais, cujas estratégias de defesa e dupla negação às vezes os levam de volta aos gostos e opiniões "populares", o "povo" desempenha com tamanha frequência um papel que não é diferente daquele do campesinato nas ideologias conservadoras da aristocracia decadente.[13]

Nessa observação, em outros aspectos perceptiva e sensata, Bourdieu deixa de mencionar a verdadeira importância da comparação: foi a aristocracia *decadente* que idealizou "o camponês"; são os "legisladores culturais" *decadentes* que idealizam "o povo". Os caçadores de ontem defendem "o povo", sua caça cultural legítima, contra os caçadores invasores.

Quanto ao conteúdo da crítica à cultura de massa, nós encontramos aqui os mesmos temas que descobrimos no discurso da "morte do Puritano": só que desta vez eles são organizados em torno da noção de cultura, agora, como antes, compreendida como um processo de magistério, como "fazer alguma coisa por alguém". Como no caso das validações recíprocas do conceito de "artista bom" e "arte boa", também na crítica à cultura de massa, as ideias de "fazer coisas erradas" e "dos que fazem tais coisas são pessoas erradas" validam-se mutuamente. A condenação dos administradores contemporâneos de cultura (não intelectuais) necessita de uma prova de que seus produtos são de qualidade inferior; mas a inferioridade dos produtos só pode ser provada pela evocação da falta de credenciais daqueles que afiançam sua qualidade.

Assim, a cultura de massa é acusada, antes de tudo, de promover o culto da facilidade. A cultura mediana de Macdonald era "tépida e flácida" sobretudo porque se limitava a coisas de fácil compreensão e porque as coisas rejeitadas exigiam trabalho árduo e educação especializada de seu consumidor. Esforço supremo para alcançar o misterioso e verdadeiramente meritório sempre foi parte indispensável da metodologia autolegitimadora dos intelectuais (Capítulo 1). A suposição de que é possível ser "culto" sem esforço, sacrifício e sofrimento corta a superioridade intelectual pela raiz. "Se educação e cultivo são processos graduais, progressivos e ordenados", escreveu Bernard Rosemberg, "então a cultura popular é o oposto." "Pois o que torna a cultura de massa assim tantalizante é a implicação de falta de esforço."[14] Os efeitos foram resumidos por Ernest van den Haag: "A cultura se torna passatempo de expectador."[15]

O livro de Rosemberg e White e o debate que desencadeou nos anos 1950 e 1960 talvez tenham sido o tiro de largada na história da "decadente aristocracia " de espírito. C.W. Mills escreveu ao mesmo tempo que os meios de comunicação de massa deveriam ser tirados do controle das forças de mercado e retomados pelos intelectuais a quem pertenciam por direito. Naquela época, ainda parecia que a direção que a cultura havia tomado quando se desembaraçou de sua velha função legitimadora dentro do sistema podia ser revertida; que o papel legitimador podia ser restaurado no núcleo duro da elite intelectual, os descendentes dos *philosophes* dos últimos dias.

Tais esperanças se dissiparam aos poucos ao longo dos anos, e, com elas, terminou o debate sobre a cultura de massa. As esperanças e o debate podiam continuar enquanto a irrelevância política irreversível da esfera cultural-artística dentro do Estado do último período da modernidade permanecesse negligenciada. E ela foi negligenciada – tanto por detratores quanto pelos poucos admiradores da cultura de massa. Entre os da segunda categoria, Edward Shils viu no fenômeno de uma "sociedade de massa" um desenvolvimento verdadeiramente louvável: trazer as massas, antes condenadas à periferia, para mais perto do "centro" da sociedade, isto é, suas instituições centrais e seus sistemas centrais de valor.[16] Como os que criticavam a cultura de massa, Shils via a cultura em sua velha e já perdida função. Contrariamente a suas opiniões, "instituições centrais" na verdade alcançavam a "periferia" melhor que antes (embora por seus tentáculos pan-ópticos, e não por quaisquer postos missionários avançados); mas os "sistemas centrais de valor" continuaram a ser preocupação exclusiva dos intelectuais, já que eles tinham perdido a sua utilidade, portanto, seu significado, para todos os demais.

Em anos mais recentes, ficou cada vez mais claro que a absorção da cultura por forças de mercado alcançou o ponto de não retorno. Em conformidade com isso, o foco do debate cultural vem se deslocando de modo lento, mas claro. Ouvem-se menos as reivindicações dos porta-vozes da alta cultura; como era de se esperar, com as reclamações cada vez menos realistas, os relatos horrorizados do mórbido e degradante impacto dos bens culturais distribuídos pelo mercado deram lugar a estudos mais sóbrios e distanciados dos diversos "sistemas de gosto", escolhas do consumidor, modas culturais e a rede institucional que apoia tudo isso. A teoria da cultura pós-moderna é a culminação dessa tendência. Nela, o papel legislativo dos intelectuais é afinal descartado, e os contornos de um novo papel, o de intérprete, são gradualmente reunidos.

As mudanças do último par de décadas talvez possam ser atribuídas à descoberta do mecanismo autoperpetuador e autorreprodutor do que agora passou a ser conhecido como cultura do consumidor. Hoje, esse mecanismo foi amplamente descrito, e não há necessidade de sua análise detalhada. Podemos nos limitar ao inventário de alguns dos seus pontos mais importantes.

Pode-se dizer que o ponto mais importante é a capacidade do mercado de consumo de tornar o consumidor dependente dele. Na hábil formulação de Wolfgang Fritz Haug, "primeiro, novas mercadorias tornam as tarefas necessárias muito mais fáceis, e então as tarefas tornam-se difíceis demais para serem realizadas sem ajuda. ... O carro particular, com a deterioração do transporte coletivo, divide as cidades de modo não menos efetivo que os bombardeios de saturação, e cria distâncias que já não podem mais ser vencidas sem um automóvel".[17]

A primeira frase é verdadeira por causa da destruição de habilidades que a introdução de novos produtos traz como consequência; a segunda é verdadeira pela reestruturação do ambiente que o novo produto requer. Em ambos os casos, novas mercadorias tornam-se indispensáveis; elas criam a sua própria necessidade – o que às vezes é expresso pelos analistas como a capacidade do mercado de criar necessidades "artificiais" (seria muito melhor expressar o fenômeno em termos da capacidade do mercado de tornar novas necessidades praticamente indiscerníveis das "naturais"; dado o planejamento da maioria das cidades americanas contemporâneas, e a relação espacial contemporânea entre residência, trabalho e lazer, seria fútil argumentar que a necessidade de um carro ou de qualquer outro veículo de mobilidade pessoal é uma necessidade "artificial" ou, ainda pior, "falsa").

A dependência do mercado também advém da destruição progressiva das habilidades sociais – a aptidão e a disposição de homens e mulheres para entrar em relações sociais, mantê-las e repará-las, em caso de conflitos. A acurada análise de Richard Sennett sobre a transformação da "privacidade" em "intimidade" e do "erotismo" em "sexualidade" já é bem conhecida; a transformação leva, segundo Sennett, ao estabelecimento de uma "*Gemeinschaft* (comunidade) destrutiva" – o tipo de ambiente em que a criação de relações estáveis, completadas com direitos e deveres, é evitada por deficiência das habilidades sociais dos participantes; no qual "o outro" serve apenas como instrumento de uma eterna luta (porque carente de propósito definível) por autenticidade individual; e no qual a acumulação de habilidades sociais é impossível, pela precariedade e fragilidade de todos os vínculos temporários e "até segunda ordem" inter-humanos.

Esse é o "vazio social" que o mercado preenche com facilidade. Incapaz de enfrentar os desafios e problemas provenientes de suas relações recíprocas, homens e mulheres se transformam em bens, serviços e pareceres especializados comercializáveis; eles precisam de ferramentas produzidas em fábrica para imbuir seus corpos de "personalidades" socialmente significativas;

opinião médica ou psiquiátrica para curar as feridas deixadas por reveses anteriores – e futuros, de serviços de viagem a fim de fugir para cenários não familiares que, espera-se, irão prover melhor ambiente para a solução dos problemas familiares; ou simplesmente do ruído produzido em fábrica (literal ou metafórico) para "suspender" o tempo social e eliminar a necessidade de negociar as relações sociais.

A dependência de bens e serviços comercializáveis gerada pela ausência de habilidades sociais torna-se depressa uma dependência de mercado. Bens e serviços se introduzem como soluções para problemas humanos genuínos: um amaciante de roupas como cura para a carência de atenção da família à esposa ou à mãe "já não mais tão jovem e atraente"; uma nova marca de perfume como meio de atrair os serviços do sexo oposto sem de fato se esforçar ("por impulso"); uma nova marca de vinho para deixar os convidados da festa bem-dispostos e interessantes.

O efeito cumulativo é a convicção de que para todo problema humano há uma solução à espera em algum lugar numa loja, e que a única habilidade que homens e mulheres necessitam mais que qualquer outra coisa é a capacidade de encontrá-la. Essa convicção torna os consumidores ainda mais atentos aos bens e às suas promessas, de modo que a dependência pode se perpetuar e se aprofundar. Fazer compras torna-se a capacidade que atua em lugar de todas as outras, agora dispensáveis ou fadadas à extinção.

Como os bens prometem mais do que podem dar, e os consumidores estão condenados, mais cedo ou mais tarde, a descobrir a ausência de correspondência entre o valor de uso ostensivo e o genuíno de cada produto individual, a convicção tem de ser galvanizada continuamente por promessas "novas" e "aperfeiçoadas", e suas corporificações materiais.

Daí o bem-descrito fenômeno da "obsolescência programada" – de início pensada como de natureza física, tecnológica, mas agora vista acima de tudo como função da técnica de marketing chamada de "*crowding out*" ou "expulsão". O papel dos produtos novos consiste sobretudo em tornar obsoleto o produto de ontem; com os produtos "velhos", desaparece a memória de suas promessas não cumpridas. A esperança nunca é frustrada de todo; em vez disso, ela é mantida num estado de excitação contínua, com o interesse sempre em trânsito, deslocando-se para objetos sempre novos.

Jean Baudrillard disse sobre a moda que ela "encarna um compromisso entre a necessidade de inovar e a de nada mudar na ordem fundamental".[18] Nós preferiríamos mudar a ênfase: a moda parece ser o mecanismo pelo qual a "ordem fundamental" (dependência de mercado) é mantida por uma cadeia infinita de inovações; a própria perpetuidade das inovações torna suas falhas individuais (e inevitáveis) irrelevantes e inofensivas para a ordem.

Consumidores dependem do mercado não apenas para enfrentar os problemas com que lidariam com suas próprias capacidades e habilidades sociais de sonhar com o futuro, se ao menos as possuíssem; consumidores também necessitam do mercado como fundamento de sua certeza e autoconfiança. Com a capacidade de comprar ocupando a condição suprema, a certeza que conta mais e que promete compensar todas as outras certezas (ausentes) é a relativa às escolhas de compra. A moda, apoiada pela estatística das escolhas de outras pessoas, oferece essa certeza. Compra-se *Whiskas*® com menos temor de inadequação pessoal, uma vez que se sabe que seis entre dez gatos preferem-na a qualquer outra ração.

O orgulho de ser "racional" na seleção de bens (pelo menos no sentido de estar com a maioria) preenche o lugar deixado vazio pela ausente e não mais disponível autoavaliação gratificante baseada na manifestação de capacidades técnicas ou sociais. A dona de casa pode agora gabar-se da sensatez de comprar o sabão em pó certo, em vez de orgulhar-se da excelência de sua especialidade em lavar roupa.

A dependência em relação ao mercado foi exacerbada pela colonização de um volume crescente de necessidades. Entre elas, pode-se incluir a necessidade de um projeto de vida; eles são agora organizados em torno de uma série temporal de compras pretendidas. Ou da necessidade de entretenimento; no topo da sempre crescente quantidade de brinquedos e passatempos que o mercado oferece, ele oferece a si mesmo como entretenimento supremo. Comprar significa não só agir a fim de satisfazer a ânsia de capacidades, certezas e propósitos de vida perdidos; também é uma excelente diversão, um tesouro inesgotável de estímulos sensuais - compartilhados com todos os demais -, a ocasião social suprema. Comprar provê igualmente o equivalente contemporâneo da aventura, da exploração de terras exóticas, de expor-se a perigos moderadamente excitantes, da ostentação de proezas e de correr riscos.

Suportada pelo mercado como instituição essencial da sociedade ocidental contemporânea - uma instituição que torna sua própria posição inatacável pela habilidade de produzir e reproduzir uma dependência total de si mesma -, a "cultura de consumo" se torna, na opinião da maioria dos analistas, um atributo irremovível dos nossos tempos. A cultura de consumo é uma cultura de homens e mulheres integrados à sociedade acima de tudo como consumidores.

As características da cultura de consumo explicáveis exclusivamente em termos da lógica do mercado, onde elas se originam, assomam sobre todos os outros aspectos da vida contemporânea - se é que de fato resta qualquer outro aspecto não afetado pelo mecanismo de mercado. Assim, todo item de cultura se torna uma mercadoria e fica subordinado à lógica do mercado, seja por meio de um mecanismo econômico direto, seja de um indireto, psicológico. Todas as percepções e expectativas, bem como ritmos de vida, qualidades de memória, atenção, relevâncias motivacionais e tópicas, são ensinadas e moldadas dentro da nova instituição "fundamental" - o mercado. Segundo os mesmos analistas, é preciso referir-se a essa lógica de mercado para entender a arte ou a política contemporânea.

A cultura de consumo cria seu próprio mundo, autossustentado e autossuficiente, completo, com seus heróis e arautos próprios – gente sob os refletores, colocados ali porque vendem muitas fitas, quebram recordes de bilheteria, vencem pesquisas, sabem o "preço justo" de uma mercadoria hoje em moda; e, em outros aspectos, excelentes em termos de virtudes de consumidor, impolutos por memórias embaraçosas de trabalho árduo e abnegação de puritanos.

O mundo é densamente povoado – heróis são substituídos à velocidade da luz, para prevenir toda chance de desencanto, com alguns poucos "magníficos" guardados na memória da plateia para encarnar a atemporalidade e a continuidade do modo de vida consumidor. O mundo cheio de heróis consumidores deixa pouco espaço para qualquer outro; num noticiário, o tempo dedicado a esporte, entretenimento e "gente" (uma "coluna de fofocas" consideravelmente expandida) ocupa a maior parte do espaço e atrai a atenção da maioria dos espectadores ou leitores.

Muito apertados entre os heróis consumidores, os políticos têm de se comportar como eles – ou perecer. A informação política deve ser servida da maneira para a qual o mercado consumidor preparou o público: "notícias" são quase uma ferramenta de esquecimento, uma maneira de induzir a expulsão das manchetes de ontem da consciência do espectador. O resultado é uma narrativa equivalente à pauta de Stockhausen: uma cadeia de itens sujeitos a nenhuma ordem sintagmática, sem determinação da informação posterior pela precedente e, por conseguinte, uma sucessão aleatória; estruturas de expectativa não podem se solidificar, e, assim, a liberdade do compositor permanece desacorrentada.

É óbvio que, no contexto da cultura de consumo, não sobrou espaço para o intelectual como legislador. No mercado, não há nenhum centro de poder, nem qualquer aspiração de criar algum (a alternativa seria uma "ditadura [política] sobre necessidades", proposta também desinteressante para intelectuais com ambições legislativas). Não há lugar de onde pronunciamentos competentes possam ser feitos, tampouco recursos de poder concentrados e exclusivos o bastante para servir como alavanca para uma campanha maciça de proselitismo.

Com isso, os meios tradicionais, reais ou esperados, de "legislação intelectual" estão ausentes. Intelectuais (como todo mundo) não têm controle sobre forças de mercado e não podem realisticamente esperar adquirir algum domínio sobre elas. A cultura de consumo significa um tipo de sociedade muito diferente daquele em que a tradição dos *philosophes*, o fundamento histórico da memória viva da legislação intelectual, nasceu e para o qual estava equipada.

Um dos mais acurados analistas da cultura em sua fase de consumo, Pierre Bourdieu sugere que a entronização desta significa uma mudança substantiva no modo de dominação central para a integração social. O novo modo de dominação se distingue pela substituição da repressão pela sedução, do policiamento pelas relações públicas, da autoridade pela propaganda, da imposição da norma pela criação de necessidades.

O que liga os indivíduos à sociedade hoje é sua atividade como consumidores. Os indivíduos não necessitam, por conseguinte, ser reprimidos em seus impulsos naturais e na tendência a subordinar seu comportamento ao princípio do prazer; eles não precisam ser vigiados e policiados. (Esta função foi assumida pelo mercado – pela transformação da tecnologia da informação em objeto de consumo privado, a sociedade "vigilante" foi substituída, como sugere Jacques Attali, por uma sociedade "autovigilante".)[19] Os indivíduos se submetem voluntariamente ao prestígio da propaganda e, assim, não necessitam de qualquer crença "legitimadora". Sua conduta se torna manejável, previsível, e portanto não ameaçadora, pela multiplicação de necessidades, e não pelo enrijecimento das normas.

O conceito de Bourdieu é produto de uma visão curiosamente estreita; uma visão que deixa de fora uma parte considerável da sociedade contemporânea, e, por tudo que sabemos, uma parte indispensável, inevitável e irredutível dela. Ela pode ser negligenciada com facilidade ao modelarmos uma teoria de sociedade dominada pelo mercado. Pois é a dominação do mercado que a torna irrelevante, marginal e teoricamente "alienígena", "residual" ou "não ainda eliminada" (de modo muito semelhante àquele como a teoria social centrada no capital tratou as formas "não capitalistas" de vida; a teoria originada no Iluminismo tratou os "incultos"; ou a teoria centrada no Estado do comunismo viu os aspectos "não socialistas" do caráter humano).

Não obstante, essa outra parte da sociedade, que não convém à descrição de Bourdieu, é tão inevitavelmente produzida pelo mercado quanto aquela que convém. Ela constitui o "outro lado da moeda", o outro polo do ímã. As duas partes só podem existir juntas – e só juntas podem ser eliminadas. Como se pode ler na própria análise de Bourdieu, a sedução é tão efetiva porque sua alternativa é a repressão; e "o que a luta competitiva eterniza não são condições diferentes, mas a diferença entre condições".[20]

A diferença entre condições é uma diferença entre liberdade e necessidade, cada qual derivando seu significado da presença da outra. O dinheiro é o que faz a diferença. O mercado é uma instituição democrática: está aberto a todos, como o Ritz Hotel. Não exige passaportes internos ou permissões especiais. A única coisa de que homens e mulheres precisam para entrar é dinheiro. Sem isso, todavia, eles devem permanecer do lado de fora – e lá descobrem um mundo com um caráter inteiramente diferente. O que torna o dinheiro tão atraente e incita as pessoas a tentar obtê-lo de todas as maneiras é exatamente a possibilidade de comprar sua saída desse segundo mundo. Em comparação com ele, a economia de mercado refulge como um reino de liberdade e como a encarnação da libertação.

Mais de um século atrás, Disraeli fez uma das afirmações mais memoráveis dos tempos modernos: "Disseram-me que o Privilegiado e o Povo formavam duas nações."

O que Disraeli queria dizer, pode-se conjecturar, eram duas nações de empregadores e empregados, de exploradores e explorados. Nossa sociedade consiste, mais uma vez, em duas nações.

Só que as nossas são nações de seduzidos e reprimidos; dos que são livres para satisfazer suas necessidades e os que são forçados a obedecer às normas. Sem a segunda das duas nações, o quadro do mundo pós-moderno ficaria fatalmente incompleto.

· 11 ·

Duas nações, segunda versão: o reprimido

Leon Trotski certa vez observou sobre a intelligentsia russa que, "destituída de significação independente na produção social, pequena em número, economicamente dependente, ... justamente consciente da sua impotência, [ela] está à procura de uma classe social maciça sobre a qual possa se apoiar".[1] Pode-se argumentar que buscar uma classe maciça foi uma empreitada mais aguda e intensa na Rússia do que em qualquer país europeu ocidental, e portanto mais fácil de observar.

O modo como os círculos intelectuais russos foram gerados no curso do século XIX (ver a excelente análise de Robert J. Brym),[2] um século depois de os padrões da missão intelectual já terem sido firmemente estabelecidos no Ocidente, só deixou um minúsculo espaço para qualquer esperança de transformar os czares em déspotas esclarecidos, e o Estado que eles governavam numa estrutura organizacional para o progresso da razão. Não é de admirar que a intelligentsia russa tivesse de ser radical a fim de permanecer fiel ao papel que assumiu; não é de admirar que ela olhasse em volta à procura de uma "classe maciça", mais inclinada, por sua natureza, a criar o ambiente que os intelectuais necessitavam para levar a cabo sua missão.

As circunstâncias únicas da Rússia, contudo, só acirraram uma situação de importância muito mais ampla. O que uniu os intelectuais ao longo de toda a história moderna da Europa, na Rússia tanto quanto em qualquer outro lugar, foi o anseio pela organização racional do mundo social, e a imagem do produto final dessa organização como uma espécie de sessão permanente de "conferência e debate"; como era de se esperar, os intelectuais moldaram a visão da sociedade ideal a partir de seu próprio modo de vida coletivo; e um atributo que nunca deixaram de conferir a esse ideal foi a alta autoridade concedida à razão e a seus porta-vozes. Os tipos existentes de sociedade tendiam a ser avaliados a partir do mesmo ponto de vista; elas eram julgadas pelo grau de proximidade com o reino do modelo da razão e pela probabilidade de que avançassem, por seus próprios meios, para a implementação plena de tal modelo.

Esse era o elemento de unidade; todo o resto dividia os intelectuais em campos reciprocamente hostis, muitas vezes engajados numa guerra mais implacável e inescrupulosa que a animosidade manifestada contra qualquer outra parte da sociedade ou categoria social. Entre os fatores mais divisores estavam as estratégias que vários setores do estrato intelectual propunham empregar no esforço para promover a racionalização de sua sociedade; e os poderes que propunham recrutar para levar a tarefa a termo.

Já vimos (nos Capítulos 3 e 4) que a tarefa em si fora de início concebida no contexto da monarquia absolutista ascendente e sua demanda por técnicas de administração social numa escala nunca antes conhecida. Era natural que o déspota esclarecido, e o seu potencial quase ilimitado de mudar a realidade social por decreto, surgisse como poder e estratégia óbvios. Ele não podia, contudo, durar muito nesse papel. A russa Catarina e o prussiano Frederico não foram exatamente o que os Voltaire, Diderot, D'Alembert e Rousseau daquela era otimista precoce esperavam que fossem ou se tornassem. Nenhum dos descendentes de Luiz

XIV resplandeceu de modo tão brilhante no céu dos filósofos como o Rei Sol, o inesquecível protetor das artes e da ciência.

A partir de então, os intelectuais permaneceriam divididos. Em primeiro lugar, o processo de "cisura" acumulou força: áreas de interesse e pesquisa a se ramificar a partir do tronco comum desenvolveram uma distância sempre crescente do projeto original de racionalização. Várias descendências dos *philosophes* colonizaram ou construíram áreas no interior da sociedade as quais controlavam, ou dentro das quais usufruíam alto grau de autonomia – o todo tornava-se apenas oblíqua e tenuemente ligado ao destino do projeto original.

O outro efeito desse processo foi o estreitamento do núcleo duro dos intelectuais gerais, ainda propensos a desempenhar um papel que os colocava em contato inevitável, ou em conflito, com os poderes políticos do Estado. Há um consenso bastante difundido entre sociólogos de que a intensidade do processo foi inversamente proporcional para os dois lados. Quanto mais bem-sucedidos fossem os intelectuais parciais, mais hospitaleiros e absorventes eram seus enclaves especializados para os recém-chegados às fileiras da elite educada. Quanto menos preeminente fosse a presença dos intelectuais gerais, menos pronunciado era seu envolvimento na política de conflito (e vice-versa, claro).

Com isso em mente, concentremos-nos, contudo, no que quer que tenha restado dos intelectuais gerais, guardiões e praticantes dos padrões preservados, na memória coletiva, das esperanças, realizações e frustrações da Era da Razão. São as suas próprias divisões internas que nos interessam aqui.

Há uma característica comum a todas as classes e estratos da sociedade moderna. Seus quadros coletivos são sempre pintados pelos mesmos artistas: os intelectuais. Ao pintar esses retratos, os intelectuais aplicaram, de maneira inevitável, seus próprios padrões de beleza ou feiura. Critérios de beleza permaneceram os mesmos ao longo de toda a Era Moderna: uma afinidade íntima com o progresso, compreendido como a ampliação do escopo da Razão às expensas do que quer que a ela se opusesse; uma apreciação do valor da racionalidade e uma necessidade muito pronunciada de esclarecimento; um culto à verdade, e o respeito por aqueles que a conhecem e sabem separá-la de erros; e a disposição de dar à Razão a autoridade última na conformação e na administração da sociedade e da vida de seus membros.

Os critérios de feiura permaneceram não menos uniformes: oposição aos preceitos da racionalização; tendência a suprimir verdades inconvenientes; inclinação a agarrar-se a ideias que os especialistas em verdade declaram irracionais, preconceituosas ou míticas; e colocar interesses "parciais" (porque em desacordo com a universalidade da Razão) acima das necessidades "gerais" (porque ditadas pela Razão universal) da sociedade e de seus membros.

Com os padrões de beleza e feiura constantes, os quadros diferiram e mudaram ao longo do tempo, registrando sucessivas esperanças intelectuais e suas frustrações. A galeria de retratos seria mais bem-compreendida como uma história de romances não consumados e amores não correspondidos. Há muitos heróis modernos na galeria, e cada um deles acumulou retratos lisonjeiros, mas também degradantes, ao longo dos anos.

O pioneiro da indústria, domesticador da natureza, conquistador de terras virgens e extrator de poderes não usados do homem, foi pintado com devoção por Saint-Simon como cavaleiro impecável e destemido da Razão. À diferença da nobreza, que tentava lhe amarrar as mãos por medo do progresso que suas obras anunciavam, o industrialista heroico de Saint-Simon era curioso, inquisitivo, tinha mente aberta, amava o homem de ciências, a quem respeitava e cujo conselho ouvia. Tais industrialistas tinham de criar um mundo feito à medida dos mais audaciosos sonhos intelectuais.

O problema com esses retratos era que o modelo desavisado (caso se desse o trabalho de examiná-los) não os teria reconhecido como seus. Novos problemas surgiriam: outros intelectuais olhariam o retrato sem entender, reconhecendo seu objeto putativo como uma criatura grosseira e ignorante, desconfiada das ideias ambiciosas e daqueles que – sem sucesso – tentavam divulgá-las; alguém que gosta da "racionalidade", mas só dentro de sua propriedade; que não se incomodaria com a devastação que sua propriedade leva a tudo o que está além da cerca. Assim Marx iniciava uma crítica aos magnatas da indústria, pela ausência das virtudes de abnegação que Saint-Simon lhes havia creditado.

Também havia outros heróis na galeria. Políticos democraticamente eleitos, por exemplo, os quais, premidos por dependerem de "razões de Estado" ou pelo "interesse geral", teriam de impor restrições a tudo que fosse egoísta, privado, paroquial, parcial. Eram os portadores recentes do manto do déspota esclarecido. Encarregados da tarefa de administrar a complexa máquina do Estado moderno, eles tinham necessidade urgente de uma teoria da ação política confiável, de um propósito aceitável para todos por sua universalidade, de um grupo de pessoas peritas e plenamente educadas para comunicar o propósito à nação e administrar sua realização.

Ou, então – uma vez que os políticos se mostraram interessados sobretudo em política "partidária"; necessitados mais de slogans atraentes que de teorias e propósitos; preocupados mais em encontrar saídas para as confusões sucessivas do que com os planos para um futuro distante –, muitos intelectuais consideraram a possibilidade de só terem a si mesmos e pessoas como eles em quem confiar; de que o artista, o homem de letras e o filósofo teriam de portar o fardo do progresso em seus próprios ombros, esperando que suas próprias ideias se tornassem forças materiais fortes o bastante para superar os poderes seculares existentes.

Entre todos os heróis, contudo, um ocupou uma posição mais notável: o "proletariado", "os condenados da terra", os que sofrem demais para concordar em continuar aguentando, os que suportam a parte mais difícil na tardança da sociedade racional e, por essa razão, não deixariam de se agrupar sob as bandeiras do progresso no momento em que vissem a verdade da sua miséria. Poderiam ser os camponeses da intelligentsia populista da

Rússia ou seus sucessores recentes – radicais africanos ou latino-americanos. Antes de tudo, contudo, foram os trabalhadores industriais que posaram, em geral sem saber, para seus retratos como porta-estandartes proletários da Razão.

Mais que qualquer outra classe na sociedade moderna, os trabalhadores pareciam se assemelhar ao retrato idealizado do herói coletivo prestes a liderar a humanidade em direção à terra prometida da Razão. Em primeiro lugar, eles não eram experimentados, e, portanto, à diferença das classes mais afortunadas da sociedade, não estavam comprometidos: suas esperanças ainda não tinham uma realidade contra a qual ser testadas e descartadas.

Apesar do nome antigo que lhes impuseram seus admiradores conscientes da história, os trabalhadores modernos não tinham qualquer equivalente exato em nenhuma das eras precedentes da humanidade. Eram uma verdadeira novidade, e por isso podiam conduzir a promessa de um futuro não contaminado pelas amargas memórias do passado. Ao contrário de outras classes sofredoras do passado, eles estavam concentrados, e portanto visíveis; seu número crescia depressa, eles – como ferreiros tribais – desempenhavam ritos mágicos que domavam a natureza e a tornavam maleável. Por essa razão esperou-se que desenvolvessem uma resistência e uma força física que seus admiradores só podiam admirar.

Mas ainda, havia bases mais importantes para fixar a busca pela "classe histórica" dos trabalhadores e proclamá-los como o proletariado da Era Moderna. Eles mostraram sinais de que tinham consciência do caráter comunal de seu destino, de uma determinação a fazer alguma coisa a respeito dele; eram obstinados, militantes, iam para as ruas, revoltavam-se, construíam barricadas.

Em retrospecto, sabemos que essa militância atingiu o auge na tentativa vã de deter "o progresso da Razão", isto é, a substituição do confinamento da fábrica pelo que a memória mantinha viva como liberdade do pequeno produtor.[3] Na época, contudo, esse saber não estava disponível, e foi fácil naturalizar a militância historicamente determinada e imputar às mãos fabris inquietas, que olhavam para trás, interesses que elas não possuíam. A resistência violenta a ser transformada numa classe disciplinada e vigiada de perto pela sociedade capitalista "racional" pôde ser compreendida como uma prova de que a "classe em si" já estava se transformando em "classe para si"; creditou-se aos trabalhadores um grau de "estabelecimento" na sociedade "que se racionalizava" semelhante àquele que coube a seus mitologistas intelectuais.

Talvez a mais importante das razões para concentrar o sonho de futuro dos intelectuais nos trabalhadores industriais foi que, afinal, os porta-vozes da Razão, encontrou-se uma categoria da população improvável de questionar então ou para sempre sua autoridade. Na verdade, estava ali uma classe destinada a servir como protótipo da visão de "intelectuais orgânicos" – intelectuais que, em vez de trabalhar duro para se tornarem úteis, tiveram sua utilidade literalmente imposta a eles pelo "interesse histórico" de uma classe.

Os trabalhadores necessitavam de melhoria e autoaperfeiçoamento: eram incultos, ignorantes, incapazes de compreender ideias amplas e complexas, de vincular seu sofrimento pessoal à marcha majestosa da história. Em vista da natureza de sua privação, eles só podiam ser aprimorados e aperfeiçoados daquele modo que os intelectuais eram especialistas em supervisionar: sendo ensinados. Por assim dizer, eles jogaram o intelectual no papel de um Pigmaleão coletivo (o da versão de Bernard Shaw).

Os trabalhadores deram aos intelectuais a força de que necessitavam, mas essa força seria formada e controlada por poderes que os intelectuais, e somente os intelectuais, possuíam. Mesmo quando denegriam sua própria intelectualidade ineficaz e morna, comparando-a com o "instinto de classe" e o "poder natural" dos trabalhadores, os intelectuais apenas faziam o que pais orgulhosos fazem com tanta frequência: contrastar sua própria mediocridade com a prodigalidade de seus filhos. No projeto de juntar "os que sofrem" e "os que pensam", supunha-se que os sofredores não pensassem por si próprios, e aos pensadores era conferida a tarefa de reunir.

O motivo persevera ao longo de toda a tempestuosa história do romance do intelectual com o "proletariado" das fábricas modernas. Ele é claramente audível na visão de Marx sobre a passagem de "classe em si" à "classe para si" – uma passagem realizada pela aquisição das teorias da sociedade e da história. Ele era claro em sua insistência de que essa aquisição só podia ser alcançada pelo estudo científico, isto é, por aquilo que os intelectuais profissionais têm o hábito e a capacidade de fazer; em seus comentários cáusticos sobre a propensão dos sindicatos a caírem sob os encantos da "respeitabilidade burguesa", se deixados a seus próprios recursos intelectuais; e por último, mas não menos importante, em seu tratamento da "crítica da ideologia", ou da "crítica da economia política", tarefas supremamente intelectuais, da mais alta sofisticação, como estrada régia para a "racionalização" final da sociedade moderna, que teria fim pela derrubada do capitalismo por uma revolução proletária.

O mesmo motivo soa nas visões de muitos e variados seguidores de Marx. Kautsky via o socialismo como um casamento entre o movimento da classe trabalhadora (espontaneidade, inclinações naturais, instinto de classe etc.) e um partido socialista (portador organizado da teoria científica). Com todas as heresias dele quanto ao que a teoria científica tem a dizer sobre a forma que tomaria uma versão socialista da sociedade racional, Bernstein estaria de acordo com esse aspecto.

Lênin adotou a fórmula de Kauksty, acrescentando que, por si sós, os trabalhadores alcançariam, no máximo, uma mentalidade "sindicalista" (isto é, a mentalidade inferior, de imagens ignorantes, inventadas da realidade a partir de uma experiência localizada, paroquial e incapaz de elevar-se à universalidade que só o conhecimento científico pode alcançar). Procurando pela melhor expressão do relacionamento já aceito como axioma, Gramsci chamou o partido de "intelectual coletivo".

Luckács teve dificuldade para provar a superioridade da "consciência de classe" – um produto de análise intelectual – sobre a "consciência da classe", isto é, das opiniões mantidas pelos trabalhadores: esta última, provou ele, era, inescapavelmente, uma consciência "falsa", uma consciência que necessitava ser corrigida, à espera das boas informações que só a análise do processo histórico podia propiciar. Althusser elevou as ideias – o mundo no qual os intelectuais vivem e refletem a si mesmos – ao status de uma realidade em si, e, para todas as intenções e propósitos, nelas situou as raízes e a iniciativa da mudança social.

Cada vez mais cissíparas e críticas a Marx, as seitas e grupinhos da esquerda hoje estão preocupados (no tempo deixado livre pelas lutas internas) em "conscientizar" as pessoas e "fazer as pessoas entenderem". Promovem essa tarefa incitados pela memória histórica, e não por uma experiência coletiva presente dos intelectuais "gerais" (para não falar dos "parciais").

Tudo isso não quer dizer que o casamento que uma parte considerável dos intelectuais desejava fazer com a classe trabalhadora fosse ditado exclusivamente por razões de conveniência calculada. Na autoidentificação apaixonada com a causa proletária, havia, na maioria dos casos, um ingrediente muito poderoso de compaixão e preocupação humanas genuínas com a sorte dos despossuídos e sofredores. Em alguns casos, esse fato em si incitava as pessoas à ação (como atestam os exemplos de Mayhew, Booth ou Riis) sem apoio de qualquer interesse historiosófico; às vezes, incitada por estes, a compaixão deixava de ser um meio para se tornar o fim da ação (como se pode argumentar, um padrão mais bem exemplificado por Blanqui).

O sofrimento era, sem dúvida, uma parte inseparável de todas as teorizações intelectuais a respeito da dura condição e do papel antecipado da classe trabalhadora. Jamais em si mesma, contudo, a pobreza dos trabalhadores de fábrica foi vista como o agente primordial da racionalização histórica. Para que esta última fosse proclamada, a compaixão tinha de receber uma atribuição de qualidade situacional e intrínseca, a qual, pelas razões já detalhadas, os trabalhadores de fábrica pareciam justificar.

É o reconhecimento da ausência ou da erosão de tal justificativa que se manifesta na perda de interesse pelas classes trabalhadoras entre os intelectuais contemporâneos. Interrompidos apenas por ressuscitações esporádicas de velhas esperanças, desencadeadas por "explosões sintomaticamente interpretadas" de militância operária de curta duração (em 1968 na França, na greve epidêmica do começo dos anos 1970 na Grã-Bretanha), os intelectuais gerais de hoje (ou melhor, a parte desta categoria ainda fiel à definição tradicional, legislativa, de seu papel) estão, na famosa frase de Alvin Gouldner, mais uma vez "indo à compra de um agente histórico".[4] Eles não acreditam mais que a classe trabalhadora industrial fará no futuro o que deixou de fazer até agora: cumprir a (imputada) promessa.

Livros, artigos e manifestos abundam, ostentando títulos como "adeus ao proletariado" e mensagens de aburguesamento, privatização, incorporação ou escravização pelos aparelhos ideológicos do Estado, os quais supostamente colocaram os trabalhadores industriais de uma vez por todas fora do alcance do papel histórico que, esperava-se (de maneira correta à época, ou de forma equivocada desde o princípio), eles iriam desempenhar.

Ao mesmo tempo, não se confia aos pobres de hoje, que não são aburguesados, privatizados ou incorporados, a herança da agência histórica; na verdade, não lhes é oferecida herança alguma; o sofrimento não torna o sofredor um agente de racionalidade. Se todos os outros heróis pintados se mostraram o que eram desde o começo – heróis *pintados* –, só restam duas estratégias.

Primeira: o pintor parar de se esconder atrás de suas pinturas, admitir – como os artistas pós-modernistas – que a pintura nada representa a não ser ele mesmo e sua arte técnica, e se proclamar agente primordial da sociedade racional futura (como derivou Gouldner, quando disse que os intelectuais são a "melhor chance que temos"; ou como sugeriu Daniel Bell em *Co-*

ming of Post-Industrial Society, só para questionar suas próprias sugestões em *Cultural Contradictions of Capitalism*).

Segunda: abandonar de todo as ambições legislativas, admitir que a racionalidade do mundo não parece aumentar, mas proclamar que, de todo modo, isso não importa, pois a principal necessidade humana não é buscar a verdade, mas compreender, e que as pessoas necessitam de uma boa interpretação, e não de legislação – algo que felizmente não requer um agente histórico e pode ser feito pelos próprios intelectuais.

Por que a classe trabalhadora perdeu sua atração para os intelectuais? E por que o "novo pobre" não a teve desde o começo?

Há um acordo quase universal entre os estudiosos das tendências econômicas em curso de que o número de trabalhadores industriais já ultrapassou o seu pico e vai continuar a encolher até eles serem reduzidos a uma minoria relativamente pequena da população. Com efeito, ganha força a opinião de que a manufatura industrial está passando por um processo semelhante àquele que teve lugar na agricultura no século XIX. Um aumento geral da produção agrícola global foi então acompanhado pela dizimação da força de trabalho agrícola; 40% da população estavam empregados na produção de alimentos no começo do século, mas só 3% ao final. O que aconteceu na agricultura está agora acontecendo na produção de bens industriais; segundo alguns cálculos, o volume total de produtos gerados pela indústria de hoje exigiria, daqui a 25 anos, somente cerca de 5% da força de trabalho total. Trabalhadores manuais são deslocados em números sempre crescentes pela automação e por robôs, que finalmente tornaram-se mais baratos que trabalhadores "vivos". Os edifícios das fábricas hoje têm pouca semelhança com os imensos e feios "campos de concentração" do passado, no interior dos quais se agitou a ira proletária e foi forjado o ímpeto revolucionário – ou foi o que pareceu para os que viram de fora.

O número total de empregados não diminui na mesma velocidade que o seu núcleo industrial. Ele sofre, contudo, uma reestruturação considerável, com um efeito irresistível: uma distância rapidamente crescente entre os reais atributos da mão de obra empregada e aqueles outrora imputados ao proletariado, radicalizado por suas condições de trabalho. A nova estrutura da força de trabalho é marcada acima de tudo, nas palavras de André Gorz, por

> uma divisão dualística da população ativa: de um lado, atuando como repositório dos valores tradicionais do industrialismo, uma elite de membros permanentes, seguros, de tempo integral, ligados ao seu trabalho e ao seu status social; do outro, uma massa de desempregados e de trabalhadores precários ocasionais, sem qualificações ou status, realizando tarefas servis.[5]

É claro, a "servilidade" das tarefas realizadas é um efeito da negação do status pela retirada da proteção sindical; um subproduto das táticas de "fechamento por exclusão" da mão de obra sindicalizada fortalecida. Parece que os analistas que tentam explicar a erosão do radicalismo sindical pelas mudanças que estão ocorrendo em certas categorias de trabalhadores consideradas separadamente da reestruturação total da força de trabalho tomaram um caminho errado. Como no terceiro quarto do século XIX na Grã-Bretanha, a divisão dentro da mão de obra ocupa um lugar de destaque nas preocupações dos sindicatos, provendo um determinante principal de sua estratégia e dirigindo o gume da política de "*jobs for the boys*"* contra a mão de obra ocasional, de meio expediente, não sindicalizada, formalmente desqualificada e mal paga. Questionadas por uma nova revolução tecnológica, as organizações sindicais responderam até aqui cavando trincheiras em torno dos privilégios acumulados pelas fileiras minguantes de trabalhadores tradicionais, qualificados e de tempo integral. Sua luta é, com certeza, uma batalha de retaguarda com pouca chance de sucesso. Segundo

---

* *Jobs for the Boys*: favoritismo em que empregos e outras patronagens são dados a elementos que compartilhem interesses comuns. (N.T.)

todos os cômputos disponíveis, pela primeira vez na história moderna, o investimento de capital significa hoje decréscimo no número de empregos (pelo menos no sentido estimulado pela prática sindicalista). A classe trabalhadora – na forma idealizada pelos intelectuais "indo à compra de um agente histórico" e institucionalizada pelas práticas organizacionais dos sindicatos – está de saída, obsolescendo. Só é possível debater o seu papel como agente histórico em termos de promessas não cumpridas e chances perdidas.

Isto deixa de fora a "massa de desempregados e de trabalhadores precários ocasionais"; os novos pobres, o verdadeiro proletariado no antigo sentido romano da palavra; os milhões crescentes daqueles que confiam em pagamentos suplementares ou assistencialistas para a sua sobrevivência física; marginais ou refugos empobrecidos desqualificados a quem a última revolução tecnológica, triunfo supremo da racionalidade, privou (alguns pensam que permanentemente) de qualquer papel econômico. Eles sofrem. Intelectuais sentem e expressam a sua piedade, mas de algum modo se abstêm de propor casar seu pensamento com esta variedade particular de sofrimento. Eles teorizam as razões da sua relutância. Habermas diria que os novos pobres não são uma força revolucionária porque não são explorados. Offe acrescentaria que eles são politicamente ineficazes, pois, não tendo trabalho a retirar, não têm poder de barganha. Feitas as contas, a piedade toma o lugar da compaixão: os novos pobres precisam de ajuda em bases humanitárias; eles não se prestam ao papel de futuros reconstrutores do mundo. Com a indiferença historiosófica vem o desencantamento com a pobreza. Ser pobre mais uma vez não parece romântico. A pobreza não contém missão, não gesta glórias futuras. Psicologicamente, se não logicamente nem historicamente, ela parece residual, marginal, alienígena.

A marginalidade, que é o que torna a pobreza dos dias de hoje "nova", parece, em última análise, ser produto da emancipação do capital em relação ao trabalho. Hoje, o capital não emprega o restante da sociedade no papel de trabalho produtivo; mais precisamente, o número de pessoas que ele de fato assim emprega torna-se cada vez menor e menos significante. Em vez disso, o capital emprega o restante da sociedade no papel de consumidores. Mais precisamente, o número de pessoas que ele de fato emprega como tal torna-se cada vez maior e mais significante. Estas pessoas, para lembrar a observação de Bourdieu, são seduzidas em vez de reprimidas, guiadas por necessidades em vez de por normas restritivas; pessoas às quais são dirigidas as técnicas de relações públicas e de propaganda, substituindo polícia e ideologia. Acima de tudo, são pessoas de quem a reprodução do capital depende primariamente, e com ela a perpetuação do sistema social organizado em torno do capital e do mercado. Antes da emancipação do capital em relação ao trabalho, os pobres eram em primeiro lugar e acima de tudo "o exército de reserva de mão de obra"; eles mantinham abertas as opções de crescimento do capital, e ajudavam a manter o conflito capital-trabalho longe do limite onde pudesse pôr em risco a reprodução do sistema. Os pobres, eram, portanto, não apenas uma parte inevitável, mas uma parte indispensável do sistema – de forma alguma um corpo estrangeiro ou alienígena. Depois que o capital se emancipou do trabalho, os pobres só poderiam desempenhar um papel "interior-sistêmico" semelhante se pudessem ser seriamente considerados como um "exército de reserva de consumo". Mas podem eles ser assim considerados?

Repressão, policiamento, sujeição a controle meticuloso pela autoridade, e normas mandatórias formavam, na primeira etapa da Era Moderna, o corpo dominante de mecanismos de integração dos quais ninguém exceto um grupo muito pequeno de privilegiados e muito ricos eram isentos. O corpo servia bem aos pré-requisitos de gerência humana da fábrica – a instituição mais crucial de uma sociedade em que a dominação do capital repousava sobre constituir o restante da sociedade como força de trabalho real ou potencial. Com a economização do conflito sobre o controle, mais e mais membros da sociedade obtiveram a chance de comprar alguma exceção pessoal em relação ao corpo de mecanismos. Estas chances tornaram-se mais profusas juntamente com os avanços do capital em seu caminho rumo à sua emancipação do trabalho: para um número crescente de pessoas, cujas capacidades de consumidores contavam mais que seu potencial produtivo, o velho corpo tornou-se crescentemente contraprodutivo (ou, antes, "contraconsumitivo") e, acima de tudo, irrelevante. Estas pessoas passaram a ser efetiva e eficientemente integradas (de um modo que ecoava o seu papel real na reprodução do capital) através de um novo corpo de mecanismos – sedução, relações públicas, propaganda, necessidades crescentes. Nem todas as pessoas, contudo, cruzaram a fronteira dividindo os dois mundos.

Os novos pobres são aqueles que não o fizeram. Eles não são consumidores; ou, melhor, seu consumo não importa muito para a reprodução bem-sucedida do capital (de todo modo, o que consomem é, em sua maior parte, excluído da circulação no mercado). Eles não são, portanto, membros da sociedade de consumo. Têm de ser disciplinados pela ação combinada de repressão, policiamento, autoridade e regulamentação normativa. O "jogo cultural" de Bourdieu não é para eles. Se, tolamente, eles acharem que não é assim, Jeremy Seabrook pode lhes contar as consequências:

> Eu penso em Michelle. Aos 15 anos, seus cabelos eram um dia ruivos, no dia seguinte, louros, então pretos retintos, aí encrespados afro e, depois, *rattail*, então trançados, e aí cortados de modo a brilhar rente ao crânio. Ela usava *piercing* no nariz e as orelhas também eram furadas; penas brilhantes, *strass* ou cerâmica ou prata. Seus lábios eram escarlates, depois púrpura, depois pretos. Seu rosto era branco-fantasmagórico e então pêssego, depois cobre como se fosse moldado em metal. Perseguida por sonhos de fuga, ela saiu de casa aos 16 para ficar com o namorado, que tinha 26. Se a levassem para casa, dizia ela, ela se mataria. "Mas eu sempre te deixei fazer o que quisesse", protestou a mãe. "Isso é que eu quero." Aos 18, ela voltou para a mãe, com dois filhos, depois de ter levado uma surra de seu

> homem. Ela sentou-se no quarto que havia deixado três anos antes; as fotografias desbotadas de estrelas *pop* de ontem ainda olhavam fixo para baixo nas paredes. Ela disse que estava se sentindo com 100 anos. Sentia-se cansada. Tinha tentado tudo que a vida podia oferecer. Nada mais restava.[6]

O paraíso do consumidor tem o seu próprio inferno portátil para os visitantes ilegítimos.

O mercado providencia o amargo teste de aptidão para possíveis membros da sociedade de consumo. Seus apelos são inteiramente democráticos: são apontados indiscriminadamente para todos que os ouvirem, e todos são estimulados a ouvir ou obrigados a escutar. De modo que, potencialmente, todos são seduzidos ou seduzíveis. Uma vez seduzidos, contudo, Michelle e seus iguais logo descobrem que os bens que cobiçam, além de serem atraentes para todos, só trazem felicidade para alguns; ou pelo menos é o que Michelle imagina, pois a única coisa que sabe com certeza é que ela mesma não está entre esses "alguns". O jogo das mercadorias não dá recompensas; o jogo em si mesmo é a única recompensa, oferecendo, como oferece, a sempre renovada esperança de ganhar. Porém, para colher este tipo de recompensa, é mister ser capaz de continuar jogando sem parar, para que a esperança nunca possa morrer e que a derrota sempre signifique perder uma batalha, não a guerra. Uma vez que você pare de jogar, a esperança desaparece, e você sabe que perdeu, e que não haverá mais batalhas para recuperar suas perdas. Para o templo da esperança, só aqueles que podem jogar têm a entrada legítima. Michelle agora sabe que é ilegítima: não há lugar para ela na festa dos outros. Ele teve a sua chance; fracassou. Tem de ser humilde agora.

E humilde ela é, a destinatária da "caridade" administrada pelo Estado sob a forma de pagamentos de assistência social ou auxílios suplementares. Sobre ela e outros como ela, Hilary Rose escreveu: "O 'relacionamento dadivoso' que existe no Auxílio Suplementar é de troca de dinheiro público por humilhação pessoal ... [O] solicitante tem de adotar uma postura suplicante, como um leproso medieval exibindo suas feridas."[7] Na prática dos benefícios dependentes de averiguação de situação sociofinanceira, nenhum traço restou das altas esperanças dos profetas do Estado do bem-estar social. Como nos lembra *Sir* John Walley no Relatório Beveridge

> [a] esperança se enraizava na garantia de que os pagamentos resultantes seriam feitos por direito, sem qualquer averiguação de meios ou caráter, e seriam, nas contingências providas, por si mesmos suficientes para evitar a necessidade de solicitar auxílio por pobreza. *Todos* os cidadãos – não apenas aqueles em melhores condições – tornar-se-iam, assim, livres para poupar e aplicar em planos em seu próprio benefício futuro ou de suas famílias, sem medo de que tudo pudesse ser dissipado num dos infortúnios agora a serem cobertos pela previdência social.

As ideias de Beveridge foram concebidas no interior do mundo dos produtores – ou modeladas pela memória vívida de tal mundo: ter de sair do jogo neste mundo ainda era um infortúnio temporário, e os que se encontravam à margem tinham o dever de retornar, enquanto o Estado lá estava para auxiliá-los (como diria Klauss Offe, para "remercadorizar mão de obra"). Não havia razão, portanto, para tratá-los de uma maneira radicalmente diferente do restante. As ideias de Beveridge já eram obsoletas no momento em que foram concebidas. A prática subsequente provou que o eram. Em virtualmente todos os campos da previdência social, pagamentos por direito foram deslocados e substituídos por averiguações de situação sociofinanceira, as quais "afetam a dignidade do destinatário", e são, por si mesmas, "socialmente divisivas".[8] Além de serem concebidas para serem divisivas, a divisão sendo o benefício supremo que trazem à sociedade de consumo. Nas palavras de D.V. Donnison, os auxílios suplementares tornaram-se um "serviço estigmatizado de segunda classe para cidadãos estigmatizados de segunda classe."[9]

É esta segunda natureza deliberadamente sustentada dos serviços que constitui os clientes como cidadãos de segunda classe, ou pelo menos serve como insígnia advertindo os demais à volta que é isto exatamente o que os clientes são.

Os que se mostraram objetos impróprios para a sedução nada podem esperar exceto a velha e confiável repressão. A propaganda os tornará cegos ou, ainda pior, os deixará furiosos (como mostraram os arrombamentos e incêndios de lojas durante as revoltas nos guetos); a autoridade armada têm de juntar os cacos. Novas necessidades só podem pressagiar problemas; normas são necessárias para garantir que os pobres se fixem às antigas. Todas as contas feitas, a repressão é necessária para desfazer o dano à ordem social causado pela sedução indiscriminada. Repressão e normas não são, é claro, novidades para os pobres. Agora, porém, elas são, além do mais, um meio de discriminação; elas atingem os novos pobres num momento em que um número crescente de outras pessoas está comprando a sua saída para longe da repressão, da autoridade ou dos regulamentos normativos. Consequentemente, os pobres precisam ser constituídos, por lei e na prática, como uma categoria separada, à qual se aplicam regras diferentes. O prefeito de Newburgh, no estado de Nova York, Joseph Mitchell, falava em nome dos que consideram este lado da cerca da sociedade de consumo confortável quando declarou:

> Nós questionamos o direito de parasitas sociais criarem filhos ilegítimos às expensas do contribuinte. Nós questionamos o direito de trapaceiros morais e ociosos instalarem-se para sempre em listas de assistência. Nós questionamos o direito de enganadores de ganharem mais com assistência que com trabalho. Nós questionamos o direito daqueles que recebem auxílio vadiagem do Estado e por lei Federal. Nós questionamos o direito de as pessoas abandonarem empregos à vontade e receberem auxílio como crianças mimadas. Nós questionamos o direito de cidadãos migrarem com o propósito de tornarem-se ou continuarem a ser encargo público.

Por trás deste manifesto moralmente exaltador há uma prática de humilhação. Segundo as averiguações de Joe R. Feagin,

> as agências de previdência social [nos Estados Unidos] frequentemente não só tomaram conta da vida marital e sexual de seus destinatários de assistência, mas inspecionaram outros aspectos de suas vidas. Assistentes sociais podem ir às suas casas sem ser convidados, para examinar seus métodos de gestão doméstica e suas práticas de educação infantil. Outro exemplo de interferência estatal nas vidas dos destinatários de assistência ocorreu sob a forma de pressão extrema por controle de natalidade. No começo dos anos 1970, muitas matérias de jornal investigaram o fato de conselhos locais da previdência social terem participado na esterilização forçada de mães assistidas.[10]

Outro estudo norte-americano mostrou que com o presente sistema de assistência pública, os pobres necessitavam de "muita paciência (como ocorre quando funcionários da previdência se recusam a marcar entrevistas e mantêm os destinatários de assistência esperando interminavelmente), alta tolerância para a rudeza e o insulto (como ocorre quando usuários indigentes das salas de emergência de hospitais descobrem que ninguém sequer nota que eles estão tentando fazer perguntas) e uma disposição extraordinária de tornar pública a sua vida particular (como ocorre quando a pessoa é interrogada num cubículo aberto de um funcionário da previdência sobre a sua vida sexual)." É deste modo que os pobres estão sendo ensinados sobre os seus papéis burocraticamente atribuídos, as suas definições novas e segregantes:

> [Os] pobres acham necessário aprender a desempenhar roteiros ligados a categorias como "destinatário de Auxílio para Filho Dependente" ou "participante do programa de reciclagem profissional". Um problema com estes papéis é que eles trazem consigo rótulos sociais recém-concebidos através dos quais as pessoas pobres passam a ser conhecidas pelas agências e, às vezes, pelo público (e.g., "mãe *ADC*

> [*Aid to Dependent Children*: Auxílio para Filhos Dependentes]"). Uma vez fixados, estes rótulos são difíceis de remover; a pessoa pobre pode achar que não importa o que ela faça para melhorar a sua situação financeira, mas todavia é conhecida principalmente por seu rótulo de pobreza – que amiúde é injurioso e estigmatizante.

A classificação é concebida para ser autoperpetuadora; a prática burocrática descartou toda pretensão de reabilitação – em vez disso, ela quer marcar, separar, impor permanência a seus produtos. Atribuição e aprendizagem "bem-sucedida" de papéis de pobreza "podem desmobilizar a vontade de ação positiva da pessoa". Ela pode aprender, por exemplo, "a adotar maneiras tão dependentes e bajuladoras em relação a funcionários públicos quanto os procedimentos burocráticos pareceriam exigir; ou ela pode aceitar como verdade um rótulo estigmatizante, perdendo assim o respeito por si mesma ou reagindo com ódio contrário ao seu próprio interesse."[11] Tudo é feito para garantir que os papéis sejam aprendidos, adotados, que os pobres possam identificar-se com eles – e fiquem como estão. Conforme averiguaram Joel F. Handler e Ellen Jane Hollingsworth:

> As leis e regulamentos que governam o processo de cadastramento e averiguação sociofinanceira delegam poderes de investigação extremamente amplos aos profissionais do cadastramento. Quase tudo sobre o cliente da assistência previdenciária pode ser objeto de interesse oficial da agência. Ao determinar a necessidade, não apenas todos os recursos devem ser considerados, mas a agência está autorizada a elaborar planos a fim de que os "recursos possam ser plenamente utilizados" ... [E]mbora a averiguação sociofinanceira funcione como um porteiro, a sua aplicação não é restrita à etapa de cadastramento. Sua administração se estende da época da solicitação até o destinatário de assistência sair do programa. Em todo momento, recursos e necessidades podem mudar e a qualificação pode ser perdida ... Expor ativos e recursos, revelar nomes de amigos e associados, se submeter a investigações e questionamento

> de explicações de gastos e comportamento social – eis o preço de receber previdência social.[12]

O efeito da legislação e da prática previdenciária é incapacitar os pobres. Incapacitar também significa impedir o beneficiário de assistência previdenciária de juntar-se às fileiras dos membros legítimos da sociedade de consumo. Com efeito, nada há nas instituições previdenciárias que objetive facilitar este reingresso, conforme os estudos de caso conduzidos por Edythe Shewbridge[13] e outras investigações semelhantes demonstraram nitidamente. Ao contrário, a prática previdenciária concentra o foco no "desaprendizado" das capacidades exigidas para ser membro da sociedade de consumo; os beneficiários de assistência não podem mais fazer as suas próprias "escolhas de compra"; alguém as faz por eles.

A formidável mistura de desumanidade, malícia e total crueldade na relação da previdência social com os seus "beneficiários", e acima de tudo a antipatia e suspeição com que os destinatários são tratados por uma grande parte da população, foi frequentemente explicada por um suposto caráter disfuncional da previdência: baseada em transferências secundárias, desvinculada de contratos de trabalho e isenta da regra de mercado, ela pareceria minar a "ética do trabalho", indispensável para a reprodução das relações capital-trabalho. Mas quem precisa do pobre para minar a ética do trabalho? Cartões de crédito foram introduzidos na Grã-Bretanha sob o slogan "elimine a espera do desejo". A ética do trabalho tem uma relevância sempre minguante para a reprodução do capital, cujos lucros agora dependem mais da manipulação do mercado do que da exploração de sua força de trabalho, e que precisa de uma sociedade em que os motivos para gastar e consumir dominem aqueles para ganhar e poupar. A ética de trabalho é anátema para o mercado de consumo. Na mitologia necessária para manter o jogo consumidor em andamento, só restou um espaço humilde (se é que restou mesmo algum) para o mandamento de "uma vida de trabalho". Como observou Jeremy Seabrook, o jovem da sociedade de consumo está sendo educado "para uma vasta abundância de fantasia". "Eles cresceram com a ideia do dinheiro não associada a trabalho, mas algo misteriosamente tão suscetível de ser encontrado através de uma bela sacada, uma grande chance, um talento para dançar *disco music* ou um grande prêmio na loteria quanto pela venda do seu trabalho."[14] Este pensamento não vem da experiência de estar em programas de auxílio. Ele vem da maior autoridade – o mercado autopropagandeado de consumo, esta ideologia pós-moderna de dar cabo de todas as ideologias.

Diz-se também que o sistema de previdência limita o poder do mercado e consequentemente é um fator "desmercadorizador"; nesta competência, está fadado a ser visto, justamente, como um elemento alienígena da sociedade de consumo, a sua eliminação, ou pelo menos redução radical, sendo algo que o interesse conjunto dos consumidores necessita. É esta própria crença que é de fato funcional para o mercado consumidor. A "desnaturalização" do pobre como destinatário de auxílio previdenciário é uma condição indispensável da "naturalização" do consumismo. A manutenção da autoidentidade dos consumidores necessita a constituição de não consumidores como sua oposição repugnante e detestável – e ameaça face à qual estar vigilante. Não houvesse os pobres, teriam de ser inventados. Eles põem em relevo o que significa não ser consumidor numa sociedade de consumidores. Sua condição faz as tensões e as frustrações da vida do consumidor parecerem inócuas e totalmente toleráveis em comparação. Isto é, à condição de que eles sejam tratados como de fato o são: eles são encarnações vivas da única alternativa ao mercado consumidor que este concorda em, e com efeito deseja, discutir e demonstrar publicamemte. Tornados visíveis como a alternativa terrificante, espera-se que eles tornem todas as outras alternativas, a própria "alternatividade" como tal, terrificantes. Clive Jenkins e Barrie Sherman comentaram sobre a sociedade britânica de hoje:

> Os britânicos sempre se orgulharam de ser uma sociedade generosa, tolerante, civilizada, uma sociedade na qual é possível viver uma vida honesta e decente com um mínimo de desordem social e política. Até certo ponto, isto é verdade, desde que você seja branco, seja homem, esteja empregado, seja financeiramente solvente ou (preferivelmente) rico, mas não velho ou deficiente físico ou mental.[15]

Para ser reconhecida como civilizada, a sociedade de consumo precisa da alternativa incivilizada em comparação à qual sua realização possa ser cotidianamente medida. A fim de permanecer tolerante com seus membros, ela necessita a intolerância dos membros contra tudo o que não seja ela própria.

Os novos pobres são, na verdade, um produto do mercado consumidor. Não do seu "malfuncionamento" (como outrora foi dito sobre os pobres marginalizados pela economia capitalista orientada para a produção), mas do seu modo de existência e de reprodução. A sociedade de consumo cria seus próprios pobres ao situar o rico, o consumidor ostentoso, não como um patrão, um explorador, um membro de uma classe diferente, um inimigo – mas como um modelo padrão, um exemplo a ser seguido, um objetivo a ser alcançado, superado e deixado para trás; como um pioneiro no curso que todos devem aspirar seguir, e uma confirmação de que aspirar é realista. Para citar Seabrook novamente:

> [n]ossa pobreza foi redefinida de tal modo que todas as tentativas de determinar quanto seria necessário para tirar as pessoas da carência parecem inconclusivas e inalcançáveis, são desesperada e ameaçadoramente caras; e isto porque a pobreza foi estabelecida não em relação à necessidade, mas a uma capacidade ilimitada de produzir e vender. Deste modo, ela tornou-se um problema insolúvel; ou, antes, a sua solução não está numa ação corretiva para compensar os pobres, está com os ricos, em cuja imagem os pobres foram refeitos.[16]

A "tragédia" da sociedade de consumo é que ela não pode reproduzir-se sem reproduzir as desigualdades num nível sempre crescente e sem insistir que todos os "problemas sociais" devem ser traduzidos em necessidades individuais através do consumo individual de mercadorias comercializáveis; ao fazê-lo, ela gera diariamente os seus próprios deficientes, cujas necessidades não podem ser satisfeitas através do mercado, os quais, por consequência, minam a própria condição da sua reprodução. De uma maneira verdadeiramente dialética, a sociedade de consumo não pode curar os males que engendra, a não ser levando-os ao seu próprio túmulo.

Quaisquer que sejam as razões, resta o fato de que os reprimidos e normativamente regulados estão tangivelmente presentes no interior da sociedade de consumo, por mais que próspera – e provavelmente lá ficarão por toda a duração da vida do mercado de consumo. É portanto uma característica notável e crucial da sociedade de consumo ela desdobrar dois sistemas distintos de controle social; dois mecanismos radicalmente diferentes através dos quais membros de uma sociedade organizada em torno do consumo são integrados. Nenhum modelo de ordem social ou de processo de reprodução social pode ser completo sem reconhecer a sua dualidade.

Não é isto, contudo, que a teorização da sociedade contemporânea como uma "sociedade de consumo" geralmente faz. Em uníssono com a autoimagem da sociedade de consumo, ela trata os reprimidos como um fenômeno marginal, só tangencialmente relacionado com a sociedade que descreve; como um elemento ou transitório ou alienígena, mas em ambos os casos removível, sem mudar a validade do modelo essencial; e como um fenômeno que, para sua explicação, requer um conjunto de fatores diferentes das características da própria sociedade de consumo.

· Conclusões ·

Um a mais

Conclusão ao estilo moderno

Nos últimos capítulos, tentamos seguir os passos da convoluta história (até aqui) malograda, ou pelo menos incompleta, do projeto de racionalização da modernidade. Vimos que o processo de racionalização trouxe, em seu rastro, uma fragmentação extrema dos espaços de autoridade; em cada lugar, a disponibilidade de tecnologia racional permite uma medida sempre crescente de autonomia em relação ao sistema, deixando o mercado como único vínculo entre eles. Assim, a racionalização de fragmentos do sistema não leva à sua racionalidade como um todo. Ao contrário, ao tornar o mercado indispensável como mecanismo principal de reprodução social, ela está fadada a produzir um volume sempre crescente de lixo racional. Não mais dependente de objetivos e princípios sistematicamente sustentados, os fragmentos só podem explicar sua própria atividade em termos do potencial contido nos meios e métodos tecnológicos à sua disposição.

O sistema, por outro lado, tem uma dificuldade sempre crescente para gerar e tornar plausível uma legitimação capaz de apresentar seu funcionamento como algo mais que um processo quase natural e incontrolável. Como mecanismo de integração sistêmica, o mercado tende a subordinar e subsumir todas as legitimações concebíveis do sistema. O papel do Estado é reduzido ao emprego de meios políticos a serviço da perpetuação das condições para o domínio do mercado. O Estado é, em primeiro lugar e acima de tudo, um instrumento de remercadorização.

Na ausência de legitimação sistêmica, o mercado se torna também o principal mecanismo de integração social. Esse papel promove a individualização radical dos membros da sociedade, que são constituídos como indivíduos pela tradução, gerada pelo mercado, de necessidades sistêmicas em consumo privado. Tal característica de constituição da individualidade, por sua vez, faz com que a individualidade se defina em termos de consumo, e o mercado transforma membros da sociedade em consumidores individuais. Isso alivia a pressão sobre a legitimação sistêmica, pois agora se lida com a irracionalidade do sistema por meio de um consumo individual ampliado.

As tensões associadas à ausência de um plano racional global são, assim, deslocadas. Em vez de gerar a pressão necessária a uma redenção discursiva dos valores e propósitos racionais da sociedade moderna, elas resultam num anseio de intensificar o consumo privado e o suprimento de mercadorias que este requer. O projeto moderno de autonomia individual foi subordinado e incluído pela liberdade de escolha do consumidor, definida pelo mercado e orientada para o mercado.

Para o indivíduo como consumidor, as condições criadas pelo fracasso do projeto da modernidade significam acima de tudo uma ânsia jamais aliviada de aumentar a apropriação de mercadorias. Necessidades individuais de autonomia pessoal, autodefinição, vida autêntica ou perfeição pessoal são todas traduzidas em necessidade de possuir e consumir bens oferecidos pelo mercado. Essa tradução, contudo, diz respeito à aparência de valor de uso desses bens, e não ao valor de uso ele mesmo; como tal, ela é intrinsecamente inadequada e contraproducente, levando ao alívio momentâneo de desejos e à frustração duradoura de necessidades. Esta só pode ser temporariamente mitigada pela geração de desejos e esperanças novos, vinculados à sua satisfação.

Necessidades individuais de autonomia e vida boa não são satisfeitas, mas a tradução de sua frustração em preocupações sistêmicas (como questionar a legitimidade do sistema) é adiada ao infinito, ao passo que também se perpetuam *ad eternum* as condições para a dominação da troca de mercado. A lacuna entre necessidades humanas e desejos individuais é produzida pela dominação de mercado; ela é, ao mesmo tempo, uma condição de sua reprodução. O mercado se alimenta da infelicidade que ele gera: os medos, as ansiedades e os sofrimentos de inadequação pessoal que induz liberam o comportamento consumidor indispensável à sua dominação.

A identificação da satisfação de necessidades humanas com consumo privado também tem a seguinte consequência: as necessidades que não podem ser canalizadas para o consumo privado devem ser deixadas de lado ou reprimidas. Uma manifestação dessa consequência é a regra de Galbraith, de "riqueza privada, miséria pública": as necessidades que são "não comercializáveis" (ou não redimíveis pelo mercado) não são providas, e a satisfação de necessidades ainda não privatizadas (ou ainda além do poder de compra do grosso da população) fica em último plano em relação ao imediato e ao sempre mais sofisticado, servindo aos desejos privados, tal como eles se referem ao consumo privado de bens.

A incúria com o consumo público (isto é, a prevenção inadequada da poluição, os serviços médicos insuficientes para as doenças mais comuns, a deterioração do transporte público, a inanição da habitação e do ensino público etc.) só pode ser compensada pela compra de isenções individuais. Estas fortalecem ainda mais a identificação da satisfação de necessidades com o consumo privado, reforçando assim o império da regra de Galbraith.

Outra manifestação da consequência mencionada é a transformação do serviço de previdência social num instrumento de repressão das necessidades daqueles indivíduos que, por uma razão ou por outra, são incapazes de buscar sua recuperação nos produtos oferecidos no mercado. Grandes ou pequenos, ou ainda menores, os meios de sobrevivência de "transferência secundária" postos à disposição dos destinatários de auxílio previdenciário são isentos do mercado e, como tal, dirigidos diretamente a "necessidades genuínas" (este talvez seja o único contexto em que a existência de necessidades "genuínas", em oposição a "artificiais" é admitida na sociedade dominada pelo mercado), sem a intermediação dos desejos incitados pelo mercado. Numa sociedade dominada pelo mercado, a privação é socialmente definida como o impedimento de traduzir necessidades num desejo por mercadorias, e na esperança de alcançar a "vida autêntica", a autonomia ou o autoaperfeiçoamento que este último monopoliza.

No caso dos consumidores, a luta com a tarefa da autonomia pessoal ou autoidentidade é efetivamente adiada, retirada da agenda, substituída pela caça incessante às aparências de valor de uso nas quais as mercadorias estão embrulhadas. No caso de não consumidores ou de consumidores "inválidos", nem as aparências estão disponíveis como substituição; portanto, a tarefa da autonomia pessoal ou da vida autêntica é administrativamente suprimida. Em ambas as situações, a ponte ligando necessidades individuais e racionalidade sistêmica – que figurava tão preeminente no projeto da modernidade – se tornou invisível ou foi destruída. Isso trouxe como consequência a privatização crescente das preocupações individuais, uma diminuição na participação em assuntos públicos e uma dissipação gradual, mas consistente, do "discurso de legitimação". As racionalidades subalternas das buscas pessoais ou setoriais foram "desacopladas" do projeto total de uma sociedade racional.

O projeto da modernidade, em outras palavras, fracassou. Ou, antes, sua implantação tomou um caminho errado. Isso não significa necessariamente que ele mesmo fosse abortivo ou estivesse condenado ao fracasso. As necessidades para as quais ele foi uma resposta são tão vívidas hoje quanto foram no passado, e as tarefas que o projeto de modernidade pôs na agenda do desenvolvimento social orientado, intencional, permanecem plenamente em vigor. As estratégias sugeridas para a implementação das tarefas não foram postas de todo à prova e, portanto, não se pode admitir que elas foram desacreditadas. O potencial de modernidade resta inexplorado, e a promessa de modernidade precisa ser remida.

A remissão necessária requer, antes de tudo, a separação dos valores supremos de autonomia, autoaperfeiçoamento e autenticidade das interpretações a eles impostas pela dominação do mercado na versão de consumo corrente na sociedade moderna. A condição primeira e necessária (embora talvez não suficiente) da remissão é repor esses valores no lugar que é deles – no reino do discurso público; sua remissão prática deve começar a partir de sua remissão discursiva, na qual o vínculo indestrutível entre incremento de valores orientados para a pessoa e construção da sociedade racional seja mais uma vez posto em relevo e tornado visível.

Outro trabalho, intimamente associado a esse, que a remissão discursiva deve realizar é descartar as pretensões do processo de mercadorização e prover meios adequados a fins orientados para a pessoa; e, no processo, expor as limitações da razão instrumental, restaurando a autonomia da comunicação humana e a criação de significados orientados pela razão prática.

A urgência da remissão discursiva se acrescenta, talvez, à importância do papel que os intelectuais são chamados a desempenhar. A remissão discursiva é indiscutivelmente tarefa sua. O projeto da modernidade foi depositado e ainda reside na tradição cultural que os intelectuais perpetuaram e desenvolveram. Como antes, os intelectuais têm de iniciar e conduzir um processo de esclarecimento, ao prover uma teoria adequada (da história, do sistema social ou da ação comunicativa) que revele a possibilidade de remissão contida na forma que a sociedade assumiu hoje, e que destaque estratégias realísticas de prática remissórias; em segundo lugar, por meio da promoção da democracia genuína, ao envolver setores cada vez maiores da sociedade no debate redentor.

A legitimação do sistema social deve se tornar outra vez objeto de debate público; quando isso acontecer, a pressão sobre o sistema social para legitimar-se, em termos de valores orientados para a pessoa – e não em termos de realizações da mercadorização –, em termos de razão prática – e não da razão instrumental –, acontecerá necessariamente; e, assim, serão criadas as condições para a emancipação prometidas pelo projeto de modernidade.

Na sua história atual, distinta do projeto original, a modernidade subordinou a autonomia individual e a tolerância democrática que ela promovia aos pré-requisitos da razão instrumental da indústria e da produção de mercadorias. A plenitude da subordinação fez a relação historicamente criada parecer natural e imutável. A tarefa da teoria remissória é expor a contingência da relação; a tarefa da ação de remitência é rompê-la.

Enquanto a tarefa continuar não cumprida, a modernidade ainda não terá terminado. Ela está viva pela – e junto com a – tradição cultural do Ocidente e a prática coletiva de seus portadores intelectuais. A descoberta da verdade, da equidade moral e dos critérios de beleza está à frente, sem nada ter perdido de sua urgência, importância e de seu realismo. Os obituários escritos pelos arautos da condição pós-moderna são, para dizer o mínimo, um tanto prematuros. Vista da perspectiva do projeto da modernidade, a condição pós-moderna nada traz de qualitativamente novo, enquanto as tarefas dos intelectuais modernos ainda restam a ser desempenhadas – e portanto não podem ser vistas como dispensáveis.

A era da modernidade (isto é, a era marcada pela presença de valores duais de autonomia pessoal e racionalidade social) não pode terminar; só pode se consumar. Ela ainda não se consumou. Continua sendo função dos intelectuais levar o projeto de modernidade rumo à sua realização.

Conclusão ao estilo pós-moderno

Nos últimos capítulos, tentamos seguir os passos da convoluta história do que hoje parece, olhando para trás, o romance fracassado com o Puritano. Seja por seu próprio pecado original, seja por causa da conspiração de algumas outras forças, o Puritano se transformou em consumidor – em todos os detalhes, o seu oposto; um tipo que não é orientado nem pelo princípio do "prazer" nem pelo da "realidade", mas por um "princípio do conforto" falho: um tipo que não se esforça nem ao menos em nome do prazer, que nem amaria intensamente nem odiaria com paixão.

Como o Puritano avultou-se muito nos planos e estratégias dos intelectuais pela sociedade melhor, racional, o apelo desse blefe particular foi experimentado por muitos intelectuais contemporâneos como o acontecimento mais importante no caminho da modernidade à pós-modernidade; afinal, atrás de cada "portador de racionalidade", apontavam os intelectuais, o Puritano estava à espreita, e o reconhecimento de sua desaparição tornou gratuita a pintura de todo retrato posterior. Por conseguinte, a descrição/interpretação mais popular da condição pós-moderna é aquela da "sociedade de consumo"; uma descrição que identifica precisamente, como característica suprema do novo período histórico, o advento e o domínio (pelo menos numérico) do consumidor.

A morte do Puritano também mudou a perspectiva do intelectual sobre os pobres e os oprimidos. Os pobres perderam sua atração – são os mais improváveis "portadores de racionalidade", seja lá quem for que por isso deva ser responsabilizado. Num mundo teorizado como o domínio do consumidor, eles já não são mais o alter ego coletivo do Puritano, o Prometeu acorrentado à espera tão somente que lhe soltem as amarras para trazer verdade, luz e felicidade à sociedade atormentada. Eles são, antes, construídos como lúgubres cópias do consumidor dominante, com suas imitações ineptas, às vezes trágicas, às vezes grotescas; se "libertados", não perderiam tempo para "consumir mais que o consumidor".

Os pobres que "se atacam uns aos outros, incendeiam guetos, mutilam outros pobres e se prejudicam com drogas e álcool" são tão pouco dignos de confiança como um "consumidor em desgraça"; revirar lojas com minúcia, em vez de incendiá-las, e prejudicar-se com drogas mais seletas e caras são vistos como seu único "potencial inexplorado".

Assim, os ricos têm toda a liberdade e autonomia que é possível imaginar: eles as compraram com seu dinheiro e gostam disso; a sombra que sussurra sobre liberdade "verdadeira" e autonomia "genuína" pode soar quase incompreensível para eles; se escutarem, eles não podem atribuir a esses sussurros nenhum outro significado além de um maior número de bens e ainda menos problemas. Os pobres, por outro lado, não podem imaginar liberdade e autonomia de outra forma que não seja a deles mesmos se tornarem ricos, o que é demonstrado, de modo convincente, pelos poucos afortunados dentre eles que encontram ouro (ganhando na loteria, por exemplo).

Isso foi, claro, uma caricatura da realidade. Uma caricatura, mas não uma brincadeira. Ela de fato representa o produto máximo da teorização da sociedade em termos do processo de racionalização; produto das ambições legislativas institucionalizadas no papel historicamente construído dos intelectuais, ela transforma esperanças passadas em frustrações presentes. É esse retrato que, de forma um pouco menos ostensivamente caricata, embora mais claramente reconhecível, está por trás da conversa sobre a "ausência de agente histórico" e da etapa histórica dos dias presentes com um espaço a ser ocupado por um ator ainda desconhecido.

Na verdade, nenhum grupo ou categoria social do mundo pós-industrial parece adequado ao papel, reservado pela teoria, da "história como racionalização" dos "agentes da Razão". Em termos práticos, isso significa que nenhum grupo ou categoria social, seja ele dominante ou em luta pelo predomínio, parece ter qualquer demanda que se imponha, do tipo das versões competentes de verdade, juízo ou gosto que os intelectuais são capazes de prover; ou, antes, nenhum grupo social está apto a tornar essas versões algo competente, endossando-as com sua própria dominação. Este talvez seja o significado fundamental de tal desconforto e sentimento de falência do papel tradicional hoje abarcado pelo conceito de condição pós-moderna.

A percepção de que a racionalização é hoje um projeto sem um agente para supervisionar sua implementação faz de repente todos os velhos e prospectivos planos para uma "boa sociedade" parecer, de modo embaraçoso, irreais e ingênuos. O resultado é o que tem sido descrito como "perda de coragem" ou "perda da capacidade de sonhar com o futuro".

A nossa, em definitivo, não é uma era de utopias. Aquela era uma época em que as utopias pareciam práticas e realistas; a nossa é uma era em que programas que se pretendem práticos parecem utópicos. Nós ficamos zangados quando um estudioso, tendo criticado de maneira genérica e convincente as insuficiências da nossa condição, deixa de concluir com uma prescrição para melhorá-la. Mas se ele ou ela aparece com uma prescrição desse tipo, nós a encaramos com incredulidade e a desdenhamos como utopia.

A própria atividade de prescrever foi desacreditada, e não apenas as prescrições individuais. Ao longo de toda a Era Moderna, sonhar com o futuro foi respeitável, pois visava a um ou outro agente, invariavelmente poderoso, de quem se esperava a capacidade e a vontade de levar a cabo as medidas racionais que as imagens da sociedade racional sugeriam. Como o alvo já não é mais visível, sonhar com o futuro não passa disso: sonhar. Pelo menos é o que parece.

As estratégias intelectuais contemporâneas podem ser interpretadas como respostas à novidade dessa situação. Alguns persistem, esperando, contra toda esperança, que um agente histórico no sentido tradicional, isto é, uma força aspirante ao domínio, interessada em construir uma sociedade racionalmente organizada, ainda deve ser encontrado; além disso, que ele deve existir em algum lugar, desconhecido dos outros e de si mesmo. Ele deve existir sob uma forma incoativa, mais um potencial que uma realidade, esperando para ser descoberto, ou, antes, para ser ajudado a descobrir suas próprias possibilidades; um agente que ainda não tem a habilidade de elevar-se acima da sua visão parcial, que deve ser ensinado, que deve aprender a ver sua própria globalidade.

É isso que propõe Touraine, de forma diferente de Castells; ou, em seu estilo inimitável, Seabrook: "Só um projeto conjunto de ricos e pobres pode se opor a esses processos; um movimento de libertação que ouse reconhecer bases comuns entre eles; talvez uma versão da teologia da libertação no Ocidente, a qual unirá e informará os impulsos generosos, mas ainda discretos, subjacentes aos movimentos feminista, pacifista e ecológico."[1] Ontem podiam ser as feministas, os grupos da campanha pelo desarmamento nuclear e os verdes; talvez outros cheguem às manchetes amanhã. O que restará constante, por algum tempo, pelo menos, é a convicção de que o "agente ele mesmo" já nasceu, e que a tarefa é localizar seu celeiro e seu berço, é persuadi-lo a tornar-se um "agente para si" e para nós. É isso, com certeza, que o "método de intervenção" de Touraine nos clama a fazer.

Algumas outras estratégias pedem o total abandono de projetos globais. Elas desejam tirar sua coragem do desespero; consideram que o desespero é a coragem intelectual derradeira. Esperança para o mundo, mas não esperança no mundo; com o mundo corrompido além da possibilidade de reparação, com a própria racionalidade transformada numa técnica de opressão, não há mais lugar para a Razão. O espírito crítico dos intelectuais é seu último refúgio.

O saber dos filósofos só pode ser poluído ao entrar em contato com o mundo exterior; ele deve ser protegido contra esse contato, preservado em sua pureza, cultivado para seu benefício próprio, como se nada houvesse do lado de fora para manter viva a esperança de emancipação humana. A seu modo muito dessemelhante, Husserl ou os teóricos de Frankfurt, em seu período de exílio (como estratégia de exílio, foi muito ajudada pelo exílio dos estrategistas), são os representantes mais destacados dessa perspectiva. O problema dela, como foi muitas vezes apontado, é que as perguntas que pretendia responder tendem a ser esquecidas; e que os interrogadores não reconhecerão suas perguntas nas respostas. Uma vez tendo se separado da prática humana, a teoria não encontrará seu caminho de volta. A decisão de manter o projeto do esclarecimento vivo resulta em sua rendição derradeira.

Há uma estratégia de recuar para o território que se considera ainda relativamente seguro, uma vez que talvez aí a reivindicação de autoridade legislativa não seja questionada. Assim, o reino da dominação legislativa em nome da Razão e da racionalidade está confinado ao domínio do espírito propriamente dito: a ciência e a arte, para ser preciso. O modelo legislativo do papel do intelectual é traduzido como – digamos – decidir a respeito das condições sob as quais verdade ou "boa arte" possam ser reconhecidas e aceitas, de forma competente, como tal. Trata-se de um programa de uma espécie de metaciência ou metaestética.

A proposta é criar fundações, justificativas, legitimações – desta vez, não para poderes terrenos, mas para a atividade intelectual ela mesma. Assim, a ciência de Popper se concentrou na falsificação – uma atividade que auspiciosamente manterá as ciências em dependência permanente de algo que se situa acima delas, algo que elas próprias não podem substituir.

Habermas censuraria as "ciências positivas" por não estarem interessadas em explicar a si mesmas e em fornecer as bases para a aceitação de seus próprios procedimentos e descobertas. Os artistas seriam exortados sobre a necessidade de uma teoria estética para justificar a natureza artística de seu trabalho. Essa estratégia é autocentrada e se preocupa consigo mesma. Como tal, é bem-sustentada pela atmosfera intelectual geral da época em que comediantes fazem piadas sobretudo sobre comediantes; romancistas adoram escrever romances sobre escrever romances; o pastiche – ensaios sobre as imagens de outras pessoas – torna-se a forma mais popular de imaginação artística; e os artistas consideram a superfície plana das suas telas e as cores de suas tintas o tema principal de suas pinturas.

Ao mesmo tempo, essa estratégia é uma receita de frustração. As numerosas áreas de atividade intelectual que se ramificaram do tronco original foram colonizadas com sucesso por outros poderes ou desenvolveram suas próprias bases institucionais de autoridade; em ambos os casos, elas adquiriram um alto poder de autonomia – uma independência quase total – em relação às ofertas legislativas ou fundamentais de metacientistas ou metaestetas. Agora são mantidas em movimento por outros fatores, sobre os quais os intelectuais gerais não têm controle algum; e podem, portanto, desconsiderar sem perigo o discurso fundamental como algo irrelevante para o trabalho que estão fazendo – e fazendo bem, segundo seus próprios critérios institucionalizados. Assim, a oferta fica longamente no ar; a mão prestativa está estendida, mas poucos querem cumprimentá-la.

As três estratégias até aqui mencionadas não são satisfatórias. Assim, não é de admirar que uma quarta venha ganhando popularidade. É uma estratégia que abandona de todo as ambições legislativas, e com elas o duradouro vínculo com os discursos legitimadores e fundamentais. Talvez dizer "de todo" seja ir um pouco longe demais; a quarta estratégia na verdade contém uma forma de intenção legisladora, mas esta agora visa à autoridade da interpretação.

A ideia de interpretação supõe que a autoridade que constitui o significado resida em outro lugar – no autor ou no texto; o papel do intérprete condensa-se, resume-se em extrair o significado. O bom intérprete é aquele que lê o significado da forma adequada – e não há necessidade (ou assim se pode esperar) de alguém para atestar as regras que orientaram a leitura do significado e, deste modo, tornar a interpretação válida ou competente; alguém que peneire as boas interpretações, separando-as das ruins.

A estratégia de interpretação, porém, difere de todas as estratégias de legislação de um modo fundamental: ela abandona abertamente, ou deixa de lado como irrelevante para a tarefa em questão, a hipótese da universalidade da verdade, do juízo e do gosto; ela se recusa a estabelecer diferença entre comunidades que produzam significados; aceita os direitos de propriedade dessas comunidades, e estes como o único fundamento de que os significados comunalmente baseados possam necessitar.

O que resta para os intelectuais é interpretar tais significados em benefício daqueles que não são da comunidade que está por trás dos significados; mediar a comunicação entre "províncias finitas" ou "comunidades de significado". Não é uma tarefa humilde, com certeza, tendo em vista a incurável cisão do mundo numa pletora de tradições ou "fábricas de significado" plena ou parcialmente autônomas, fortificadas do ponto de vista institucional; e dada a inegável necessidade de comunicação e entendimento recíprocos entre elas.

A proposição de Gadamer parece, portanto, muito atraente (em particular se suplementada com o que Betti pediu que fosse feito – basear a autoridade legislativa, ajustada às condições do mundo visto em primeiro lugar e acima de tudo como um processo de "comunicação e interpretação"). As velhas dúvidas não vão embora, contudo. As melhores interpretações ainda devem encontrar seu caminho de volta àqueles cuja compreensão elas querem aprimorar. Será que eles as aceitariam? A garantia intelectual de validade seria suficiente para fazê-los aceitar? Fazer as pessoas aceitarem uma tradução correta, em lugar de uma equivocada, também é, afinal, uma forma de proselitismo. Pode a conversão ser levada a cabo apenas pela força da expertise intelectual?

Nessa linha também há Rorty – com a mais radical de todas as possíveis respostas à condição da pós-modernidade. (Embora ele se recuse a admitir que sua filosofia seja uma resposta, o que ele precisa fazer, já que insiste na liberdade elementar dos filósofos para filosofar, adquirida pela história do Ocidente e desde então irrestrita por condições de tempo e lugar?) A estratégia dele é acabar com todas as estratégias, é uma estratégia que declara que buscar *a* estratégia é um desperdício de esforço, uma preocupação malpredestinada.

A atividade intelectual tira sua legitimidade das próprias convicções morais dos intelectuais quanto ao valor do seu trabalho e ao mérito do discurso que eles mantêm vivo e protegido da extinção ou enfraquecido na cacofonia das tradições comunais. Adotada essa estratégia, o fato de outros não gostarem das legitimações que oferecemos já não é mais um problema. Nós simplesmente não apresentamos legitimações. Não fazemos mais aquilo em que acreditávamos e fazíamos os outros acreditarem, desde Descartes, Locke e Kant, e que era nosso trabalho. Se é que jamais o fizemos um dia.

A antiestratégia de Rorty parece adequar-se bem à autonomia e à preocupação institucionalmente encorajada da filosofia acadêmica com sua própria autorreprodução. Até que surjam novos lances, esta é a questão.

· Notas ·

1. Paul Radin, ou uma etiologia dos intelectuais *(p.23-38)*

1. Paul Radin, *Primitive Religion, Its Nature and Origin*, Londres, Hamilton, 1938, p.14.

2. Ibid., p.23.

3. Ibid., p.24-5.

4. Ibid., p.18.

5. W. Ross Ashby, "The application of cybernetics to psychiatry", in Alfred G. Smith (org.), *Communication and Culture*, Nova York, Harcourt, Brace and World, 1966, p.376.

6. Radin, op.cit., p.131-2.

7. Paul Radin, *Primitive Man as a Philosopher*, Nova York, Appleton, 1927, p. 231-3.

8. Kurt Goldstein, "Concerning the concept of 'Primitivity'", in Stanley Diamond (org.), *Culture in History*, ensaios em homenagem a Paul Radin, Nova York, 1960, p.111-2.

2. *Les philosophes*: o arquétipo e a utopia *(p.39-60)*

1. Richard J. Bernstein (org.), *Habermas and Modernity*, Oxford, Polity Press, 1985, p.192.

2. Leonard Krieger, *Kings and Philosophers 1689-1789*, Londres, Weidenfeld and Nicolson, 1971, p.174.

3. Alexis de Tocqueville, *The Ancient Regime and the French Revolution*, Nova York, Collins, 1976, p.69, 88-9.

4. Cf. John Passmore, *The Perfectibility of Man*, Londres, Duckworth, 1972, p.173.

5. Cf. A. Lentin, *Enlightened Absolutism, A Documentary Sourcebook*, Newcastle, Avero, 1985, p.15.

6. De Tocqueville, op.cit., p.60:

7. Ellery Schalk, *From Valor to Pedigree, Idea of Nobility in France in the Sixteenth and Seventeenth Centuries*, Princeton, Princeton University Press, 1986, p.xiv.

8. Ibid., p.57-8,60-1, 73,79.

9. Ibid., p.181, 192.

10. Augustin Cochin, *Les sociétés de pensée et la démocratie moderne*, Paris, Plon, 1921, p.14.

11. François Furet, *Penser la Révolution Française*, Paris, Gallimard, 1978.

12. De Tocqueville, op.cit., p.164.

13. Ibid., p.161.

14. Furet, op.cit., p.59.

15. Cf. Richard H. Popkin, *The History of Scepticism from Erasmus to Spinoza*, Los Angeles, University of California Press, 1979, p.104s.

16. Augustin Cochin, *La Révolution et la libre pensée*, Paris, Plon, 1924, p.xxxvi.

17. Furet, op.cit., p.223.

18. Cochin, op.cit., p.8.

19. Ludwig Wittgenstein, *Culture and Values*, Oxford, Basil Blackwell, 1980, p.10.

3. Sociogênese da síndrome poder/conhecimento *(p.61-77)*

1. Lucien Febvre, *Le problème de l'incroyance au XVIe siècle*, Paris 1968, p.380.

2. Robert Muchembled, *Culture populaire et culture des élites dans la France moderne (XVe-XVIIIe siècles)*, Paris, Flammarion, 1978, p.45, 52.

3. Anthony Fletcher e John Stevenson (orgs.), *Order and Disorder in Early Modern England*, Cambridge, Cambridge University Press, 1985, p.36.

4. Antony Black, *Guilds and Civil Society in European Political Thought from the Twelfth Century to the Present*, Londres, Methuen, 1984, p.153.

5. A.L. Beier, *Masterless Men, The Vagrancy Problem in England 1560-1640*, Londres, Methuen, 1985, p.146.

6. Ibid., p.12.

7. Alan Forrest, *The French Revolution and the Pour*, Oxford, Basil Blackwell, 1981, p.19.

8. Cf. Beier, op.cit., p.86.

9. Michel Foucault in Colin Gordon (org.) *Power/Knowledge*, Brighton, Harvester Press, 1980.

10. Olin H. Hufton, *Europe: Privilege and Protest 1730-1789*, Brighton, Harvester Press, 1980, p.37.

11. Beier, op.cit., p.159-60.

12. Foucault, op.cit., p.148.

4. Guardas-florestais que se tornaram jardineiros *(p.78-99)*

1. Ernest Gellner, *Nations and Nationalism*, Oxford, Basil Blackwell, 1983, p.50.
2. Albert O. Hirschman, *The Passions and the Interests*, Princeton, Princeton University Press, 1977.
3. Baruch Spinoza, *Ethics*, Oxford, Oxford University Press, 1927, parte IV, 14 [ed. bras., *Ética*, Belo Horizonte, Autêntica, 2009].
4. F.W. Nietzsche, *The Genealogy of Morals*, Nova York, Doubleday, 1956, p.160-2 [ed. bras., *Genealogia da moral*, São Paulo, Companhia de Bolso, 2009].
5. Jacques Revel, "Forms of expertise; intellectuals and the 'popular' culture in France (1650-1800)", in Steven L. Kaplan (org.) *Understanding Popular Culture, Europe from the Middle Ages to the Nineteenth Century*, Londres, Mouton, 1984, p.262-4.
6. Ibid., p.265.
7. David Hall, "Introduction", in Steven L. Kaplan, op.cit., p.6.
8. Günther Lotte, "Popular culture and the early modern State, in Steven L. Kaplan, op.cit., p. 162, 167.
9. Robert Muchembled, *Culture populaire et culture des élites dans la France moderne (XVe-XVIIIe siècles)*, Paris, Flammarion, 1978, p.230, 229, 226.
10. Ibid., p.341-2.
11. Jacques Revel, op.cit., p.257-8.
12. Yves-Maine Bercé, *Fête et révolte, Des mentalités populaires du XVIe au XVIIIe siècle*, Paris, Hachette, 1976.
13. Ibid., p.154.
14. Ibid., p.117-8.
15. Ibid., p.117.
16. R. Malcolmson, in B. Waites, T. Bennett e J. Martin (orgs.), *Popular Culture: Past and Present*, Londres, Croom Helm, 1982, p.41.
17. Anthony Delves, "Popular recreations and social conflict in Derby, 1800-1850", in Eileen e Stephen Yeo (orgs.), *Popular Culture and Class Conflict 1590-1914: Explorations in the History of Labour and Leisure*, Brighton, Harvester, 1981, p.90, 95.
18. Ibid., p.98.
19. Vic Gammon, "'Babylonian performances': the rise and suppression of popular Church music", in Eileen e Stephen Yeo, op.cit., p.77, 78, 83.
20. Eileen e Stephen Yeo, "Ways of seeing: control and leisure versus class and struggle", op.cit., p.129, 134, 136.

5. A educação das pessoas *(p.100-116)*

1. "Rapport et projet de decrét sur l'instruction publique presenté à l'Assemblée Nationale le 20 et le 21 avril 1792', in B. Baczko (org.), *Une éducation pour la démocratie. Textes et projets de l'époque révolutionnaire*, Paris, Garnier Frères, 1982.
2. Ibid. p.20.
3. "Plan d'éducation nationale présenté à la Convention Nationale par Maximillien Robespierre le 13 juillet 1893", in B. Baczko, op.cit., p.377s.

4. "Rapport sur l'éducation révolutionnaire et républicaine, le 13 prairial, an II", in B. Baczko, op.cit., p.440-1.
5. Apud Harry C. Payne, *The Philosophers and the People*, Princeton, Yale University Press, 1976, p.155.
6. *Ancient Regime and the French Revolution*, Nova York, Collins, 1976, p.140.
7. Apud Harry C. Payne, op.cit., p.29; Harvey Chisick, *The Limits of Reform in the Enlightenment, Attitudes towards the Education of the Lower Classes in Eighteenth Century France*, Princeton, Princeton University Press, 1981, p.70, 251; John Passmore, *The Perfectibility of Man*, Londres, Duckworth, 1972, p.173.
8. *Oeuvres complètes*, Paris, Gallimard, 1959, vol.II, p.567.
9. Ibid., vol.IV, p.267.
10. Chisick, op.cit., p.263-5, 274.
11. Ibid., p.67.

6. A descoberta da cultura *(p.117-136)*

1. Margaret T. Hogden, *Early Anthropology in the Sixteenth and Seventeenth Centuries*, Filadélfia, University of Pennsylvania Press, 1946.
2. Em J.S. Slotkin, *Readings in Early Anthropology*, Londres, Methuen, 1965.
3. Richard H. Popkin, *The History of Scepticism from Erasmus to Spinoza*, Los Angeles, University of California Press, 1979.
4. Michel Montaigne, *Essays*, Londres, The Modern Library, 1930 [ed. bras.: *Ensaios*, São Paulo, Martins Fontes, 2002].
5. Lucien Febvre et al., *Civilisation, le mot et l'idée*, Paris, La Renaissance du Livre, 1930.
6. Cf. Z. Bauman, *Culture as Praxis*, Londres, Routledge, Kegan and Paul, 1972.
7. Philippe Bénéton, *Histoire des mots culture et civilisation*, Paris, Presses de la Fondation Nationale des Sciences Politiques, 1975, p.23s.
8. Ibid., p.92.

7. Ideologia, ou a construção do mundo das ideias *(p.137-154)*

1. Fr. Picavet, *Les idéologues*, Burt Franklin (reed.), Nova York, 1971, p.78, 305.
2. Theodore Olsen, *Milenarianism, Utopianism, and Progress*, Toronto, University of Toronto Press, 1982, p.282.
3. Picavet, op.cit., p.21.
4. Emmet Kennedy (org.), *Destutt de Tracy and the Origins of 'Ideology'*, Filadélfia, The American Philosophical Society, 1978, p.47.
5. Picavet, op.cit., p.122.
6. Destutt de Tracy, *Traité de la volonté et ces effets*, Paris, Librairie Philosophique J. Vrin, 1970 [da 2ª ed. 1818], p.448.

7. Destutt de Tracy, *Éléments d'idéologie*, vol.I, *Idéologie proprement dite*, Paris, Librairie Philosophique J. Vrin, 1970, p.299-300.

8. Picavet, op.cit., p.110.

9. Ibid., p.203, 211.

10. Ibid., p.331.

11. Ibid., p.583.

12. *Positive Polity*, vol.IV, 1822.

13. Emmet Kennedy, op.cit., p.75, 213.

8. A queda do legislador *(p.155-175)*

1. Cf. Günther S. Stent, *The Coming of the Golden Age, A View of the End of Progress*, Nova York, National History Press, 1969.

2. Ian Miles e John Irvine, *The Poverty of Progress; Changing Ways of Life in Industrial Societies*, Oxford/Nova York, Pergamon Press, 1982, p.2.

3. Richard C. Rubenstein, "The elect and the preterite", in Richard L. Rubenstein (org.), *Modernisation, the Humanist Response to its Promise and Problems*, Washington, D.C., Paragon House, 1982, p.183.

4. Michel de Certeau, *The Practice of Everyday Life*, Los Angeles, University of California Press, 1984, p.179.

5. Stanley Cohen, *Visions of Social Control: Crime, Punishment and Classification*, Oxford, Polity Press, 1985, p.185.

6. David Carrier, "Art and its Market", in Richard Hertz, *Theories of Contemporary Art*, Englewood Cliffs, Prentice Hall, 1985, p.202, 204.

7. Georg. Simmel, "The conflict in modern culture", *The Conflict in Modern Culture and Other Essays*, Nova York, Teachers College Press, 1968, p.15.

9. A ascensão do intérprete *(p.176-202)*

1. Jürgen Habermas, "Questions and counterquestions", in Richard J. Bernstein (org.), *Habermas and Modernity*, Oxford, Polity Press, 1985, p.192.

2. Lonnie D. Kliever, "Authority in a pluralist world", in Richard J. Bernstein *Modernisation, the Humanist Response to its Promise and Problems*, Washington, D. C., Paragon House, 1982, p.81s.

3. Matei Calinescu, *Faces of Modernity: Avant-Garde, Decadence, Kitsch*, Bloomignton, Indiana University Press, 1977, p.146-7.

4. Francis Picabia, in Lucy R. Lippard (org.), *Dadas on Art*, Englewood Cliffs, Prentice Hall, 1971, p.168.

5. Frederic Jameson, "Postmodernism and consumer society", in Hal Foster (org.), *The Anti-Aesthetic, Essays on Postmodern Culture*, Port Townsend, Bay Press, 1983.

6. Peter Bürger, *Theory of Avant-Garde*, Manchester University Press, Manchester 1984, p.63, 87.

7. Picabia, op.cit., p.143.

8. Cf. Suzanne Gablik, *Has Modernism Failed?*, Londres, Thames and Hudson, 1984.

9. Peter Bürger, op.cit., p.52-3.

10. Kim Lewin, "Farewell to Modernism", in Richard Hertz, *Theories of Contemporary Art*, Englewood Cliffs, Prentice Hall, 1985, p.2, 7.

11. Rosalind E. Krauss, *The Originality of the Avant-Garde and other Modernist Myths*, Boston, MIT Press, 1985, p.22.

12. Howard S. Becker, *Art Worlds*, Los Angeles, University of California Press, 1982, p.137.

13. E.H. Gombrich, *Meditations on the Hobby Horse*, Phaidon, Londres 1963, p.17-8.

14. P. Bourdieu, *Distinction, a Social Critique of the Judgment of Taste*, Londres, Routledge and Kegan Paul, 1984, p.327.

15. Wylie Sypher, *Rococo to Cubism in Art and Literature*, Nova York, Vintage Books, 1960, p.104.

16. *Baudelaire as a Literary Critic, Selected Essays*, Filadélfia, Pennsylvania State University Press, 1964, p.298.

17. Calinescu, op.cit., p.142.

18. Becker, op.cit., p.151, 155, 352-3, 360.

19. Marcia Muelder Eaton, *Art and Non-Art*, Canbrury, Associated University Press, 1983, p.107, 118, 158.

20. Ernest Gellner, "Tractatus sociologico-philosophicus", in S. L. Brown (org.), *Objectivity and Cultural Divergence*, Londres, Royal Institute of Philosophy Lecture Series, nº 17, 1984, p.258.

21. Richard J. Bernstein, *Philosophical Profiles*, Cambridge, Polity Press, 1986.

22. Ernest Gellner, *Nations and Nationalism*, Oxford, Basil Blackwell, 1983, p.48-9, 55.

10. Duas nações, primeira versão: o seduzido *(p.203-229)*

1. David Frisby, *Fragments of Modernity, Themes of Modernity in the Work of Simmel, Kracauer and Benjamin*, Oxford, Polity Press, 1985, p.28-32.

2. Gustave le Bon, *Psychologie des Foules*, 12ª ed., Paris, Alcan, 1907, p.3, 51, 55-6.

3. *Lois psychologiques et l'évolution des peuples*, 7ª ed., Paris, Alcan, 1906, p.64-5, 117.

4. *La psychologie politique*, Paris, Flammarion, 1916, p.124, 136.

5. Jose Ortega y Gasset, *Revolt of the Masses*, Nova York, W.W. Norton, 1980.

6. Richard Sennett, *The Fall of the Public Man*, Londres, Vintage Books, 1978, p.11-2, 333-5 [ed. bras., *O declínio do homem público*, São Paulo, Companhia das Letras, 1988]; "Destructive Gemeinschaft", in Norman Birnbaum (org.), *Beyond the Crisis*, Oxford, Oxford University Press, 1977, p.171s.

7. John Carroll, *Puritan, Paranoid, Remissive, a Sociology of Modern Culture*, Londres, Routledge and Kegan Paul, 1977, p.17-9, 21, 45, 56.

8. Matthew Arnold, *Culture and Anarchy*, Cambridge, Cambridge University Press, 1963 [1869], p.11, 49, 50.

9. George Steiner, *Extraterritorial*, Londres, Atheneum, 1976.

10. George Simmel, "On the concept and the tragedy of culture", *The Conflict in Modern Culture and other Essays*, Nova York, Teachers College Press, 1968, p.42-4.

11. David Joravsky, "The construction of the stalinist psyche", Sheila Fitzpatrick (org.), *Cultural Revolution in Russia 1928-1931*, Bloomignton, Indiana University Press, 1978, p.121.

12. Dwight Macdonald, "A theory of mass culture", in Bernard Rosenberg e David Manning White (orgs.), *Mass Culture, The Popular Arts in America*, Glencoe, Free Press, 1957, p. 62, 63, 69.

13. Pierre Bourdieu, *Distinction, a Social Critique of the Judgment of Taste*, Londres, Routledge and Kegan Paul, 1984, p.62.

14. Bernard Rosenberg, "Mass culture in America", op.cit., p.5.

15. Ernest van den Haas, "A dissent from the consensual society", in Bernard Rosenberg e David Manning White (orgs.), *Mass Culture Revisited*, Nova York, Van Nostrand, 1971, p.91.

16. Edward Shils, "Mass society and its culture", in Bernard Rosenberg e David Manning White, op.cit., p.61.

17. Wolfgang Fritz Haug, *Critique of Commodity Aesthetics*, Oxford, Polity Press, 1986, p.53-4.

18. Jean Baudrillard, *For a Critique of the Political Economy of the Sign*, Nova York, Telos Press, 1981, p.51.

19. Jacques Attali, *Les trois mondes*, Paris, Fayard, 1981, p.283-9.

20. P. Bourdieu, *Distinction*, p.154, 164.

11. Duas nações, segunda versão: o reprimido *(p.230-253)*

1. Leon Trotski, *1905*, Harmondsworth, Penguin, 1971, p.58.

2. Robert J. Brym, *The Jewish Intelligentsia and Russian Marxism, A Sociological Study of Intellectual Radicalism and Ideological Divergence*, Londres, Macmillan, 1978, capítulo 2.

3. Cf. Z. Bauman, *Memories of Class*, Londres, Routledge and Kegan Paul, 1982.

4. Alvin Gouldner, "Prologue to a theory of revolutionary intellectuals", Londres, Telos, 1975, 26, p.8.

5. André Gorz, *Paths to Paradise, On the Liberation from Work*, Londres, Pluto Press, 1985, p.35.

6. Jeremy Seabrook, *Landscapes of Poverty*, Oxford, Basil Blackwell, 1985, p.59.

7. Hilary Rose, "Who can delabel the claimant?", in M. Adler e A. Bradley (orgs.), *Justice, Discrimination, and Poverty*, Nova York, Professional Books, 1971, p.152.

8. Klaus Offe, *Social Security – Another British Failure?*, Londres, Charles Knight, 1972, p.73, 108.

9. Cf. Paul Spicker, *Stigma and Social Welfare*, Londres, Croom Helm, 1984, p.37.

10. Joe R. Feagin, *Subordinating the Poor, Welfare and American Beliefs*, Englewood Cliffs, Prentice Hall, 1975, p.3, 73.

11. Hristen Grobjerg, David Street e Gereld D. Suttles, *Poverty and Social Change*, Chicago, University of Chicago Press, 1978, p.133-4, 142.

12. Joel F. Handler e Ellen J. Hollingsworth, *The "Deserving Poor"*, Markham Publishing Company, 1971, p.77, 79, 165.

13. Edythe Shewbridge, *Portraits of Poverty*, Londres, W.W. Norton, 1972.

14. Seabrooke, op.cit., p.94.

15. Clive Jenkins e Barrie Sherman, *The Leisure Shock*, Londres, Methuen, 1981, p.105.

16. Seabrook, op.cit., p.87.

Conclusões: Um a mais *(p.255-268)*

1. Jeremy Seabrook, *Landscapes of Poverty,* Oxford, Basil Blackwell, 1985, p.175.

· Índice remissivo ·

Este livro foi composto por Letra e Imagem em Avenir e Minion 11/14 em papel offset 90g/m² e cartão triplex 250g/m² por Bartira Gráfica em agosto de 2010.